季节性寒区隧道温度场分布与围岩变形演化规律研究

冯　强　刘炜炜　著

中国建筑工业出版社

图书在版编目（CIP）数据

季节性寒区隧道温度场分布与围岩变形演化规律研究/
冯强，刘炜炜著. —北京：中国建筑工业出版社，
2021.11
　ISBN 978-7-112-26680-7

　Ⅰ. ①季… Ⅱ. ①冯… ②刘… Ⅲ. ①寒冷地区-隧
道-温度场-分布-研究②寒冷地区-隧道-围岩变形-
研究 Ⅳ.①U459

中国版本图书馆 CIP 数据核字（2021）第 215088 号

　　　　本书以具体工程为依托，采用现场监测、理论分析、数值模拟以及相似模拟
试验等手段相结合，对季节性寒区隧道的温度场与变形进行了一系列的研究，对
季节性寒区隧道的建设具有一定的指导意义。全书共分为 9 章，主要包括：绪论、
隧道内大气及围岩温度监测、寒区隧道含保温层时温度场解析计算、寒区隧道三
维径向传热解析计算、季节性寒区隧道温度场的数值模拟研究、季节性寒区隧道
围岩应力与变形的解析计算、隧道温度场与冻胀力相似模拟研究、工程实例。
　　本书可供从事隧道工程建设的相关人员参考。

责任编辑：杨　允
文字编辑：刘颖超
责任校对：王　烨

季节性寒区隧道温度场分布与围岩变形演化规律研究

冯　强　刘炜炜　著

*

中国建筑工业出版社出版、发行（北京海淀三里河路 9 号）

各地新华书店、建筑书店经销

霸州市顺浩图文科技发展有限公司制版

北京建筑工业印刷厂印刷

*

开本：787 毫米×960 毫米　1/16　印张：10　字数：202 千字

2021 年 11 月第一版　　2021 年 11 月第一次印刷

定价：**50.00** 元

ISBN 978-7-112-26680-7

（38043）

前　言

我国是世界上第三大冻土国，各类冻土主要分布在西部和东北地区。随着国家"一带一路"倡议的推进和西部大开发战略的稳步实施，我国交通事业得到快速发展，其中公路和铁路网密度较小的东北、西北和西南地区将是近阶段交通基础设施建设的重点区域。"十三五"期间，这些区域的路网规划中有多座隧道位于高纬度或高海拔的寒冷地区，而目前寒区隧道因受低温环境的影响，常出现各类冻害问题。例如，日本铁路隧道中冻害路段占 29%，公路隧道中占 34.4%；国内学者也曾对我国 156 座寒区隧道统计发现有 42% 的隧道发生了冻害。由此可见，寒区隧道冻害的发生具有范围广、频次高的特点，如何保证其长期安全的运营，降低维修费用，延长使用寿命，是当前迫切需要解决的问题。

本书以新疆玉希莫勒盖隧道为依托，采用现场监测、理论分析、数值模拟以及相似模拟试验等相结合的方法，对季节性寒区隧道的温度场与变形进行了一系列的研究，对季节性寒区隧道的建设具有一定的指导意义。

（1）通过现场监测获得新疆天山玉希莫勒盖隧道的大气及围岩内的温度变化规律，并对大气监测数据进行拟合分析，为之后的理论计算和数值模拟等相关分析提供基础数据；根据围岩中的温度监测结果得到该隧道的冻结深度，为之后的围岩稳定性分析提供必要的参数，也可与温度场数值模拟结果进行对比验证。

（2）基于一系列假设，分别建立了包括保温层、衬砌和围岩三层介质的寒区隧道温度场的二维和三维传热模型，采用积分变换的方法对其求解。对玉希莫勒盖隧道的温度场进行了分析，结果显示现场铺设 5cm 保温层不足以防止冻害的发生，以衬砌外缘温度大于等于零为判别条件，经过试算确定了在不采取其他防护措施时玉希莫勒盖隧道不发生冻害时的保温层厚度，并开展对对流换热系数、年平均气温以及地层温度三个参数的敏感性分析，可为该地区类似工程的建设提供一定的指导和理论依据。

（3）采用 Geo-studio 软件中 TEMP 模块对玉希莫勒盖隧道在未铺设保温层和铺设 5cm 保温层两种情况下的温度场进行研究。当未铺设保温层时，提取与现场相应位置的温度结果，发现两者规律基本一致，验证了所选参数的可靠性；当铺设 5cm 保温层时，发现虽然保温层能较好地阻止负温的传递，但是该厚度还不足以保证围岩不发生冻结。通过对以上两种情况冻结锋面的移动进行整体拟合和分段拟合研究，整体拟合的相关系数虽然较高，但未能较好地包含冻结锋面的所有信息。通过对不同材料分别进行线性拟合，得出以下结论：底板是冻结锋面发展最快的位置，拱肩次之，拱脚是发展最慢的位置；冻结锋面在衬砌中扩展的速度是围岩的 8～10 倍；冻结锋面在第二周期比第一周期扩展的范围要稍大一些。当铺设保温层后拱肩为冻结锋面发展最快、最远的位置，其次是底板。

（4）将冻胀应变看作拉应变，并对已有冻结围岩本构方程中的不足进行修正，根据冻胀位移的方向认为存在冻结零位移点，并给出求解方法。基于修正后冻结围岩的本构方程，首先求解了不等压条件下寒区隧道围岩应力场，分析了衬砌与围岩中在不同的侧压力系数和角度时应力场的变化规律；其次，对静水压力场时围岩中可能出现的三种情况进行了分析，并对塑性半径小于冻结圈时进行了参数分析，更好地解释了各相关参数对围岩应力场和塑性区的影响；最后，针对围岩中不发生塑性破坏这种最简单的情况建立冻结围岩融化的弹性模型，得到了冻结融化后围岩应力场。

（5）根据相似理论对季节性寒区隧道的温度场和冻胀力进行了相似模拟试验研究，整个试验装置由模型主体、边界温度控制系统、大气温度模拟系统、温度控制系统和测试系统组成，分别进行了未铺设保温层和铺设 5cm 保温层两组试验，虽然试验结果温度的幅值偏低，但是仍然可以得出保温层能较好地阻止负温度传递，平均阻断率达 86.5%，未铺设保温层时的冻结深度为 2m，铺设保温层时的冻结深度缩小为 0.5m。试验中衬砌壁后最大径向和环向冻胀力的平均值为 0.29MPa 和 0.275MPa。

本书撰写是以具体工程为依托，旨在总结前期开展寒区隧道工程围岩稳定分析所做的工作，以期达到和同行交流的目的。期间得到了很多同行的指导，在此表示衷心的感谢！

本书的一些论点和提法受作者水平所限，若有不当之处，恳请专家和读者批评指正。

目　　录

第1章 绪 论

1.1 研究背景

地球上瞬时冻土、季节性冻土和多年冻土区的面积约占陆地总面积的 50%，主要分布在美国的阿拉斯加、加拿大、俄罗斯和中国的部分地区。根据统计，在地域广阔、地形多样的中国，共有一半以上的国土都属于寒区，寒区是指表土层的年冻结深度大于 800mm 的地区，主要包括多年冻土区和季节性冻土区两种类型，分别占国土面积的 20% 和 55%，其中很大一部分分布在西部和东北地区[1-4]。近年来，随着我国振兴东北老工业基地和西部大开发战略政策的实施，大量的基础建设，例如南水北调西线工程、川藏铁路、西气东输工程、开采油气田和铺设输油管道等都将迎来建设的高峰期，相应的公路和铁路网也将从东部向西部和北部扩展，而这些区域大部分都属于高海拔高纬度的地形，群山环绕，峰险路陡，建设大量的隧道将是优化路线、缩短里程的必要选择。目前，铁路隧道、公路隧道、引水排水隧道等在建或已建的数目都在日益增多。而隧道工程所处的海拔或纬度也在不断地增高，海拔在 3000m 以上的隧道有青藏铁路的关角隧道[5]（海拔 3700m）、昆仑山隧道[6]（海拔 4600m）、风火山隧道[7]（海拔 4905m），南疆铁路的奎先隧道（海拔 3000m），227 国道西宁至张掖的大坂山隧道[8]（海拔 3793m），而海拔最高的隧道应属青藏铁路的风火山隧道，通过部位的山体最高海拔为 4996m，洞身全部处于冻结岩层中。

寒区隧道修建一般要受到冻胀的影响：在冬季围岩中的温度降到 0℃ 以下时，岩体中的孔隙水和远处的补给水便会冻结成冰，引起岩体的体积膨胀，产生作用在隧道结构上的冻胀力。目前，从世界各国的寒区隧道的使用情况来看（包括公路和铁路隧道），其中受冻害破坏的程度很高，甚至导致隧道的主体结构报废，造成国家或地区巨大的经济浪费，更有可能使得寒区隧道中的交通安全存在隐患。如日本 3800 座寒区的铁路隧道中，约有 29% 在运营期间受到冻害的威胁或影响；公路隧道方面，仅北海道地区大型公路隧道中就有 34.4%（约 104 座）发生了严重冻害，投入了大量的治理经费来消除侧墙壁冰和拱部冰柱。而在我国新疆地区，此前由于没有意识到冻害的存在，致使地下输油管线受低温影响而断裂；在哈尔滨铁路系统中的图里河房管段，33 个站区约 15.3% 的房屋因冻害严重而无法居住；在青藏铁路沿线，由于融沉产生了较大的变形，与之有关的破坏已占全线病害路段的 80%，有些路段甚至因此出现反拱变形，量值已达 50～100cm；在我国东北和西北地区，发生不同程度冻害的铁路隧道有 33 座，有的因冻害严重，不能使用的时间长达 8～9 个月。东北牙林线和嫩林线隧道的洞门都有不同程度的开裂现象，嫩林线塔河—樟岭白卡尔隧道、西罗奇 2 号隧道、林碧支线的翠岭 2 号隧道、牙林线岭顶隧道、南疆线奎屯隧道等修建于多年冻土地区，由于没有考虑冻胀作用，在建成后普遍存在衬砌冻胀开裂、酥碎、剥落、挂冰、道床冒水、积水及结冰等一系列病害，严重影响行车安全。

寒区隧道工程是交通基础建设中的一项特殊工程，由于寒冷环境导致隧道发生的一系列病害，不仅给隧道设计和现场施工提出很多新的问题，也给隧道建成之后的运营和管理带来了许多困难，往往造成巨大的经济损失。目前对寒冷环境中由于温度变化造成围岩反复冻融引发形成隧道病害的机理的研究还不足，也缺乏一套防治冻害的相应技术。寒区隧道工程具有一系列非寒区隧道所没有的特点和问题，或者一些问题虽然具有共性，但是在寒区表现得更为明显，其特殊性已引起了研究人员和工程技术人员的关注。寒区隧道工程被作为一个重要课题被提到研究日程，开展寒区隧道温度场、保温层的厚度与效果以及寒区隧道围岩稳定性分析等研究，对寒区隧道的建设具有重要的意义。

1.2 国内外研究现状

1.2.1 寒区隧道温度场的研究现状

美国 CRREL[9] 研究所对阿拉斯加的一个位于多年冻土区的隧道进行长期实地观测，通过分析取得了一系列对认识和发展寒区隧道有重要价值的成果。在俄罗斯举行的贝干线山岭铁路隧道的设计与施工研讨会上，有关学者认为温度在长度小于 1km 的隧道内变化幅度较小；而 2km 以上的隧道，由于受到洞门的气候条件、行车方向的影响，从隧道口到中部的温差较大，最大可达 8～15℃。

在国内，学者们对寒区隧道温度场的研究首先是从隧道内气温的分布规律开始，然后逐渐发展到围岩内部温度的分布规律。乜凤鸣[10] 对大兴安岭和新疆天山的三条寒区隧道即杜草隧道、西罗奇 2 号隧道和奎先隧道，吴紫汪和赖远明[3] 等对青海大坂山隧道的洞内温度进行了归纳和总结，最后得出的结论为：在夏季洞内的气温低于洞外的气温，而在冬季洞内的气温则高于洞外的气温。在洞口处受到洞外气温影响程度高，所以在寒季，洞内气温呈抛物线分布，中间高，两边低；在暖季则相反，洞内与洞外气温年较差的比值随着隧道长度增长而减小。

王大为等[11] 测试了小盘岭隧道的温度场，黄双林[12] 测试了青藏铁路昆仑山隧道，张先军[13] 分析了隧道洞内气温、地层温度及保温层内外侧温度分布特征，认为：围岩最大冻深沿全长变化不大；当随着隧道径向深度的增大，围岩中的温度则会随之变缓。

陈建勋[14] 测试和分析了河北秦青公路梯子岭隧道温度场，谢红强、何川等[15] 对四川鹧鸪山隧道的大气温度、隧道内温度及隧道围岩温度都进行了现场监测，陈建勋、罗彦斌[16] 亦测试了河北承德的祥云岭隧道温度场，经过分析后认为：隧道内外气温的变化规律呈周期性，可采用三角函数进行拟合，平均气温随着隧道进深的增加而升高，但温度的波动幅度减小；而随着围岩径向的深入，温度呈指数变化。

张德华、王梦恕等[17] 对青藏铁路二期工程中重点工程——风火山隧道的温度场进行了观测研究。研究认为：

（1）多年冻土隧道衬砌壁后围岩的温度随时间和半径呈线性变化规律；

（2）在修建过程中，多年冻土隧道的融化范围与洞内外温度比呈线性变化关系；

（3）施工期间受施工机械等影响，围岩冻融半径已超过该地区天然冻土的最大值；

（4）保温隔热层起到了保护多年冻土的作用。

赖金星、谢永利等[18] 现场实测和分析了青藏高原东部的青沙山隧道的温度场，分析认为：由于隧道内风流的速度和方向导致了隧道进口段的温度上升幅度较小，出口温度上升幅度偏大；随着围岩半径的增大，温度逐渐增加，半径较小处的温度梯度大于较大处。

在解析计算方面，早期主要是对围岩一层介质进行分析求解，而且是采用数值解法，主要的代表者有 Bonacina[19] 和 Conuni[20]。后来 N. K. Bansal 等根据新德里地区的年气象数据的变化规律，针对不同地表状况进行了该地区地层温度年变化分布规律的研究[21]。Shamsundar[22] 和 Lunardini[23] 讨论了隧道围岩的温度特性。Krarti 和 Kreider[24] 基于能量守恒原理，解析求解地下风洞洞内气体的温度场，揭示了年平均气温和温度振幅的变化特征。Takumi 等[25] 采用叠加原理和能量守恒原理解析分析了寒区隧道洞内气体的温度场。但对于含保温层、支护结构和围岩等多层介质的分析该方法将无法进行求解[26-31]。

1998 年和 1999 年赖远明[32-33] 得出渗流场和应力场对温度场的影响较大，产生的冻胀力容易使得隧道衬砌破坏，并提出必须采取一定的保温措施，避免隧道冻害的产生。此外，在地层温度接近 0℃ 的情况下，他采用摄动技术和无量纲量[34-35]，在考虑相变的情况下求解了寒区隧道温度场的分布，并得到了冻结锋面的移动规律。但是该方法计算过程复杂，而且摄动技术的前提是必须有一个摄动小量，如果不存在将直接导致计算结果出现偏差。2004 年赖远明[36] 对施工导致隧道围岩多年冻土出现大面积的融化，然后又重新冻结的过程进行分析，同样考虑了渗流场和应力场对温度场的影响，得出了融化围岩重新冻结的时间和冻胀力的大小，对寒区隧道的建设具有指导性作用。

张学富[37] 采用伽辽金法对带相变的温度方程进行求解，分析了在不同的施工季节、不同的初始温度和不同厚度的保温层情况下，寒区隧道温度场的变化规律。并且在此基础上采用同样的方法推导了三维的温度场。

张耀等[38] 运用微分方程求解方法和贝塞尔特征函数的正交和展开定理，得到了 4 层结构温度场的解析解。张国柱等[39] 采用叠加原理及贝塞尔特征函数的正交及展开定理，得到了温度在围岩径向方向上的理论解。利用能量守恒法及经验公式法求得寒区隧道洞内气体年平均气温及年温度振幅沿隧道轴向随时间变化的解析表达式。夏才初等[40] 利用分离变量与 Laplace 变换相结合的方法，显示解答了寒区隧道含保温隔热层时的瞬态温度场，并得到了沿隧道进深洞内温度分布规律，同时分析了年平均温度、隧道埋深和隔热层厚度对二衬温度影响。冯强等采用 Laplace 积分变换和 Stehfest 数值反演的方法求解了带保温层寒区隧道温度场的解析解[41]。

随着现代计算机技术的发展，数值模拟方法在岩土工程界的应用越来越广。在温度场方面应用较广泛的软件是 ANSYS 和 FLAC 软件；张学富等对风火山隧道的气-固对流换热和固-固热传导相耦合的三维问题利用有限元计算程序进行了非线性分析[42]；杨旭[43] 根据现场的温度测试拟合得到大气温度，然后采用 ANSYS 有限元软件在考虑衬砌混凝土的水化热、对流换热系数和温度梯度时，分析了季节性寒区隧道在铺设和未铺设保温层时的温度场，得到如下结论：隧道底板处是冻结深度最大的位置，铺设 5cm 保温层可保证拱顶和拱腰处不发生冻害，但底板的冻结深度仍很大。郝飞[44] 和宁翠萍[45] 都利用 ANSYS 软件对寒区隧道温度场进行研究，整个相变过程采用计算焓值的变化来处理，最终得到在铺设和未铺设保温层时隧道不同位置处的温度变化。晏启祥、王余富、谢红强、赖金星、赵志忠等[46-50] 也都采用 ANSYS 对寒区隧道进行有无保温层以及各种情况下隧道温度场的研究，为寒区隧道的建设作出了贡献；另外，张全胜、吴文丁等[51-53] 采用 FLAC3D 软件自带的 FISH 语言，克服了软件本身边界条件不能随时间任意变化和不能考虑相变潜热和相变前后导热系数以及比热的变化等缺陷。

谭贤君利用 Michalowski 提出的未冻水含量方程，将其用来求解热传导系数，从而确定数值模拟的参数，计算结果与现场测试吻合程度较高，说明该模型具有可靠性[54]。另外，为了研究空气流动的影响，修正了温度模型，该模型考虑了围岩、空气的温度场方程以及风流控制方程，采用 Comsol Mutiphysics 软件对 Galongla 隧道进行分析，得出空气温度和空气速度是影响温度分布的两个重要因素[55]。

1.2.2 保温层厚度确定方法的研究现状

　　保温层是寒区工程特别是寒区隧道最常用的保温方法，具有施工方便，效果明显，后期费用较少的特点，但是保温层厚度的确定针对不同类型的寒区工程的判别准则是不同的，主要分为多年冻土区和季节性冻土区两种类型。多年冻土区的特征如图 1-1 所示[56]，当夏季温度升高时，表面一层冻结土体融化，底部仍有一定范围内的冻土没有融化，当温度开始由高转低并且低于 0℃时，融化部分的土体又被重新冻结，形成新的完整的冻结土体。

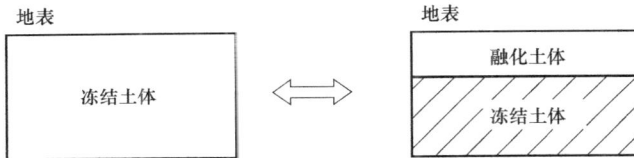

图 1-1　多年冻土区特征

　　在多年冻土区铺设保温层的主要目的就是阻止隧道开挖完成后夏季较高温度的大气进入隧道内引起衬砌壁后围岩的融化。如果冻结围岩融化，将影响隧道的稳定性。

　　季节性冻土的特征如图 1-2 所示，当温度降低时，土体从上到下逐渐冻结，当温度升高到 0℃ 以上时，冻结土体开始融化，直到冻结部分完全被融化，然后再随着温度的降低而开始冻结，如此循环往复。

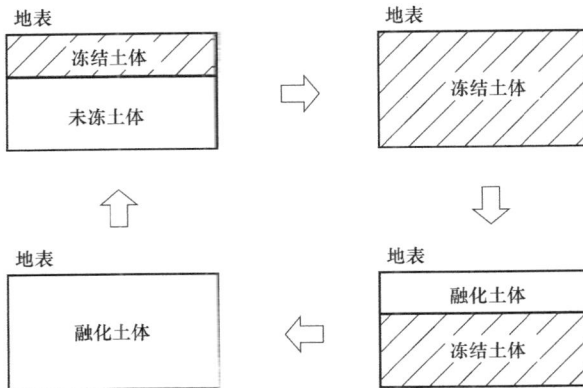

图 1-2　季节性冻土区特征

　　在季节性冻土区铺设保温层的目的主要是防止冬季围岩发生冻结产生冻胀力，从而保证工程的稳定。

然而在 2009 年张耀等[57] 通过使融化或冻结深度内围岩的热流量等于隔热层和衬砌的热流量，得到了隔热层厚度的计算公式为

$$\delta_{\mathrm{u,f}}=(r+h_{\mathrm{c}})\left(1+\frac{H_{\mathrm{u,f}}}{r}\right)^{\frac{\lambda_{\mathrm{i}}}{\lambda_{\mathrm{u,f}}}}\left(\frac{r}{r+h_{\mathrm{c}}}\right)^{\frac{\lambda_{\mathrm{i}}}{\lambda_{\mathrm{c}}}}-r-h_{\mathrm{c}} \tag{1-1}$$

式中，$r=(k_{\mathrm{b}}+k_{\mathrm{h}})/4$，m；$k_{\mathrm{b}}$ 为开挖宽度，m；k_{h} 为开挖高度，m；h_{c} 为混凝土衬砌的厚度，m；$H_{\mathrm{u,f}}$ 为融化或冻结深度，m；$\lambda_{\mathrm{u,f}}$ 为已融土或已冻土的导热系数，W/(m·℃)；λ_{i} 为隔热层的导热系数，W/(m·℃)。

此确定保温层厚度的方法既可以用于多年冻土隧道，也可用于季节性寒区隧道，但是该计算结果会有一定的误差，主要是因为该方法没有考虑围岩的初始条件和比热等一些因素。

另一种确定保温层厚度的方法是采用有限元模拟软件对铺设不同厚度保温层的隧道温度场进行分析研究[58]，以衬砌外缘的温度值作为控制温度，当该处的温度在一个周期内全大于零度时，认为保温层防冻害效果显著；如果该处的温度值小于零度，则认为围岩中仍有发生冻融循环的部分，没有起到很好的防护作用。目前很多学者都采用此方法进行研究。

1.2.3 冻结锋面的研究现状

蒋斌松等在 2009 年[59] 和 2010 年[60] 分别对单管冻结外壁恒热流和恒温两个问题采用变量替换法，并利用指数积分函数解析表示了冻结区和未冻结区的温度分布，得到冻结锋面半径和冻结时间的平方根关系，即

$$s(t)=2\sqrt{\alpha_{\mathrm{unf}}\beta t_{\mathrm{f}}} \tag{1-2}$$

式中，α_{unf} 为未冻土的导温系数，m²/d；β 为计算参数；t_{f} 为冻结时间，d。

吴礼舟等[61] 针对半无限大土体，建立一维热传导模型，得出含水量越大冻结锋面移动越快的结论，并给出了冻结锋面的位置表达式为

$$s(t)=2\lambda\sqrt{\alpha_{\mathrm{f}}t} \tag{1-3}$$

式中，$s(t)$ 为冻结锋面的移动函数；λ 为计算参数；α_{f} 为已冻区的热扩散系数，m²/d。

陈长臻等[62] 研究了外壁恒温条件下单管冻结温度场的发展规律，没有将冻结管简化成线热源进行研究，而是采用相似理论与数值计算、物理试验相结合的方法，分析了冻土半径与各影响因素之间的关系，得到了冻土半径与冻土和未冻土的导热系数比呈线性正变关系，与冻土和未冻土的比热基本没有关系，与科索维奇准则 K 的 1/2 次方根呈线性反变关系，是无量纲盐水温度的三次函数。

周扬等[63] 考虑未冻水的影响，建立了单管冻结温度场的离散相变模型，给出了该模型的解析计算方法，并得出忽略未冻结水将低估土中冻结锋面的推进速

度，其低估程度随土体比表面积的增加而增大的结论。

　　然而对于寒区隧道冻结锋面的解答，目前的研究成果明显较少，主要是因为单管冻结问题可以忽略冻结管的直径，从而简化为线热源问题，线热源问题存在解析解，可以得到冻结锋面随冻结时间的移动规律，而隧道半径较大，在温度影响范围内不可忽略，所以获得其解析解相当困难。另外，隧道外壁温度是随着大气温度的变化而变化，不同于固定温度或固定热流量问题，这些都给寒区隧道冻结锋面的移动规律的研究带来了很大的困难。目前赖远明等[34,35]对寒区圆形截面隧道温度场进行了近似解答，他基于均匀的初始温度场，针对地层温度接近 0℃的条件，采用无量纲方法和摄动技术对简化后的方程组进行了求解，得到了冻结锋面与冻结时间之间的数量关系。

1.2.4　寒区隧道应力场的研究现状

　　赖远明等[64]将冻胀应变看作一种"拉应变"，并建立冻结围岩的本构方程，然后根据弹性理论、位移连续方程和 Laplace 积分变换的方法，求解了寒区隧道冻胀力的黏弹性解。在同一年，为了确定在地震发生之前隧道所受的地应力，将冻土的蠕变效应考虑进去，求解了冻土的动态本构方程，得到了寒区隧道围岩的弹-黏塑性解。

　　张全胜等[65-66]假设冻结圈中心位置不发生冻胀位移，外侧围岩体积膨胀作用于未冻围岩，内侧围岩体积膨胀作用于衬砌上，然后根据位移连续条件，求解了冻胀力的大小。吕书清[67]也采用同样的思路重新求解了软岩隧道的冻胀力。该方法对于中心位置处的冻胀变形为零的假设缺乏论证，而且在冻胀时没有考虑未冻水含量和水分迁移等比较重要的参量。而对融化应力的求解只是将冻结圈的弹性模量减小，根据复变函数理论解得作用于衬砌和未冻围岩的应力，即为融化后的应力。该方法没有描述融化后体积缩小，未融化部分将发生移动的现象。

　　白国权[68]采用 ANSYS 软件和 DP 屈服准则对寒区隧道的温度场和冻胀力进行分析，采用水变成冰的体积膨胀系数为 9% 进行分析，得到塑性区出现的位置随埋深的变化规律，并得到塑性应变最大值发生的位置随着埋深的减小而呈上升趋势。该研究只是得出塑性应变与埋深的关系，对于其他各有关的力学参数都没有详尽的分析。

　　肖建章等[69]给出了冻土温度场、水分场基本方程及冻土弹塑性本构方程后，应用弹塑性有限元法求解冻胀力，具体做法为：（1）采用释放荷载的方法求得了旱桥在土体自重作用下的初始应力场；（2）根据温度场求解了在当前应力水平时的温度场；（3）判断各高斯点的温度值，并求出体积膨胀引起的等效节点荷载；（4）用有限元法求解该荷载增量对应的应力增量和当前土体的应力场；（5）重复（2）～（4）步直到规定的年限为止。该方法拓展了寒区冻胀理论及其计算方法，可为类似工程设计提供参考。

吴文丁[52] 利用 FLAC3D 软件对季节性寒区隧道的温度场进行了单场和多场耦合分析研究，得到铺设保温层和未铺设保温层的温度场。在求解冻胀力时，只得出衬砌壁后所受冻胀力随衬砌壁厚、冻胀率、衬砌弹模、围岩弹模、围岩内摩擦角以及围岩黏聚力的变化规律。对温度场的分析只局限于铺设和未铺设保温层时隧道围岩的冻结深度，没有分析各热工参数如何影响隧道温度场，没有给出断面处的危险位置；而对于冻胀力的计算，虽然得到了衬砌壁后处冻胀力与相关参数的关系，但是在问题处理上是将冻结圈中的体积膨胀完全作用在未冻围岩上，这是不合理的。

仇文革等[70] 根据相似理论，针对曲墙式、直墙式和圆形衬砌的隧道断面，采用模拟试验的方法研究了在不同的约束条件和冻结深度下寒区破碎岩体隧道的衬砌所受的径向冻胀力的大小及其分布规律。试验结果表明：冻胀力随着冻结深度的增加而增大，随着顶端约束的增强而增大；对于直墙式和曲墙式而言，顶端约束对拱顶和底板处的冻胀力影响较大，对拱腰处的冻胀力的影响较小；对圆形衬砌各处的影响相差无几；对于这三种衬砌结构，最大冻胀力均发生在拱脚处。

吴剑等[71] 结合了弹塑性力学与有限元理论对隧道冻胀力进行了解答，具体步骤分为 3 步：第一步，计算隧道围岩中的初始地应力；第二步，计算隧道的开挖应力场；第三步，计算冻结圈形成时的冻胀力。冻胀力是通过温度变化引起的体积膨胀施加的，即

$$\{\Delta\varepsilon\}_T = \{\alpha_t\}\Delta T \tag{1-4}$$

式中，$\{\Delta\varepsilon\}_T$ 为冻胀产生的应变矩阵；$\{\alpha_t\}$ 为冻胀系数矩阵，℃^{-1}；ΔT 为温差，℃。

隧道冻结膨胀时向两侧产生位移受到衬砌和未冻围岩的约束，其位移量受到两侧约束的影响，因此，吴楚刚等[72] 将隧道看成是衬砌、冻结圈和未冻围岩组成的 3 个轴对称弹性体，并将隧道假设为如图 1-3 所示的模型。

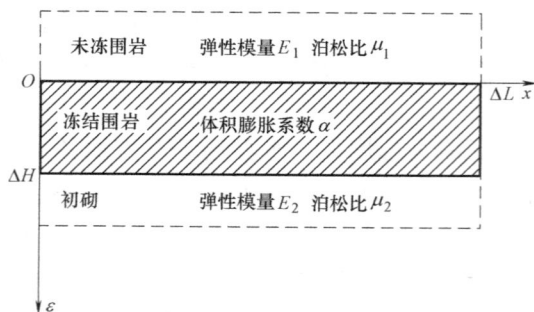

图 1-3　冻胀力计算模型

然后根据材料力学认为两侧的变形反比于各自的杨氏模量，则图 1-3 中的上边缘的变形值为 $\dfrac{V}{1+E_1/E_2}$，从而进一步求得冻胀力。

顾博渊等[73] 借助有限差分软件，将冻胀应变按照式（1-5）进行分析计算，同时也得到了拱脚处是受冻胀力最大的位置，占混凝土设计强度的 25% 左右。

$$\Delta\varepsilon_{i_i}=\alpha_t\Delta T\delta_{ij} \tag{1-5}$$

式中，α_t 为线性膨胀系数，$1/℃$；δ_{i_i} 为 Kronecker 符号。

G. Y. Gao 等[74] 将寒区隧道分为衬砌、冻结圈、围岩三种介质，并假设都为弹性材料，通过两个接触面上位移连续条件求解了冻胀力，然后将冻结圈内围岩的弹性解与冻胀力叠加，再根据塑性条件判断围岩塑性区的范围。该方法避免了考虑冻胀时围岩内的物质与能量的转移与转化。但塑性区的判断有一定的误差，因为该法没有考虑开挖应力重分布的影响。

除了上述几种求解冻胀力的思路外，还有一种比较流行的做法就是热-水-力耦合求解，例如：马静嵘等[75] 假设岩体颗粒和冰晶不可压缩，冻结围岩和未冻围岩均为弹性体并认为弹性模量保持不变，在此基础上推导出水-热-力耦合模型。该模型是通过 Clapeyron 方程将水压、冰压和温度联系起来，水压又进一步导致岩体损伤的加剧，从而建立了水-热-力耦合的损伤基本方程。陈飞熊等[76] 通过对冻土的平衡方程、各组分之间的变形协调方程，推导出相关的能量转换与传递方程，建立了能考虑骨架、水、冰三者的水-热-力真正的耦合作用方程。张学富等[77] 采用 Galerkin 方法求解了寒区隧道温度场与渗流场耦合的三维问题，但是没有具体分析围岩应力的影响。赖远明采用耦合计算的方法对寒区隧道考虑温度场、渗流场与应力场进行了求解。具体做法也是先将渗流场与温度场耦合进行分析，然后通过渗流场力与冻胀力将应力场耦合起来，最后通过有限元进行求解。Neaupane 等[78-79] 首先分别假定岩石为孔隙热弹性体和理想弹塑性体，然后基于连续介质力学和经典热力学理论，建立了冻融岩体在考虑水分相变时温度-应力-渗流耦合的质量、动量及能量控制方程的一般形式，最后以假想的液化天然气储存库为例进行有限元计算分析。徐光苗等[80] 为分析岩石的冻胀，从不可逆过程热力学和连续介质力学理论出发，定义冻结岩体与冰的膨胀耦合系数，最终建立了岩石冻结温度下非线性温度-渗流-应力耦合控制方程。总的来说，现在对寒区隧道的水-热-力耦合计算的思路主要是在温度场和渗流场的基础上，进行应力场的分析，而没有完全将温度-渗流-应力耦合起来进行分析。

除此之外，还有部分学者针对岩石在冻结状态或多次反复冻融循环条件下的损伤特性及常规力学性质方面进行了大量的研究[81-90]。

1.3 依托工程概况

本书的研究内容依托玉希莫勒盖隧道工程，该隧道位于新疆天山的玉希莫勒盖大阪之上，是国道 G217 线的关键工程。隧道的设计为单洞双向两车道，进口位于旧玉希莫勒盖隧道右侧对面山体上，里程沿用旧公路隧道的进口里程约为 K722+095；出口里程为 K724+038；隧道垭口高程为 3428m，全长 1943m，为高海拔的长大隧道。隧道处于高纬度、高海拔的严寒地区，最大季节冻土深度为 250cm；洞身穿越地层节理较发育，地下水流量大，为中等富水区。为加强隧道防排水设计，于隧道下方设无压防寒泄水洞及排水横洞，泄水洞全长 2091m，洞身段纵坡同主洞隧道。

隧址区地下水类型主要为基岩裂隙水，含水介质主要为各类岩层中节理裂隙，透水性主要受岩性、节理裂隙的发育程度及连通性控制，属弱—中等透水，不均一。地下水主要由雪融水及降雨补给，地下水的补给、径流条件，受地形地貌、岩性、构造等因素控制，地下水位埋深一般为 7～10m，在部分强烈侵蚀切割的沟谷中以泉水的形式出露，汇入地表径流，流量一般为 1～5L/s。

隧道围岩分级为 V、IV、III 和 II 级，具体分段分级如表 1-1 所示。

隧道围岩分段分级表　　　　　　　　　　　　　　　　　　　　　表 1-1

里　　程	V级围岩	IV级围岩	III级围岩	II级围岩
K722+095～K722+120	√			
K722+120～K722+205	√			
K722+205～K722+275		√		
K722+275～K722+315	√			
K722+315～K722+625			√	
K722+625～K722+690		√		
K722+690～K723+530				√
K723+530～K723+585		√		
K723+585～K723+990	√			
K723+990～K724+027	√			
K724+027～K724+038	√			
所占比例	30.03%	9.78%	15.95%	43.23%

综上所述，该隧道具有海拔高、温度低、涌水量较大等特点，而从表 1-1 可知，该隧道中 V 级和 IV 级围岩分别占到 30.03% 和 9.78%，表明隧道围岩破碎、稳定性差，易受冻害影响，所以进行该方面的研究是十分有必要的。

1.4 研究内容

虽然隧道的建设技术已逐渐趋于成熟，但是寒区隧道的研究还处于初步阶段。在寒冷环境下，隧道围岩原有和开挖产生的新裂隙在冻胀力、围岩应力及冻融循环作用下将扩展、贯通，围岩自承能力将由强变弱，初期支护效果逐渐减弱甚至消失，作用在二次衬砌上的塑性变形压力则随之增大，严重妨碍隧道的建设与运营。所以，必须开展寒区隧道围岩稳定的分析研究，而明确寒区隧道的温度场是进行此研究的前提与基础。

因此，本书的研究内容主要集中在以下 6 个方面：

（1）隧道内外气温、衬砌和围岩温度的现场测试研究。通过安装温度自动监测设备，实时获取隧道内大气和围岩的温度值。通过对数值的分析，为理论模型确定边界条件。

（2）寒区隧道含保温层时温度场解析计算研究。建立含保温层、衬砌和围岩三层介质的二维传热模型，采用 Laplace 积分变换和 Den Iseger 法对模型进行求解，获得了玉希莫勒盖隧道的温度分布规律，并探讨了对流换热系数、年平均气温和地层温度对温度场的影响规律。

（3）寒区隧道三维径向传热的解析研究。随着隧道轴向进深的增加，衬砌表面的温度边界条件发生改变，建立可以考虑轴向温度影响的三维径向传热模型可直观获取围岩冻结范围，为保温防护设计提供依据。

（4）寒区隧道温度场的数值模拟研究。采用 Geo-studio 软件处理冻结相变问题，建立寒区隧道的数值计算模型，将不含保温层时的温度计算结果与现场实测结果进行对比验证模拟方法的准确性。研究了冻结锋面在不同介质中的移动规律，获得了隧道冻胀最不利的位置，同时开展保温层防护厚度的计算研究。

（5）寒区隧道围岩应力与变形的解析计算研究。分析已有计算模型的不足，构建新的冻结围岩的本构方程，开展两向不等压寒区隧道应力场的弹性解答和静水应力场中寒区速递冻结时的弹塑性解答。此外，还进行了寒区隧道围岩融化时的应力与变形分析。

（6）开展寒区隧道温度场与冻胀力的相似模拟研究。根据相似理论，建立寒区隧道传热物理试验模型，研究铺设和未铺设保温层时隧道围岩的温度场，评价了 5cm 保温层的工效，并获得了隧道不同位置处的冻胀力量值。相应结果可用于验证理论模型和数值模拟计算的结果。

第 2 章　隧道内大气及围岩温度监测

2.1　概述

　　玉希莫勒盖隧道工程具有区域温度环境和水文地质环境十分复杂的特点。为保证隧道前期的安全建设及后期的健康运营，亟需掌握工程环境及隧道围岩的温度分布特征。通过对隧道实测的环境温度、围岩温度进行归纳总结，可为隧道温度场计算模型的建立、保温层的确定、围岩应力与变形分析和试验室相似模拟试验提供依据。

2.2　测试方法

2.2.1　测点布置

　　温度测点埋设是在隧道施工期间进行，共设置四个温度监测断面。其测点布设在进口端右侧帮部，距地面高度约 1.5m；1～4 号四个主机监测断面里程分别为 K722+105、K722+155、K722+300 和 K722+510；每个主机配备 1～5 号五个测温传感器，其埋深分别为 5.0m、2.0m、0.5m、0.3m 和 0.0m，其中 0.0m 测温传感器在施工期用于测试主机所在里程处洞内壁面温度，在二衬施工后进行保温防护时用于测试保温层与围岩衬砌层间的温度。温度监测点的布置如图 2-1 所示。

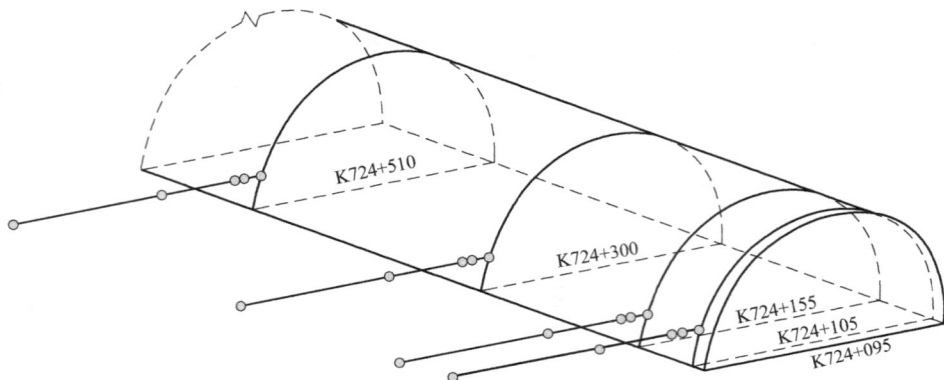

K724+510

K724+300

K724+155
K724+105
K724+095

图 2-1　温度传感器埋设示意图

2.2.2 仪器安装

选用 LGR-WD51 型温度记录仪自动采集温度数据，该数据采集记录仪具有体积小、性能可靠、断电数据自动存储保护功能等优点，记录间隔可根据需要从 2s 至 72h 任意设置，当温度超过预警值时，可进行声光报警，数据采集系统如图 2-2 所示。

温度传感器在使用前需要放在冰水混合物中进行校正，其校正结果如表 2-1 所

图 2-2 LGR-WD51 温度采集仪

示。然后将其连接到记录仪上，并通过铜线与洞口山顶上的 12V 太阳能电池板相连；最后将温度探头埋设到围岩中。

各传感器温度探头的冰水混合物测试值　　　　　　表 2-1

主机	1 号通道	2 号通道	3 号通道	4 号通道	5 号通道
1 号	0.3	0.1	0.2	0.0	0.0
2 号	0.3	0.1	0.2	0.0	0.2
3 号	0.2	0.2	0.2	0.0	0.1
4 号	0.2	0.1	0.0	−0.1	0.0

2.3　温度监测结果

2.3.1　大气温度监测结果

玉希莫勒盖隧道所处区域为高海拔山区，大气环境受区域内小气候影响较为显著。为研究隧道围岩的温度场的变化规律，需探明区域内大气温度的变化规律，图 2-3 为玉希莫勒盖隧道洞口大气温度变化规律（监测周期为 2011 年 9 月 19 日～2013 年 5 月 3 日）。

通过对大气实测温度进行分析，得到了大气温度拟合曲线，即

$$T_c(t) = -2.203 - 13.51\sin\left[\frac{2\pi}{365}(t - 35.35)\right] \quad (2\text{-}1)$$

式中，T_c 为拟合温度，℃；t 为测试时长，自 2011 年 10 月 25 日起。

监测数据和拟合结果表明：温度拟合曲线优度为 $R^2 = 0.93$，基本能够较为准确地反映大气温度变化规律；监测数据显示年内最高温度和最低温度出现的时刻分别为 2012 年 12 月 21 日和 2012 年 7 月 31 日，拟合得到的相应时刻分别为

2012 年 1 月 26 日和 2012 年 7 月 14 日，两者基本一致；拟合结果表明年内最低和最高温度分别为 −15.71℃ 和 11.31℃，年平均气温为 −2.203℃；年内气温低、高于 0℃ 的时间分别为 202d（55.34%）和 163d（44.66%）。

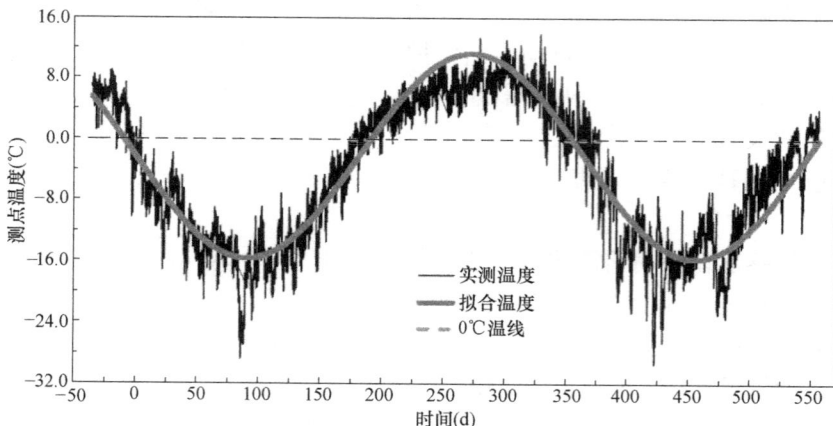

图 2-3　玉希莫勒盖隧道洞口的大气温度曲线

2.3.2　围岩温度监测结果

对施工期内四个监测断面不同埋深的围岩温度及洞壁温度进行监测，监测周期为 2011 年 9 月 19 日～2012 年 8 月 13 日。

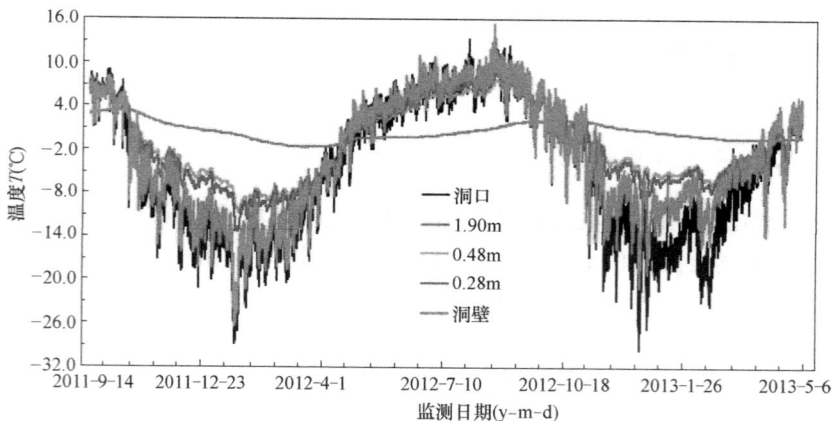

图 2-4　K724+105 断面温度曲线

温度监测结果如图 2-4～图 2-7 所示，该结果显示部分传感器测得的最低温度如表 2-2 所示。

从表 2-2 可以看出，越靠近洞口，温度值越低。所以在洞口处的冻结深度最大，已超 2m。

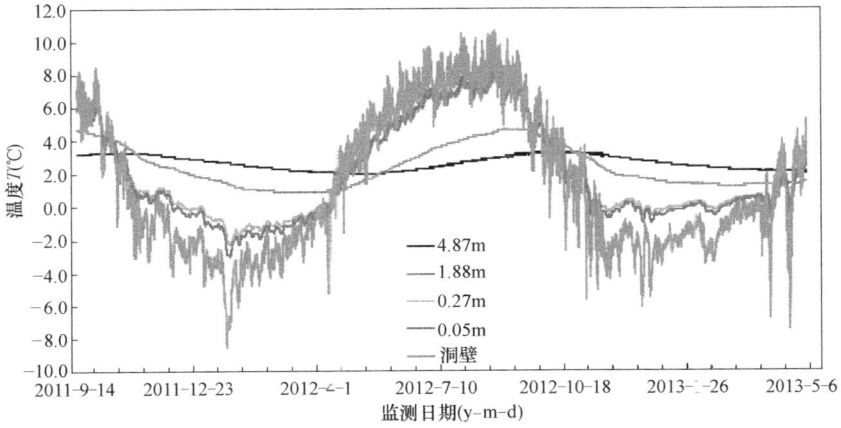

图 2-5　K724＋155 断面温度曲线

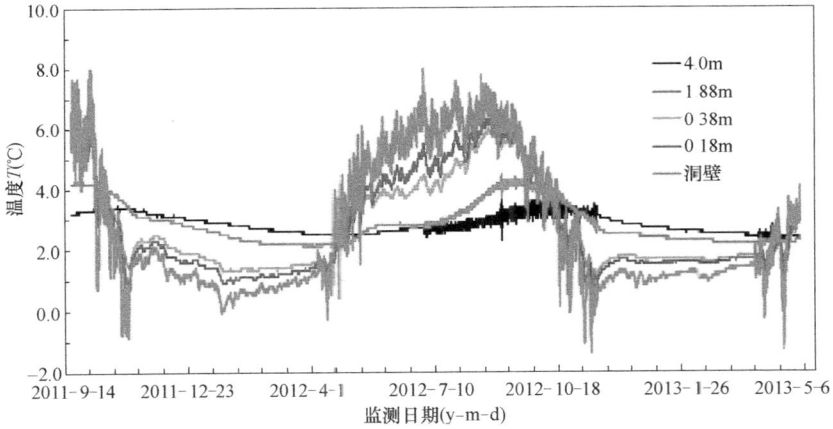

图 2-6　K724＋300 断面温度曲线

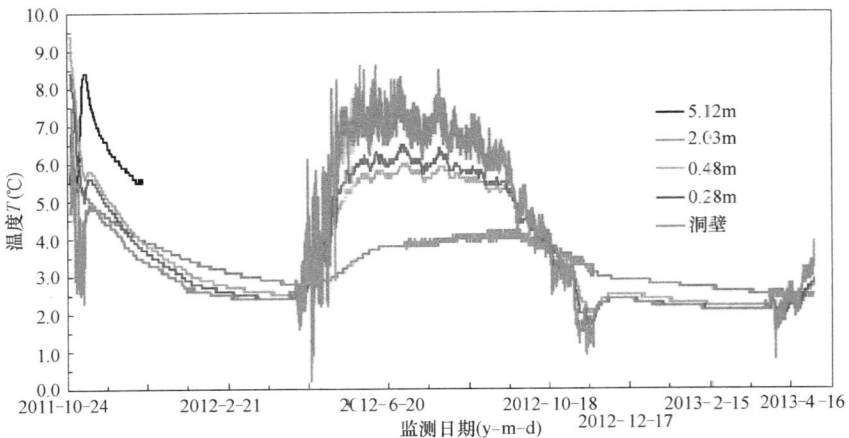

图 2-7　K724＋510 断面温度曲线

| | 部分传感器的最低温度 | | 表 2-2 |

里程	温度（℃）		
	2m 传感器	0.5m 传感器	0.3m 传感器
K722+105	−1.6	−10.7	−13.0
K722+155	0.9	−2.3	−2.9
K722+300	—	—	0.9
K722+510	—	—	2.4

2.3.3　洞内空气温度分布规律

图 2-8 显示：在施工休止期间内，洞外大气最低温度约为−29.5℃，而洞内越靠近掌子面隧道内温度越高、越趋于稳定（进入洞口 200m 后洞内空气温度已趋于稳定），而在施工通风影响下，洞内空气温度与洞外大气温度基本一致。因此，在隧道交付使用后，在汽车行驶带动冷空气流动的影响下，洞内空气温度可能与大气温度基本一致，需要采取一定的保温措施。

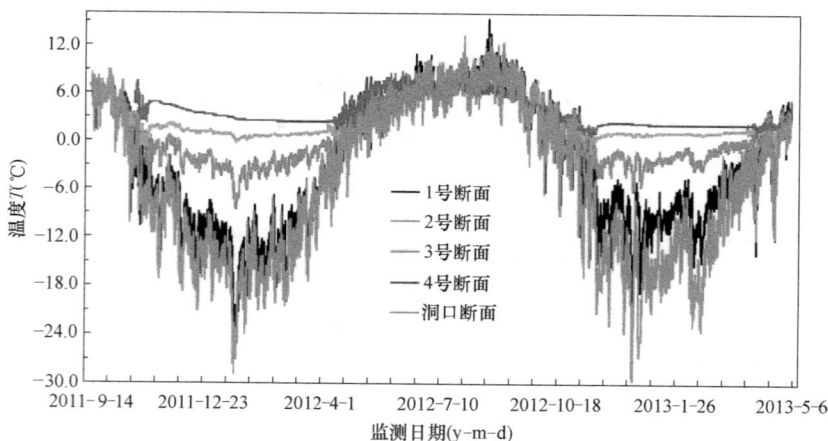

图 2-8　隧道壁温分布曲线

2.4　本章小结

根据隧道不同里程、不同埋深温度监测结果，可以获得以下结论：

（1）在冬季（施工休止期），隧道洞内温度越靠近掌子面越高，且趋于稳定；而在夏季（施工期），受到隧道通风的影响，隧道内空气温度与洞外温度变化不大，两者基本保持一致；

（2）洞外大气温度变化基本符合式（2-1）所示的正弦函数，年低于 0℃时间 202d（55.34%），平均温度为－2.2℃；

（3）在施工休止期，大气最低温度－29.5℃，进入隧道洞口 200m，隧道内空气温度基本保持在 0℃以上，因此，洞口附近 200m 隧道围岩在施工期需做好保温防冻措施，以减小低温带来的危害；而在运营期，对隧道内温度变化规律需进行进一步监测分析；

（4）围岩距洞壁埋深越大，温度越趋于稳定，该隧道围岩常年稳定温度约为 2.9℃；

（5）从监测结果可知，洞口处断面的冻结深度最大，约为 2.0m。

第3章 寒区隧道含保温层时温度场解析计算

寒区隧道温度场的边界条件中包括冻结锋面的移动，是典型的移动边界问题，其方程的非线性很强，求解相当困难，目前只有赖远明课题组采用伽辽金法求解了数值解，之后采用摄动法求解该问题的近似解析解。两种方法的计算过程均较复杂。对于寒区隧道工程，工程师关心的问题就是采用的保温措施（这里指保温层）是否能保证在季节性寒区隧道中不发生冻融循环，在多年冻土寒区隧道中围岩不发生融化。因为衬砌后铺设防水板，使得衬砌中没有地下水的渗入，所以在求解衬砌温度场时不需要考虑冻结锋面，从而使得方程简化，求出衬砌外缘的温度值作为是否发生冻害的判据。

3.1 问题的描述

为使隧道衬砌结构受力合理，隧道内轮廓断面多采用三心圆，获得该形状下的隧道围岩传热解析解比较困难。现做如下假设：

（1）隧道横断面为圆形；

（2）认为各层之间完全接触，接触热阻较小，可忽略；

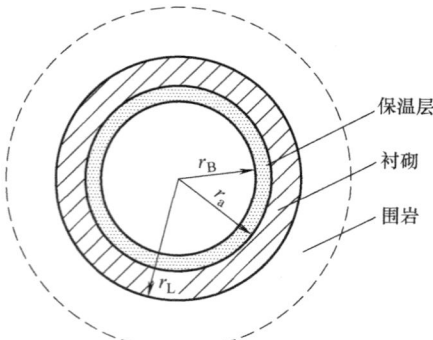

图 3-1 计算模型

（3）隧道围岩具有相同的初始温度，即地层温度；

（4）认为隧道内气体的流速保持恒定；

（5）保温层完全阻止低温的传递，即围岩内没有相变的产生。

考虑隧道较长、埋深较大，隧道围岩温度场符合平面模型，设隧道的衬砌内半径为 r_a，隧道由保温层、衬砌及围岩三种介质组成，分析模型及几何尺寸如图 3-1 所示。

采用极坐标，隧道保温层、衬砌及围岩热传导问题的控制方程为

$$\begin{cases} DT_1 = \alpha_1 BT_1 & (r_B \leqslant r \leqslant r_a) \\ DT_2 = \alpha_2 BT_2 & (r_a \leqslant r \leqslant r_L) \\ DT_3 = \alpha_3 BT_3 & (r_L \leqslant r \leqslant \infty) \end{cases} \tag{3-1}$$

式中，算子 $D=\dfrac{\partial}{\partial t}$；$B=\dfrac{\partial^2}{\partial r^2}+\dfrac{1}{r}\dfrac{\partial}{\partial r}$；$T_n=T_n(r,t)$ 为径向 r 处及 t 时刻的温度，℃，$n=1$ 为保温层，$n=2$ 为衬砌，$n=3$ 为围岩；r 为以隧道中心为原点的圆柱坐标，m；t 为时间（$t>0$），d；r_B、r_a 和 r_L 分别为保温层的内半径、衬砌的内外半径，m；α_n 为导温系数，m²/d，$\sigma_1=\lambda_n/c_n$；λ_n 为导热系数，kJ/(m·d·℃)；c_n 为容积比热，kJ/(m³·℃)。

问题的边界为

$$
\begin{cases}
-\lambda_1\dfrac{\partial T_1(r_B,t)}{\partial r}=h\left[T_1(r_B,t)-T_c(t)\right] \\
T_3(\infty,t)=T_0
\end{cases}
\tag{3-2}
$$

初始条件为

$$
\begin{cases}
T_1(r,0)=T_0 \\
T_2(r,0)=T_0 \\
T_3(r,0)=T_0
\end{cases}
\tag{3-3}
$$

大气温度为

$$
\begin{cases}
T_c(t)=T_a+B\cos(\omega t+\varphi) \\
\omega=\dfrac{2\pi}{M}
\end{cases}
\tag{3-4}
$$

式中，$T_c(t)$ 为 t 时刻隧道表面的气温温度，℃；T_a 为大气的年平均气温，℃；B 为隧道内气体的温度振幅，℃；ω 为气体温度的频率，Hz；φ 为相位；h 为空气与衬砌壁之间的对流换热系数，W/(m²·℃)；T_0 为保温层、衬砌和围岩的初始温度，℃，并认为等于该深度处的地层温度；$M=365$d。

问题的接触条件为

$$
\begin{cases}
T_1(r_a,t)=T_2(r_a,t) \\
T_1(r_L,t)=T_2(r_L,t)
\end{cases}
\tag{3-5}
$$

$$
\begin{cases}
\lambda_1\dfrac{\partial T_1(r_a,t)}{\partial r}=\lambda_2\dfrac{\partial T_2(r_a,t)}{\partial r} \\
\lambda_2\dfrac{\partial T_2(r_L,t)}{\partial r}=\lambda_3\dfrac{\partial T_3(r_L,t)}{\partial r}
\end{cases}
\tag{3-6}
$$

3.2 Laplace 积分变换方法

隧道温度场的确定采用 Laplace 积分变换方法[91-98]。时间函数 $f(t)$ 的 Laplace 积分变换 $\overline{f}$ 定义为

$$\overline{f} = \overline{f}(s) = \int_0^\infty f(t) \mathrm{e}^{-st} \mathrm{d}t \tag{3-7}$$

式中，s 为复数，$s = \sigma + \mathrm{i}\omega$，且 $\sigma > 0$。

Laplace 逆变换 $\overline{f}^{-1}$ 定义为

$$f(t) = \overline{f}^{-1} = \frac{1}{2\pi\mathrm{i}} \int_{\sigma-\mathrm{i}\infty}^{\sigma+\mathrm{i}\infty} \overline{f}(s) \mathrm{e}^{st} \mathrm{d}s \tag{3-8}$$

3.3　热传导问题的求解

为了便于进行三种介质的温度场解析计算，将热传导问题做变量替换。取

$$\theta(r,t) = T(r,t) - T_0 \tag{3-9}$$

将变量替换式（3-9）分别代入式（3-1）～式（3-6），热传导问题可重新表示为

$$\begin{cases} D\theta_1 = \alpha_1 B\theta_1 \\ D\theta_2 = \alpha_2 B\theta_2 \\ D\theta_3 = \alpha_3 B\theta_3 \end{cases} \tag{3-10}$$

$$\begin{cases} -\lambda_1 \dfrac{\partial\theta_1(r_\mathrm{B},t)}{\partial r} = h\left[\theta_1(r_\mathrm{B},t) - \theta_\mathrm{c}\right] \\ \theta_3(\infty,t) = 0 \end{cases} \tag{3-11}$$

$$\begin{cases} \theta_1(r,0) = 0 \\ \theta_2(r,0) = 0 \\ \theta_3(r,0) = 0 \end{cases} \tag{3-12}$$

$$\begin{cases} \theta_1(r_\mathrm{a},t) = \theta_2(r_\mathrm{a},t) \\ \theta_2(r_\mathrm{L},t) = \theta_3(r_\mathrm{L},t) \end{cases} \tag{3-13}$$

$$\begin{cases} \lambda_1 \dfrac{\partial\theta_1(r_\mathrm{a},t)}{\partial r} = \lambda_2 \dfrac{\partial\theta_2(r_\mathrm{a},t)}{\partial r} \\ \lambda_2 \dfrac{\partial\theta_2(r_\mathrm{L},t)}{\partial r} = \lambda_3 \dfrac{\partial\theta_3(r_\mathrm{L},t)}{\partial r} \end{cases} \tag{3-14}$$

对热传导控制方程式（3-10）进行 Laplace 积分变换，即，根据定义式（3-7），并利用初始条件式（3-12）和边界条件式（3-11）的第二式，可得

$$\begin{cases} \overline{\theta}_1 = A_1 I_0(s_1 r) + A_2 K_0(s_1 r) \\ \overline{\theta}_2 = A_3 I_0(s_2 r) + A_4 K_0(s_2 r) \\ \overline{\theta}_3 = A_5 K_0(s_3 r) \end{cases} \tag{3-15}$$

式中，$I_m(\cdot)$、$K_m(\cdot)$ 为 m 阶第一和第二类变形 Bessel 函数；$s_n = \sqrt{s/\alpha_n}$；而 $A_1 \sim A_5$ 为积分参数，由问题的边界和接触条件确定。

对边界条件式（3-11）的第一式以及接触条件进行 Laplace 变换，再结合式（3-15），有

$$
\begin{cases}
A_1\left[s_1\lambda_1 I_1(s_1 r_B)+hI_0(s_1 r_B)\right]+A_2\left[hK_0(s_1 r_B)-s_1\lambda_1 K_1(s_1 r_B)\right]\\
=h\left[\dfrac{(T_a-T_0)}{s}+B\left(\dfrac{s\sin\omega+\omega\cos\varphi}{s^2+\omega^2}\right)\right]\\
A_1 I_0(s_1 r_a)+A_2 K_0(s_1 r_a)=A_3 I_0(s_2 r_a)+A_4 K_0(s_2 r_a)\\
A_3 I_0(s_2 r_L)+A_4 K_0(s_2 r_L)=A_5 K_0(s_3 r_L)\\
A_1 I_1(s_1 r_a)-A_2 K_1(s_1 r_a)=\alpha\left[A_3 I_1(s_2 r_a)-A_4 K_1(s_2 r_a)\right]\\
A_3 I_1(s_2 r_L)-A_4 K_1(s_2 r_L)+\beta A_5 K_1(s_3 r_L)=0
\end{cases}
\tag{3-16}
$$

式中，$\alpha=\sqrt{\lambda_2 c_2/(\lambda_1 c_1)}$；$\beta=\sqrt{\lambda_3 c_3/(\lambda_2 c_2)}$。

解代数方程组（3-16），有

$$
\begin{cases}
A_1=-\dfrac{\Delta_3\Delta_6}{\Delta_2\Delta_5-\Delta_3\Delta_4}\\[2mm]
A_2=\dfrac{\Delta_2\Delta_6}{\Delta_2\Delta_5-\Delta_3\Delta_4}\\[2mm]
A_3=\dfrac{\Delta_6\left[\Delta_3 I_1(s_1 r_a)+\Delta_2 K_1(s_1 r_a)\right]}{\alpha(\Delta_2\Delta_5-\Delta_3\Delta_4)\left[\Delta_1 K_1(s_2 r_a)-I_1(s_2 r_a)\right]}\\[2mm]
A_4=\dfrac{\Delta_1\Delta_6\left[\Delta_3 I_1(s_1 r_a)+\Delta_2 K_1(s_1 r_a)\right]}{\alpha(\Delta_2\Delta_5-\Delta_3\Delta_4)\left[\Delta_1 K_1(s_2 r_a)-I_1(s_2 r_a)\right]}\\[2mm]
A_5=\dfrac{\Delta_6\left[\Delta_3 I_1(s_1 r_a)+\Delta_2 K_1(s_1 r_a)\right]\left[I_0(s_2 r_L)+\Delta_1 K_0(s_2 r_L)\right]}{\alpha K_0(s_3 r_L)(\Delta_2\Delta_5-\Delta_3\Delta_4)\left[\Delta_1 K_1(s_2 r_a)-I_1(s_2 r_a)\right]}
\end{cases}
\tag{3-17}
$$

式中

$$
\begin{cases}
\Delta_1=\dfrac{K_0(s_3 r_L)I_1(s_2 r_L)+\beta K_1(s_3 r_L)I_0(s_2 r_L)}{K_0(s_3 r_L)K_1(s_2 r_L)-\beta K_1(s_3 r_L)K_0(s_2 r_L)}\\[2mm]
\Delta_2=I_0(s_1 r_a)+\dfrac{I_1(s_1 r_a)\left[I_0(s_2 r_a)+\Delta_1 K_0(s_2 r_a)\right]}{\alpha\left[K_1(s_2 r_a)\Delta_1-I_1(s_2 r_a)\right]}\\[2mm]
\Delta_3=K_0(s_1 r_a)+\dfrac{K_1(s_1 r_a)\left[I_0(s_2 r_a)+\Delta_1 K_0(s_2 r_a)\right]}{\alpha\left[I_1(s_2 r_a)-K_1(s_2 r_a)\Delta_1\right]}\\[2mm]
\Delta_4=s_1\lambda_1 I_1(s_1 r_B)+hI_0(s_1 r_B)\\
\Delta_5=hK_0(s_1 r_B)-s_1\lambda_1 K_1(s_1 r_B)\\
\Delta_6=h\left[\dfrac{(T_a-T_0)}{s}+B\left(\dfrac{s\sin\varphi+\omega\cos\varphi}{s^2+\omega^2}\right)\right]
\end{cases}
\tag{3-18}
$$

将式（3-17）和式（3-18）代入式（3-15），进行 Laplace 逆变换，并代入变量替换式（3-9），可得保温层、衬砌和围岩温度解答，即

$$T_n(r,t) = \theta_n(r,t) + T_0 \qquad (n=1\sim3) \tag{3-19}$$

3.4　Laplace 逆变换的数值计算

对于复杂的函数，采用查表法一般无法将 Laplace 域上的解逆变换到时间域上的解，通常采用数值方法来得到近似的逆变换解。多年来，Laplace 逆变换的数值解一直受到国内外学者的广泛关注，并提出了很多基于不同原理的算法，但是因为 Laplace 逆变换的数值解是一个不适定的问题，算法对原函数的振荡性和衰减性非常敏感。例如 Stehfest 算法就随着周期数的增加而逐渐衰减。通过试算对比，采用 Den Iseger 法可满足要求。

3.4.1　Den Iseger 法

Den Iseger 法[99-100] 属于 Fourier 级数法，该方法采用高斯正交法则和快速Fourier 变换（FFT）来进行计算。其公式为

$$\overline{f}_k = \frac{4}{\Delta} \sum_{j=1}^{n/2} \bar{\omega}_j \left\{ \mathrm{Re}\left[\overline{f}\left(\frac{a + \mathrm{i}\vartheta_j + \frac{2\mathrm{i}\pi k}{M_2}}{\Delta} \right) \right] \right\} \tag{3-20}$$

$$\overline{f}_0 = \frac{1}{2} \sum_{j=1}^{n/2} \bar{\omega}_j (\overline{f}_{j0} + \overline{f}_{jM_2}) \tag{3-21}$$

式中，$M_2 = 8M_1$，M_1 为时间列阵中元素的个数；$a = 44/M_1$；$n=16$；$k=0$，1，$\cdots$，M_2；$j=1$，2，$\cdots$，$n/2$；$\Delta = t_{max}/(M_1-1)$。查阅文献 [99] 得

$$\begin{cases} \vartheta_1 = 0 & \bar{\omega}_1 = 1 \\ \vartheta_2 = 6.28318530 & \bar{\omega}_2 = 1.00000000 \\ \vartheta_3 = 12.5663706 & \bar{\omega}_3 = 1.00000015 \\ \vartheta_4 = 18.8502914 & \bar{\omega}_4 = 1.00081841 \\ \vartheta_5 = 25.2872172 & \bar{\omega}_5 = 1.09580332 \\ \vartheta_6 = 34.2969716 & \bar{\omega}_6 = 2.00687652 \\ \vartheta_7 = 56.1725527 & \bar{\omega}_7 = 5.94277512 \\ \vartheta_8 = 170.533131 & \bar{\omega}_8 = 54.9537264 \end{cases} \tag{3-22}$$

而

$$f_m = \frac{1}{M_2} \sum_{k=0}^{M_2-1} \overline{f}_k \cos\left(\frac{2\pi nk}{M_2} \right) \tag{3-23}$$

式中，$m=0$，1，$\cdots$，M_1-1。

将式（3-20）按照式（3-23）进行 FFT 计算，可得 Laplace 数值逆变换的结果为

$$f(t) = e^{am} f_m \qquad (3\text{-}24)$$

该方法的最终结果是将 t 进行 M 等分所对应的值。

3.4.2 Den Iseger 法的验算

1. 算例 1

设原函数为

$$f(t) = t^2 \qquad (3\text{-}25)$$

经 Laplace 变换后，象函数为

$$\overline{f}(s) = \frac{2}{s^3} \qquad (3\text{-}26)$$

将象函数通过 Den Iseger 法得到其逆变换的数值解，与真值的对比分析如表 3-1 和图 3-2 所示。

算例 1 的结果对比表　　　　　　　　　　　　　　　表 3-1

t 值	Den Iseger 结果	真值	误差（$\times 10^{-5}$）
0	2.66×10^{-16}	0	0
5	25	25	0
10	100	100	0
15	225	225	0
20	400	400	0
25	625	625	0
30	900	900	0
35	1225	1225	0
40	1600	1600	0

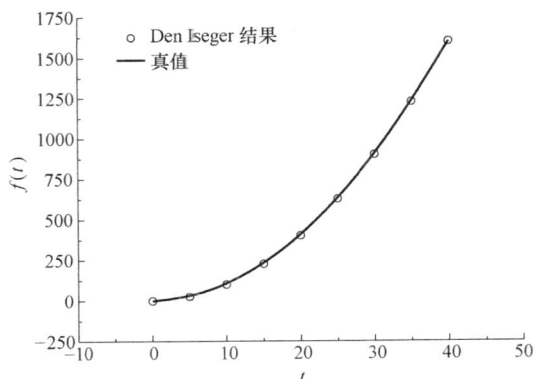

图 3-2　算例 1 的数值解与解析解对比

2. 算例 2

设原函数为

$$f(t) = \frac{1}{\sqrt{\pi t}} \tag{3-27}$$

进行 Laplace 变换后，象函数为

$$\overline{f}(s) = \frac{1}{\sqrt{s}} \tag{3-28}$$

将象函数通过 Den Iseger 法得到其逆变换的数值解，与真值的对比分析如表 3-2 和图 3-3 所示。

算例 2 的结果对比表　　　　　　　　　　　表 3-2

t 值	Den Iseger 结果	真值	误差（$\times 10^{-5}$）
1	0.5642	0.5642	7.09
2	0.3989	0.3989	5.013
3	0.3257	0.3257	3.07
4	0.2821	0.2821	7.09
5	0.2523	0.2523	7.927
6	0.2303	0.2303	8.683
7	0.2132	0.2132	14.07
8	0.1995	0.1994	20.05
9	0.1881	0.188	26.56

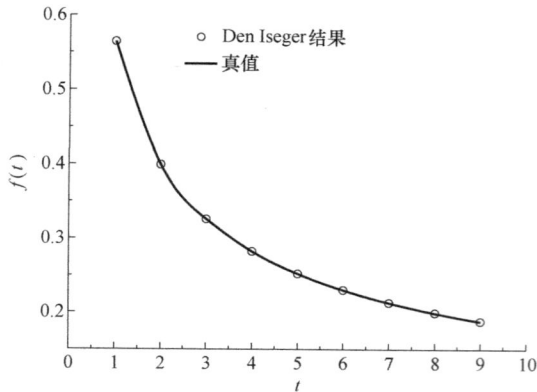

图 3-3　算例 2 的数值解与解析解对比

3. 算例 3

设原函数为

$$f(t) = \sin(2t) \tag{3-29}$$

Laplace 变换后的象函数为

$$\overline{f}(s) = \frac{2}{s^2 + 4} \tag{3-30}$$

将象函数通过 Den Iseger 法得到其逆变换的数值解，其与真值的对比分析如表 3-3 和图 3-4 所示。

算例 3 的结果对比表   表 3-3

t 值	Den Iseger 结果	真值	误差($\times 10^{-16}$)	t 值	Den Iseger 结果	真值	误差($\times 10^{-16}$)
0	8.06E-17	0	0	2.2	−0.9516	−0.9516	3.5001
0.2	0.38942	0.38942	0	2.4	−0.99616	−0.99616	3.3435
0.4	0.71736	0.71736	1.5477	2.6	−0.88345	−0.88345	8.7968
0.6	0.93204	0.93204	2.3824	2.8	−0.63127	−0.63127	1.7587
0.8	0.99957	0.99957	2.2214	3.0	−0.27942	−0.27942	11.92
1.0	0.9093	0.9093	0	3.2	0.11655	0.11655	123.84
1.2	0.67546	0.67546	1.6436	3.4	0.49411	0.49411	2.2469
1.4	0.33499	0.33499	6.6284	3.6	0.79367	0.79367	15.387
1.6	−0.05837	−0.05837	32.095	3.8	0.96792	0.96792	1.147
1.8	−0.44252	−0.44252	2.5089	4.0	0.98936	0.98936	16.832
2.0	−0.7568	−0.7568	2.9340				

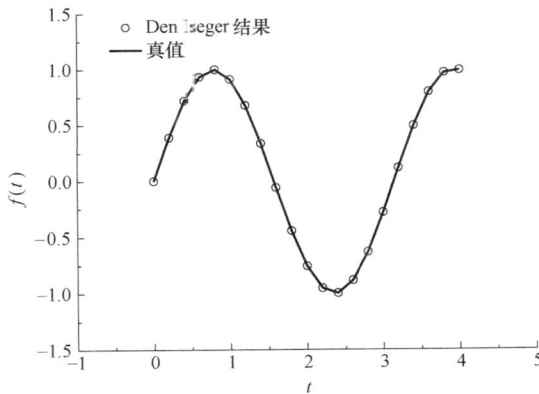

图 3-4   算例 3 的数值解与解析解对比

通过对算例 1～算例 3 的计算结果分析可知，Den Iseger 算法的解与真值的误差很小，其中，算例 1 与算例 3 的计算误差均达到 10^{-14}，算例 2 虽误差为

10^{-4}，但是仍可满足工程需要。

通过现场温度监测可知，大气温度曲线呈三角函数分布，具有明显的振荡性，算例 3 的结果表明，该算法在处理三角振荡函数时具有较好的稳定性，所以能够应用到温度场的计算过程中。

3.5　玉希莫勒盖隧道温度场分析

玉希莫勒盖隧道处于新疆天山之上，海拔高度 3400m，属于深度季节性冻土，现场通过工程类比法铺设 5cm 保温层来确保围岩在冬季不发生冻害。现场在隧道进口处布设一个监测断面，其监测结果如图 2-4 所示，对该位置的大气温度进行拟合分析，其结果如图 2-3 所示。此外，从图 2-4 中壁后 1.9m 处的监测数据可以确定该深度处的地层温度为 2.9℃。该隧道设计的衬砌内半径为 4.5m；对流换热系数取为 15W/(m² · ℃)，计算模型中包括的保温层、衬砌及围岩的各相关参数如表 3-4 所示。

三种介质的相关参数			表 3-4
名称	厚度(m)	导热系数 λ [W/(m · ℃)]	比热容 c [kJ/(m³ · ℃)]
保温层	0.05	0.03	72
衬砌	0.6	1.45	2460
围岩	—	1.96	2090

采用 Matlab 软件计算得寒区隧道温度场如图 3-5 所示。

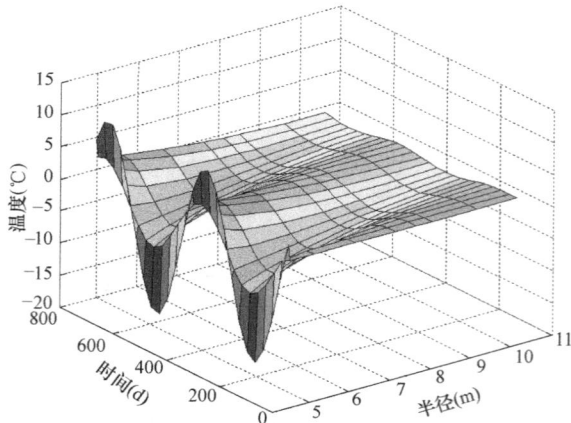

图 3-5　玉希莫勒盖隧道温度场的分布图

从图 3-5 可以看出，在保温层中温度梯度较大，变化剧烈；随着半径的增大，温度曲线的波动逐渐减弱，而且曲线波动形状都随大气温度呈正弦变化；当半径达到 10m 时，温度曲线趋于平稳。

铺设的 5cm 保温层和衬砌中温度曲线如图 3-6 所示。

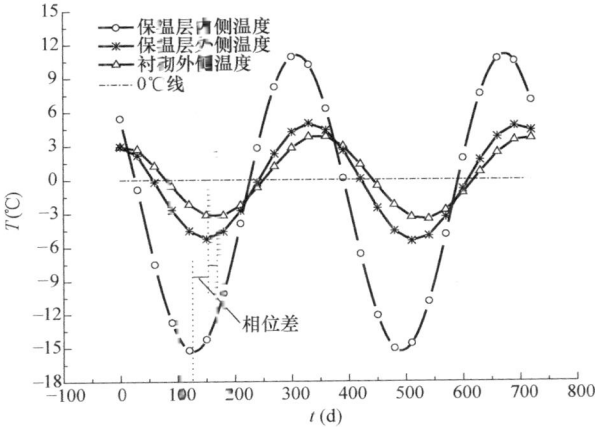

图 3-6　5cm 保温层和衬砌的温度曲线

图 3-6 结果表明：保温层和衬砌中的温度随着大气温度呈周期变化，并且随着半径的增大，不同位置处的温度曲线将产生一定的相位差；离隧道表面越远，温度振幅越小，说明受大气温度影响较小。5cm 保温层内外缘最大温差达 9.63℃，起到了明显的保温作用，但是衬砌外缘最低温度仍为零下，说明该厚度的保温层无法保证隧道围岩不发生冻融循环。衬砌内外缘温度差约为 1.92℃，相对保温层而言，衬砌对温度传递的阻止能力较弱。

3.6　玉希莫勒盖隧道保温层厚度的计算

由上述分析可知，现场采用的 5cm 保温层只能减缓冬季冻胀的影响，而不能完全消除，现通过试算，以衬砌外缘处的温度大于等于零度为基准进行分析，各相关参数如表 3-4 所示，对流换热系数取 15 W/(m²·℃)，结果如图 3-7 所示。

从计算结果看出：单独采用保温层进行防护时，16cm 厚度可保证围岩第一年不发生冻结；18cm 厚的保温层基本可以满足近 3 年隧道安全的要求，但是根据每一循环周期最低温度的变化趋势，3 年后冬季的最低温度有可能低于 0℃；而如果采用 19cm 保温层能更好地保证隧道围岩在冬季不发生冻结。

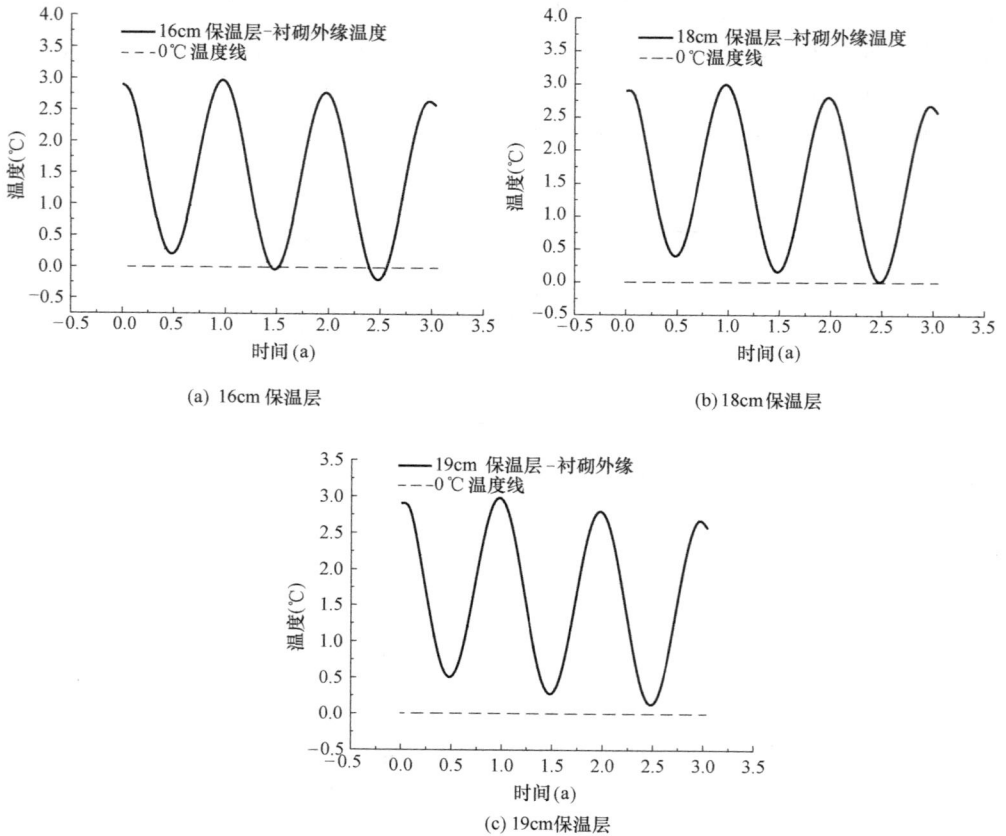

(a) 16cm 保温层

(b) 18cm 保温层

(c) 19cm保温层

图 3-7　不同厚度保温层时衬砌外缘温度曲线

3.7　参数分析

当隧道开挖完成时，冷空气在隧道内流通将与之发生热量交换，而整个过程主要可分为两个子过程：气体与固体之间的对流换热过程和固体与固体之间的热传导过程。影响对流换热过程的参数主要包括对流换热系数和固体的导热系数；而影响热传导过程的参数主要为导热系数和介质厚度。

1. 对流换热系数

空气与固体之间的对流换热系数的取值范围一般为：$0 \sim 25 \mathrm{W}/(\mathrm{m}^2 \cdot {}^\circ\mathrm{C})$，而固体主要包括衬砌与保温层两种介质，衬砌和保温层的相关热参数如表 3-4 所示。现分别考虑在衬砌与保温层两种介质下，对流换热系数分别为 5、10、15、20、25 $\mathrm{W}/(\mathrm{m}^2 \cdot {}^\circ\mathrm{C})$ 时固体表面的温度结果如图 3-8 所示。

该结果显示，当固体导热系数一定时，对流换热系数越小，固体表面温度与大气温度差别越大；当对流换热系数一定时，固体导热系数越大，固体表面温度与大气温度差别也越大，差值最大处发生在波峰和波谷。

当固体为保温层时，对流换热系数为 5W/(m²·℃) 时，保温层表面温度与大气温度的最大差值为 1.223℃，对流系数为 25W/(m²·℃) 时，最大差值为 0.258℃。当固体为衬砌时，对流换热系数为 5W/(m²·℃) 时，衬砌表面温度与大气温度的最大差值为 2.171℃，对流系数为 25W/(m²·℃) 时，最大差值为 0.285℃。

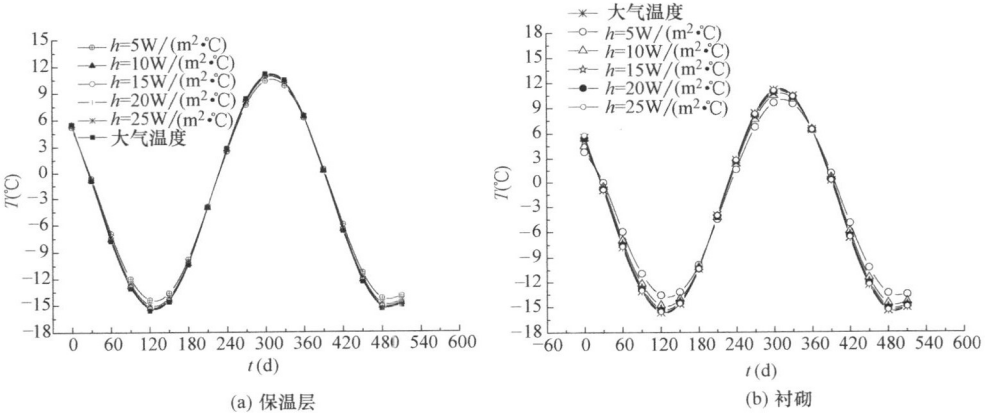

图 3-8　不同对流换热系数时固体表面温度

2. 年平均气温

年平均气温不但受环境大气候的影响，而且受区域小气候的影响。它对寒区隧道保温层的设计有着重要的影响，现对年平均气温为 −5～5℃ 区间进行研究，得到在不同年平均气温下，围岩不发生冻融循环所需的保温层厚度，结果如图 3-9 所示。

从图 3-9 可知：在地层温度为 2.9℃ 的条件下，当年平均气温大于 0℃ 时，保证不同年限所需的厚度基本相同，主要随着年平均气温的升高，所需要的保温层厚度逐渐减小。当年平均气温低于 0℃ 时，保证安全的年限越短，所需要的保温层越薄，保证安全的年限越长，所需的保温层越厚；当年平均气温为 −5℃ 时，所需要的保证 5 年、10 年和 15 年不发生冻害所需的保

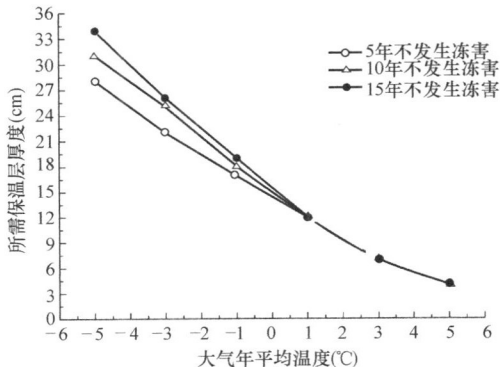

图 3-9　不同年平均气温下所需保温层厚度

温层厚度分别为 28cm、31cm 和 34cm。

3. 地层温度

当地层温度小于 0℃时，所在地区为多年冻土区；当地层温度大于 0℃时，即为季节性冻土区。本书主要针对季节性冻土区进行研究，所以对地层温度参数，主要分析其 1℃、2℃、2.9℃、4℃和 5℃时，铺设 5cm 保温层，衬砌外侧的温度和保证不发生冻害时所需的保温层厚度，结果分别如图 3-10 和图 3-11 及表 3-5 所示。

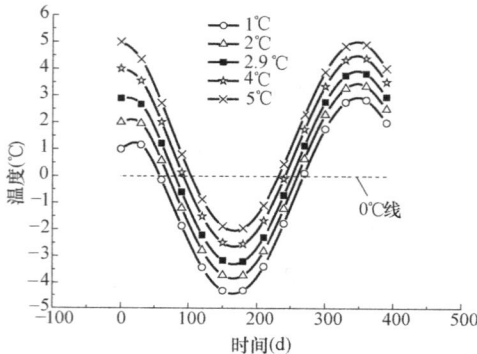

图 3-10　铺 5cm 保温层时衬砌外侧温度　　　图 3-11　所需保温层拟合曲线

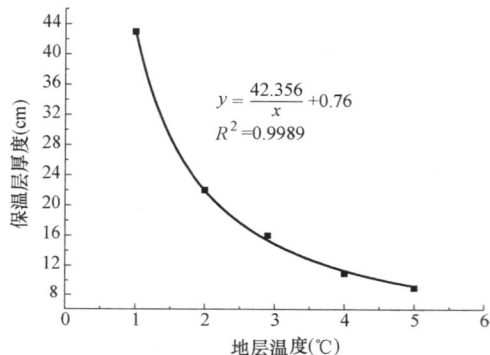

不同地层温度所需保温层厚度		表 3-5
序号	地层温度(℃)	所需保温层厚度(cm)
1	1	43
2	2	22
3	2.9	16
4	4	11
5	5	9

从图 3-11 可知，在季节性冻土区，当保温层一定（这里取 5cm），年平均气温为 2.9℃时，地层温度越小，冬季衬砌外边缘的最低温度越低。并得到在不同的地层温度下保证围岩不发生冻结所需要的保温层厚度如表 3-5 所示。现对所得数据按照负指数形式进行拟合，得

$$y = 0.76 + \frac{42.356}{x} \tag{3-31}$$

式中，y 表示所需保温层厚度；x 表示地层温度。

3.8　本章小结

（1）通过积分变换方法建立了带保温层圆形隧道温度场的解析计算方法，得

到各热工参数之间的相关关系，可为数值模拟和现场实践提供依据或指导。

（2）现场铺设 5cm 保温层只能减缓冻害，而不足以保证隧道在冬季不发生冻害，应当与主动供暖措施联合使用；如要单独采用保温层防护，16cm 厚只能保证第一个冬季不发生冻害，18cm 厚在 3 年后有可能会发生冻害；19cm 厚能更好地保证隧道在冬季不发生冻害。

（3）对流换热过程影响隧道壁表面的温度，当铺设保温层时，在冬季最低温度将与大气温度差 1.223℃；当与衬砌发生对流换热时，与空气的最大差值将达到 2.171℃。

（4）随着年平均气温的升高，所需要的保温层厚度将减小，在当年平均气温大于 0℃时，保证不同年限安全所需要的保温层基本相同；当年平均气温小于 0℃时，保证的年限越长所需要的保温层厚度越大。

（5）在季节性冻土区，当保温层厚度一定，年平均气温为 2.9℃时，地层温度越低，衬砌外缘的最低温度越低，并通过拟合得到该地区在不同地层温度下不发生冻害所需要的保温层厚度的数学公式，可为其他工程提供参考与指导。

第4章 寒区隧道三维径向传热解析计算

本章基于监测数据获得隧道内的温度边界条件，结果显示该温度边界条件是轴向距离和时间的函数。联立 Laplace 积分变换和 Fourier 积分变换求解瞬态热传导问题，并通过数值模拟验证计算结果的正确性。

4.1 现场温度监测数据的分析

根据监测结果图 2-3 可知，该曲线的变化趋势类似于 Fourier 级数，因此采用式（4-1）进行拟合分析。

$$T = a_0 + a_1\cos(\omega t) + b_1\sin(\omega t) = A + B\sin(\omega t + \varphi) \tag{4-1}$$

式中，$A = a_0$ 是年平均温度；$B = \sqrt{a_1^2 + b_1^2}$ 是温变幅值；ω 是温变周期；$\varphi = \arctan(a_1/b_1)$ 是相位差。

因此，隧道外的大气温度的拟合表达式为

$$T_a = -2.14 - 13.54\sin\left[\frac{2\pi}{365}(t + 329.16)\right] \tag{4-2}$$

隧道内的空气温度随着与隧道口距离的不同而不同，根据每个监测断面的第一个监测点的数据进行拟合分析，结果如图 4-1 和表 4-1 所示。

考虑隧道中温度的变化趋势[101] 和对 z 采用 Fourier 变换的方便性，选取负指数函数对参数 A、B 与距离 z 进行拟合，具体结果如图 4-2 所示。其表达式为

$$\begin{cases} A = 4.02 - 6.05e^{-0.021z} \\ B = 2.65 - 15.19e^{-0.006z} \end{cases} \tag{4-3}$$

相位 φ 对隧道温度的径向传递几乎没有影响，仅在发生时间上有很小的影响。为了简化计算，取四个断面的平均值 100.6 作为 φ 值。因此，在隧道内的大气温度的方程可确定为

$$T_{cz} = 4.02 - 6.05e^{-0.021z} + (2.65 - 15.19e^{-0.006z})\sin\left[\frac{2\pi}{365}(t + 100.6)\right] \tag{4-4}$$

根据式（4-4）可知隧道中大气温度的一般表达式为

$$T_{cz} = A_1 + A_2e^{A_3z} + (B_1 + B_2e^{B_3z})\sin(\omega t + \varphi), \quad (A_3 < 0, B_3 < 0) \tag{4-5}$$

该方程可作为隧道温度场径向传导问题的边界条件。

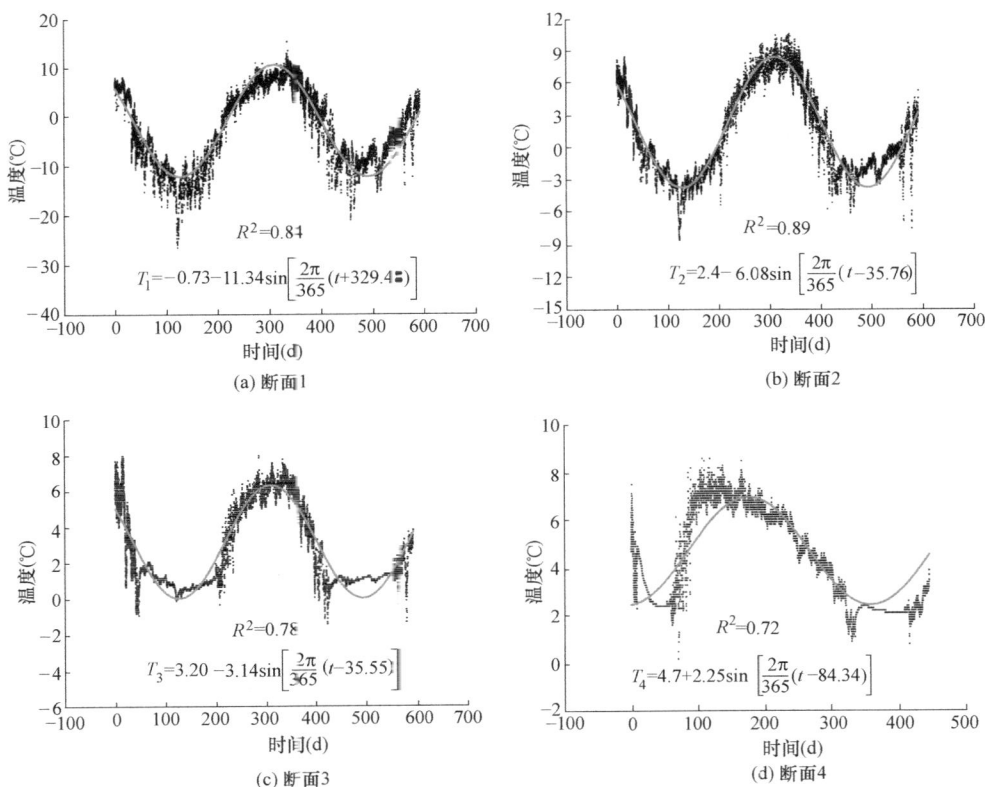

图 4-1 每个监测点处的大气温度拟合结果

每个断面大气温度拟合方程

表 4-1

监测断面	到隧道进口的距离 z(m)	拟合方程 $T_c = A + B\sin\left[\dfrac{2\pi}{365}(t+\varphi)\right]$
隧道外	0	$T_a = -2.14 - 13.54\sin\left[\dfrac{2\pi}{365}(t+329.16)\right]$
断面 1	10	$T_1 = -0.73 - 11.34\sin\left[\dfrac{2\pi}{365}(t+329.48)\right]$
断面 2	60	$T_2 = 2.4 - 6.08\sin\left[\dfrac{2\pi}{365}(t-35.76)\right]$
断面 3	205	$T_3 = 3.20 - 3.14\sin\left[\dfrac{2\pi}{365}(t-35.55)\right]$
断面 4	415	$T_4 = 4.7 + 2.25\sin\left[\dfrac{2\pi}{365}(t-84.34)\right]$

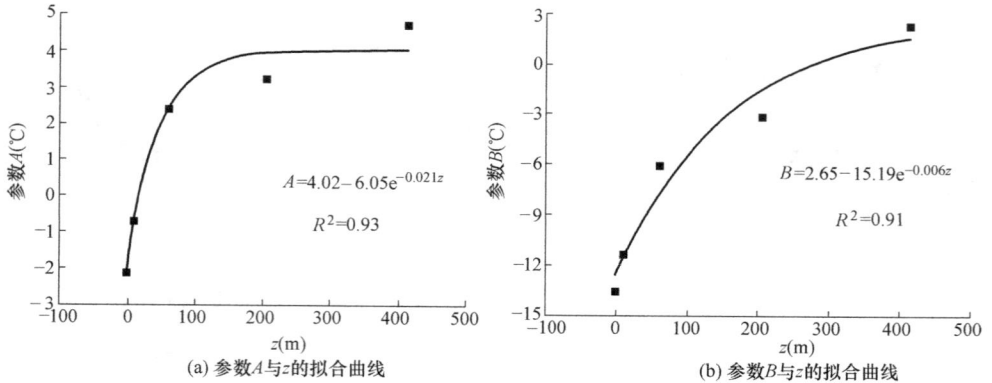

(a) 参数 A 与 z 的拟合曲线

(b) 参数 B 与 z 的拟合曲线

图 4-2　参数 A、B 随 z 的变化规律

4.2　热传导问题的描述

考虑热传导问题的复杂性，现作如下假设简化问题：

（1）隧道断面是圆形；

（2）围岩与衬砌、衬砌与保温层之间的热阻很小，可忽略不计；

（3）隧道长度为无限大，可应用 Fourier 积分变换求解径向传热问题；

（4）相变过程[102] 和隧道轴向热传导忽略不计。

建立的三维径向热传导模型如图 4-3 所示。采用极坐标表示：保温层的内表面半径为 r_0，衬砌的内表面半径为 r_1，衬砌的外表面半径为 r_2。该问题是一个三维轴对称问题，直接求解难度很大。但如果对隧道内的大气温度进行 Fourier 积分变换之后，可以求出任一截面热传导问题的解析解。按照上述思路，将任一截面的热传导控制方程写为

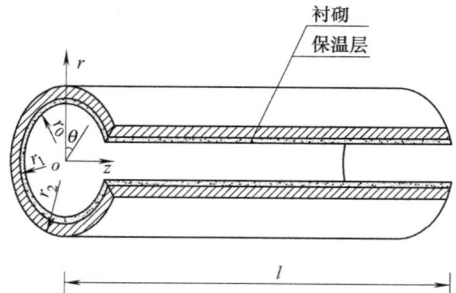

图 4-3　计算模型

$$\begin{cases} \dfrac{\partial^2 T_1}{\partial r^2} + \dfrac{1}{r}\dfrac{\partial T_1}{\partial r} = \dfrac{1}{\alpha_1}\dfrac{\partial T_1}{\partial t} & (r_0 \leqslant r \leqslant r_1) \\[3mm] \dfrac{\partial^2 T_2}{\partial r^2} + \dfrac{1}{r}\dfrac{\partial T_2}{\partial r} = \dfrac{1}{\alpha_2}\dfrac{\partial T_2}{\partial t} & (r_1 \leqslant r \leqslant r_2) \\[3mm] \dfrac{\partial^2 T_3}{\partial r^2} + \dfrac{1}{r}\dfrac{\partial T_3}{\partial r} = \dfrac{1}{\alpha_3}\dfrac{\partial T_3}{\partial t} & (r_2 \leqslant r \leqslant \infty) \end{cases} \tag{4-6}$$

式中，T_1、T_2 和 T_3 分别为保温层、衬砌和围岩的温度，℃；α_1、α_2 和 α_3 分别

为保温层、衬砌和围岩的导温系数，m^2/d，且 $\alpha_1 = \dfrac{\lambda_1}{c_1}$，$\alpha_2 = \dfrac{\lambda_2}{c_2}$，$\alpha_3 = \dfrac{\lambda_3}{c_3}$；$\lambda_1$、$\lambda_2$ 和 λ_3 分别是保温层、衬砌和围岩的导热系数，$kJ/(m \cdot d \cdot ℃)$；c_1、c_2 和 c_3 分别为保温层、衬砌和围岩的容积比热，$kJ/(m^3 \cdot ℃)$。

4.3 问题的条件

（1）初始条件

假设隧道刚建成时，围岩、衬砌和保温层处于热平衡状态。因此，问题的初始条件可以表示为

$$\left.\begin{array}{c} T_1(r,z,0) \\ T_2(r,z,0) \\ T_3(r,z,0) \end{array}\right\} = T_0 \tag{4-7}$$

式中，T_0 为隧道深处围岩温度，即地层温度。

（2）边界条件

对流换热发生在保温层或内衬的内表面，因此边界条件为

$$-\lambda_1 \frac{\partial T_1(r_0,z,t)}{\partial r} = h[T_1(r_0,z,t) - T_{cz}(z,t)] \tag{4-8}$$

或

$$-\lambda_1 \frac{\partial T_2(r_1,z,t)}{\partial r} = h[T_2(r_1,z,t) - T_{cz}(z,t)] \tag{4-9}$$

式中，h 是热传导系数，$W/(m^2 \cdot ℃)$；T_{cz} 表示隧道内的大气温度，它是轴向距离 z 和时间 t 的函数，$℃$。

为了简化计算，式（4-5）能够变为

$$T_{cz} = T_{c1} + T_{c2} \tag{4-10}$$

$$T_{c1} = A_1 + B_1 \sin(\omega t + \varphi) \tag{4-11}$$

$$T_{c2} = A_2 e^{A_3 z} + B_2 e^{B_3 z} \sin(\omega t + \varphi), \quad (A_3 < 0, B_3 < 0) \tag{4-12}$$

以无穷远处的温度为初始温度，因此，无穷远处的边界条件可表示为

$$T_3(\infty,z,t) = T_0 \tag{4-13}$$

（3）接触条件

在 $r = r_1$ 和 $r = r_2$ 处，接触条件为

$$\left\{\begin{array}{l} T_1(r_1,z,t) = T_2(r_1,z,t) \\ T_2(r_2,z,t) = T_3(r_2,z,t) \end{array}\right. \tag{4-14}$$

和

$$\begin{cases} \lambda_1 \dfrac{\partial T_1(r_1,z,t)}{\partial r} = \lambda_2 \dfrac{\partial T_2(r_1,z,t)}{\partial r} \\[3mm] \lambda_2 \dfrac{\partial T_2(r_2,z,t)}{\partial r} = \lambda_3 \dfrac{\partial T_3(r_2,z,t)}{\partial r} \end{cases} \tag{4-15}$$

4.4　热传导问题的解答

4.4.1　控制方程的求解

作如下变量替换

$$\begin{cases} \Theta_1 = T_1 - T_0 \\ \Theta_2 = T_2 - T_0 \\ \Theta_3 = T_3 - T_0 \\ \Theta_{cz} = T_{cz} - T_0 \end{cases} \tag{4-16}$$

根据式（4-10），式（4-16）中的第四式可表示为

$$\Theta_{cz} = T_{c1} - T_0 + T_{c2} \tag{4-17}$$

该式可被看成由两项组成，第一项 $T_{c1} - T_0$ 仅包括未知量 t，可通过 Laplace 积分变换直接求解。第二项 T_{c2} 包括未知量 t 和 z，可采用 Fourier 积分变换处理 z，即

$$\widetilde{T}_{c2} = -\frac{2A_2 A_3}{A_3^2 + p^2} - \frac{2B_2 B_3}{B_3^2 + p^2}\sin(\omega t + \varphi) \tag{4-18}$$

式中，p 是 Fourier 积分变量。

同样采用 Laplace 积分变换处理式（4-18）中的未知量 t。式（4-17）中的两部分被分别代入求解该问题，将两部分的解叠加获得最后的结果。

（1）考虑第一项 $T_{c1} - T_0$

式（4-6）～式（4-15）能够变形为

$$\begin{cases} \dfrac{\partial^2 \Theta_1}{\partial r^2} + \dfrac{1}{r}\dfrac{\partial \Theta_1}{\partial r} = \dfrac{1}{\alpha_1}\dfrac{\partial \Theta_1}{\partial t} & (r_0 \leqslant r \leqslant r_1) \\[3mm] \dfrac{\partial^2 \Theta_2}{\partial r^2} + \dfrac{1}{r}\dfrac{\partial \Theta_2}{\partial r} = \dfrac{1}{\alpha_2}\dfrac{\partial \Theta_2}{\partial t} & (r_1 \leqslant r \leqslant r_2) \\[3mm] \dfrac{\partial^2 \Theta_3}{\partial r^2} + \dfrac{1}{r}\dfrac{\partial \Theta_3}{\partial r} = \dfrac{1}{\alpha_3}\dfrac{\partial \Theta_3}{\partial t} & (r_2 \leqslant r \leqslant \infty) \end{cases} \tag{4-19}$$

$$\left.\begin{aligned} \Theta_1(r,z,0) \\ \Theta_2(r,z,0) \\ \Theta_3(r,z,0) \end{aligned}\right\} = 0 \tag{4-20}$$

$$\left\{\begin{array}{l} -\lambda_1 \dfrac{\partial \Theta_1(r_0,z,t)}{\partial r} = h[\Theta_1(r_0,z,t) - T_{c1} + T_0] \\ \Theta_3(\infty,z,t) = 0 \end{array}\right. \quad (4\text{-}21)$$

$$\left\{\begin{array}{l} \Theta_1(r_1,z,t) = \Theta_2(r_1,z,t) \\ \Theta_2(r_2,z,t) = \Theta_3(r_2,z,t) \end{array}\right. \quad (4\text{-}22)$$

$$\left\{\begin{array}{l} \lambda_1 \dfrac{\partial \Theta_1(r_1,z,t)}{\partial r} = \lambda_2 \dfrac{\partial \Theta_2(r_1,z,t)}{\partial r} \\ \lambda_2 \dfrac{\partial \Theta_2(r_2,z,t)}{\partial r} = \lambda_3 \dfrac{\partial \Theta_3(r_2,z,t)}{\partial r} \end{array}\right. \quad (4\text{-}23)$$

对式（4-19）中的变量 t 进行 Laplace 积分变换，并将式（4-20）代入得

$$\left\{\begin{array}{ll} \dfrac{\partial^2 \overline{\Theta}_1}{\partial r^2} + \dfrac{1}{r}\dfrac{\partial \overline{\Theta}_1}{\partial r} = \dfrac{s\overline{\Theta}_1}{\alpha_1} & (r_0 \leqslant r \leqslant r_1) \\ \dfrac{\partial^2 \overline{\Theta}_2}{\partial r^2} + \dfrac{1}{r}\dfrac{\partial \overline{\Theta}_2}{\partial r} = \dfrac{s\overline{\Theta}_2}{\alpha_2} & (r_1 \leqslant r \leqslant r_2) \\ \dfrac{\partial^2 \overline{\Theta}_3}{\partial r^2} + \dfrac{1}{r}\dfrac{\partial \overline{\Theta}_3}{\partial r} = \dfrac{s\overline{\Theta}_3}{\alpha_3} & (r_2 \leqslant r \leqslant \infty) \end{array}\right. \quad (4\text{-}24)$$

式中，s 是 Laplace 积分变量，$s_i = \sqrt{s/\alpha_i}$（$i=1,2,3$）。

式（4-24）为非齐次贝塞尔方程组，解可以写成

$$\left\{\begin{array}{l} \overline{\Theta}_1 = B_1 I_0(s_1 r) + B_2 K_0(s_1 r) \\ \overline{\Theta}_2 = B_3 I_0(s_2 r) + B_4 K_0(s_2 r) \\ \overline{\Theta}_3 = B_5 I_0(s_3 r) + B_6 K_0(s_3 r) \end{array}\right. \quad (4\text{-}25)$$

根据式（4-21）中的第二式，随着半径的增大围岩的温度是有限的，因此 $B_5 = 0$。基于式（4-21）中的第一式和式（4-22）和式（4-23），可得

$$\begin{bmatrix} m_1 \\ m_2 \\ m_3 \\ m_4 \\ m_5 \end{bmatrix} \begin{bmatrix} B_1 \\ B_2 \\ B_3 \\ B_4 \\ B_6 \end{bmatrix} = \begin{bmatrix} -h\overline{(T_{c1} - T_0)} \\ 0 \\ 0 \\ 0 \\ 0 \end{bmatrix} \quad (4\text{-}26)$$

其中，

$m_1 = \{-\lambda_1 s_1 I_1(s_1 r_0) - h I_0(s_1 r_0) \quad \lambda_1 s_1 K_1(s_1 r_0) - h K_0(s_1 r_0) \quad 0 \quad 0 \quad 0\}$；

$m_2 = \{I_0(s_1 r_1) \quad K_0(s_1 r_1) \quad -I_0(s_2 r_1) \quad -K_0(s_2 r_1) \quad 0\}$；

$m_3 = \{0 \quad 0 \quad I_0(s_2 r_2) \quad K_0(s_2 r_2) \quad -K_0(s_3 r_2)\}$；

$m_4 = \left\{\dfrac{\lambda_1}{\lambda_2} s_1 I_1(s_1 r_1) \quad -\dfrac{\lambda_1}{\lambda_2} s_1 K_1(s_1 r_1) \quad -s_2 I_1(s_2 r_1) \quad s_2 K_1(s_2 r_1) \quad 0\right\}$；

$$m_5 = \left\{ 0 \quad 0 \quad \frac{\lambda_2}{\lambda_3} s_2 I_1(s_2 r_2) \quad -\frac{\lambda_2}{\lambda_3} s_2 K_1(s_2 r_2) \quad s_3 K_1(s_3 r_2) \right\}$$

基于式（4-26），积分参数 B_1、B_2、B_3、B_4 和 B_6 能够被解出，并将其代入式（4-25）获得 $\overline{\Theta}_1$、$\overline{\Theta}_2$ 和 $\overline{\Theta}_3$。然后采用 Laplace 逆变换求出 Θ_1、Θ_2 和 Θ_3。根据式（4-16）可最终获得只考虑第一项 $T_{c1} - T_0$ 时，每层介质的温度 T_{11}、T_{12} 和 T_{13}。

（2）考虑第二项 T_{c2}

参考第一项 $T_{c1} - T_0$ 的求解过程，式（4-21）的第一式可用下式进行替换，即

$$-\lambda_1 \frac{\partial \Theta_1(r_0, z, t)}{\partial r} = h\left[\Theta_1(r_0, z, t) - \widetilde{T}_{c2}\right] \tag{4-27}$$

因此，式（4-26）能够重写为

$$\begin{bmatrix} m_1 \\ m_2 \\ m_3 \\ m_4 \\ m_5 \end{bmatrix} \begin{bmatrix} B_1 \\ B_2 \\ B_3 \\ B_4 \\ B_6 \end{bmatrix} = \begin{bmatrix} -h\overline{\widetilde{T}}_{c2} \\ 0 \\ 0 \\ 0 \\ 0 \end{bmatrix} \tag{4-28}$$

基于式（4-28），积分参数 B_1、B_2、B_3、B_4 和 B_6 能够被再次解出，并将其代入式（4-25）获得 $\overline{\Theta}_1$、$\overline{\Theta}_2$ 和 $\overline{\Theta}_3$。然后采用 Fourier 积分逆变换获得轴向方向的解，最后再次使用 Laplace 积分逆变换求出 Θ_1、Θ_2 和 Θ_3。根据式（4-16）可获得考虑第二项 T_{c2} 时，每层介质的温度 T_{21}、T_{22} 和 T_{23}。

因此，利用该方法可以确定隧道内受大气温度影响的各种介质的温度场为

$$T_i = T_{1i} + T_{2i} \quad (i = 1, 2, 3) \tag{4-29}$$

4.4.2　Laplace 积分逆变换的数值解答

1. Den Iseger 法

直接获得 Laplace 积分逆变换的解是比较困难的，因此这里采用数值解。Den Iseger 法属于 Fourier 级数法，该方法采用高斯正交法则和快速 Fourier 变换来进行计算。其公式为

$$\overline{f}_k = \frac{4}{\Delta} \sum_{j=1}^{n/2} \beta_j \left\{ \mathrm{Re}\left[\overline{f}\left(a + \mathrm{i}\lambda_j + \frac{2\mathrm{i}\pi k}{M_2}/\Delta\right)\right] \right\} \tag{4-30}$$

且

$$\overline{f}_0 = \frac{1}{2} \sum_{j=1}^{n/2} \beta_j (\overline{f}_{j0} + \overline{f}_j M_2) \tag{4-31}$$

其中，$M_2 = 8M$，M 为时间列车中元素的个数；$a = 44/M_2$；$k = 0$，1，$\cdots$，M_2；$j = 1$，2，$\cdots$，$n/2$；$\Delta = t_{\max}/(M-1)$。根据文献（Peter，2006）可知，$\lambda_1 \sim \lambda_8$ 和 $\beta_1 \sim \beta_8$ 能够被确定为

$$
\begin{cases}
\lambda_1 = 0 & \beta_1 = 1 \\
\lambda_2 = 6.2831853 0 & \beta_2 = 1.00000000 \\
\lambda_3 = 12.5663706 & \beta_3 = 1.00000015 \\
\lambda_4 = 18.8502914 & \beta_4 = 1.00081841 \\
\lambda_5 = 25.2872172 & \beta_5 = 1.09580332 \\
\lambda_6 = 34.2969716 & \beta_6 = 2.00687652 \\
\lambda_7 = 56.1725527 & \beta_7 = 5.94277512 \\
\lambda_8 = 170.533131 & \beta_8 = 54.9537264
\end{cases}
\tag{4-32}
$$

根据式（4-30），按下式求出 f_m

$$
f_m = \frac{1}{M_2} \sum_{k=0}^{M_2-1} \overline{f}_k \cos\left(\frac{2\pi m k}{M_2}\right)
\tag{4-33}
$$

式中，$m = 0$，1，$\cdots$，$M-1$。

因此，Laplace 积分逆变换的解能够被表示为

$$
f(t) = e^{am} f_m
\tag{4-34}
$$

2. 误差分析

由于大气温度可近似为三角函数或振荡函数，因此选择简单的正弦函数和贝塞尔函数进行误差分析。

（1）算例 1

原方程为

$$
f(t) = \sin\left[\frac{2\pi}{365}(t + 99.32)\right]
\tag{4-35}
$$

上式的 Laplace 积分变换为

$$
\overline{f} = \frac{\omega \cos\varphi + s \sin\varphi}{s^2 + \omega^2}
\tag{4-36}
$$

式中，$\omega = 2\pi/365$；$\varphi = 99.32\omega$。

图 4-4 为数值解和精确解的对比结果。

（2）算例 2

原方程为

$$
f(t) = I_0(at)
\tag{4-37}
$$

式中，$I_0(\cdot)$ 为一阶修正 Bessel 函数。

上式的 Laplace 积分变换为

$$\overline{f} = \frac{1}{\sqrt{s^2 - a^2}} \tag{4-38}$$

式中，$a = 5 \times 10^{-3}$。

图 4-5 为数值解和精确解的对比结果。

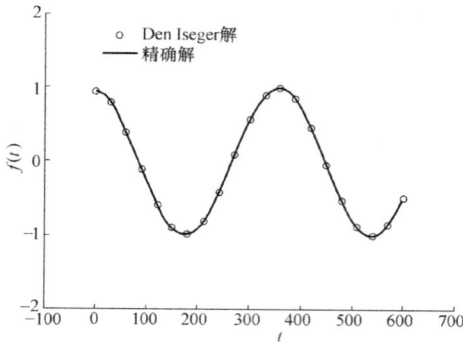

图 4-4　正弦函数的对比结果　　　图 4-5　$I_0(at)$ 的对比结果

（3）算例 3

原方程为

$$f(t) = K_0(at) \tag{4-39}$$

式中，$K_0(\cdot)$ 为一阶修正 Bessel 函数。

式 4-39 的 Laplace 积分变换为

$$\overline{f} = \frac{Heaviside(a-s)\cos^{-1}\left(\dfrac{s}{a}\right) + Heaviside(s-a)\lg\left(\dfrac{s}{a} + \sqrt{\dfrac{s^2}{a^2} - 1}\right)}{\sqrt{s^2 - a^2}} \tag{4-40}$$

式中，$a = 5 \times 10^{-3}$。

图 4-6 为数值解和精确解的对比结果。

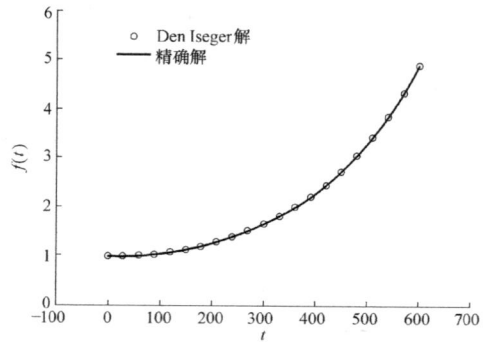

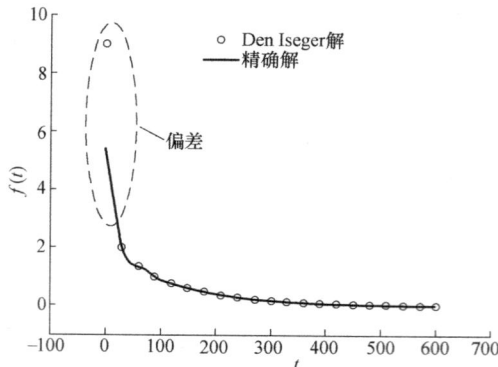

图 4-6　$K_0(at)$ 的对比结果

从以上三个例子可以看出：Den Iseger 方法在处理三角函数和振荡函数方面具有较高的精度。唯一的问题是当 $t = 0$ 时，$K_0(at)$ 不存在。

4.5 结果分析

4.5.1 结果验证

将玉希莫勒盖隧道温度场的计算结果与现场监测数据进行对比，验证其可靠性。计算参数如表 4-2 所示。

几何参数与材料热参数　　　　　　　　　　　表 4-2

保温层参数	
保温层内半径，r_0(m)	4.45
导热系数，$\lambda_1[kJ/(m \cdot d \cdot ℃)]$	2.592
比热容，$c_1[kJ/(m^3 \cdot ℃)]$	72
对流换热系数，$h_1[kJ/(m^2 \cdot ℃)]$	1296
衬砌参数	
衬砌内半径，r_1(m)	4.5
衬砌外半径，r_2(m)	5.1
导热系数，$\lambda_2[kJ/(m \cdot d \cdot ℃)]$	125.28
比热容，$C_2[kJ/(m^3 \cdot ℃)]$	2460
围岩参数	
导热系数，$\lambda_3[kJ/(m \cdot d \cdot ℃)]$	169.344
比热容，$c_3[kJ/(m^3 \cdot ℃)]$	2090
地层温度，T_0(℃)	2.9

1. 温度场

在未铺设和铺设 5cm 保温层两种工况下，衬砌内外半径处的温度场演化规律如图 4-7 所示，并且获得了岩隧道轴向的冻结长度。利用 FLAC3D 对计算结果进行验证，数值计算模型如图 4-8 所示。以 $z=10m$ 和 205m 为例，求解了隧道衬砌壁后的温度，从图 4-9 的对比结果可以看出解析法得到的温度极值比数值模拟结果小 9.9%。

2. 冻结范围

开展冻结深度的研究对寒区隧道围岩支护和防冻工作具有重要的意义。针对玉希莫勒盖隧道未铺设保温层和铺设 5cm 保温层两种工况，分别计算得出冻结区范围，如图 4-10 所示。结果显示：铺设保温层后，沿轴向方向冻结长度从143m 减小到 70m；最大冻结深度从 9.8m 减小到 7.5m；冻结区面积减少了

50％以上。这些都说明 5cm 保温层效果显著，但仍不能完全阻止围岩冻胀。与数值模拟结果相比，解析的沿隧道轴向冻结长度减小了约 6.4％。

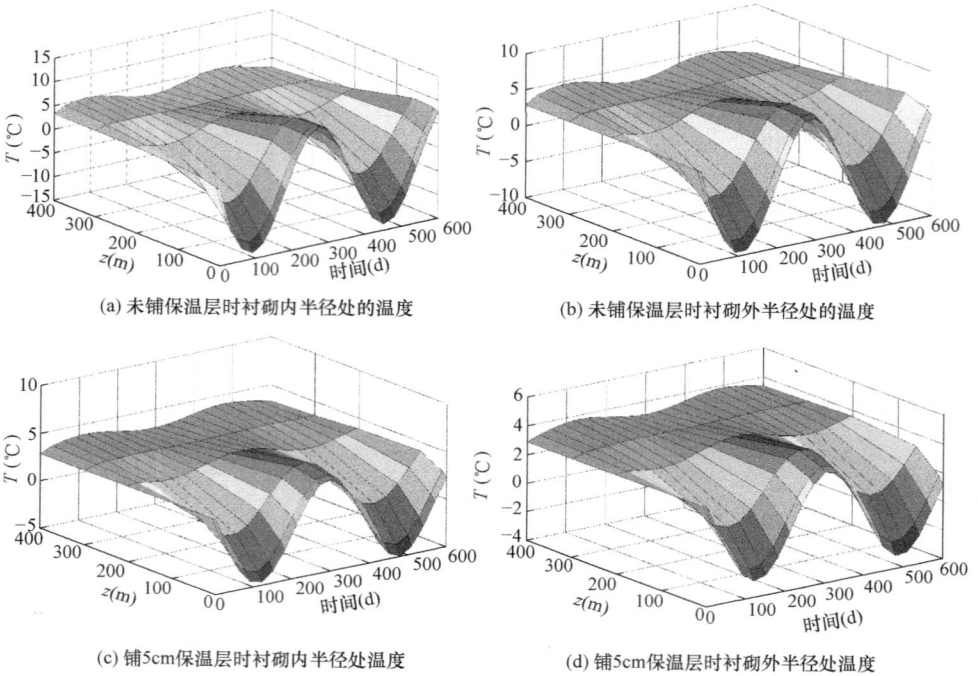

(a) 未铺保温层时衬砌内半径处的温度　　　(b) 未铺保温层时衬砌外半径处的温度

(c) 铺5cm保温层时衬砌内半径处温度　　　(d) 铺5cm保温层时衬砌外半径处温度

图 4-7　温度场

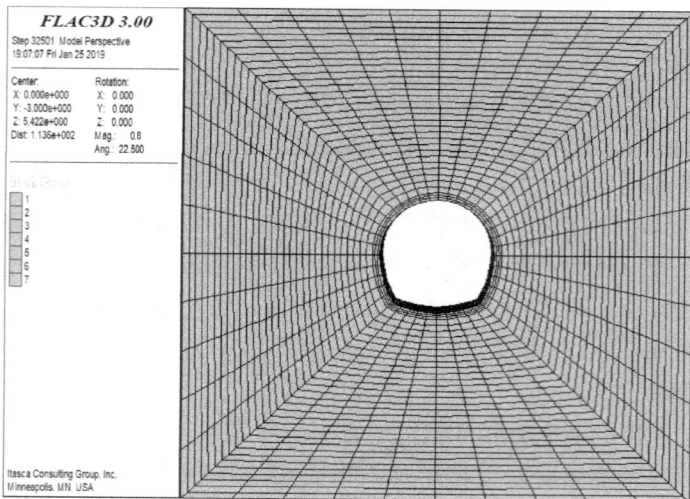

图 4-8　数值计算模型

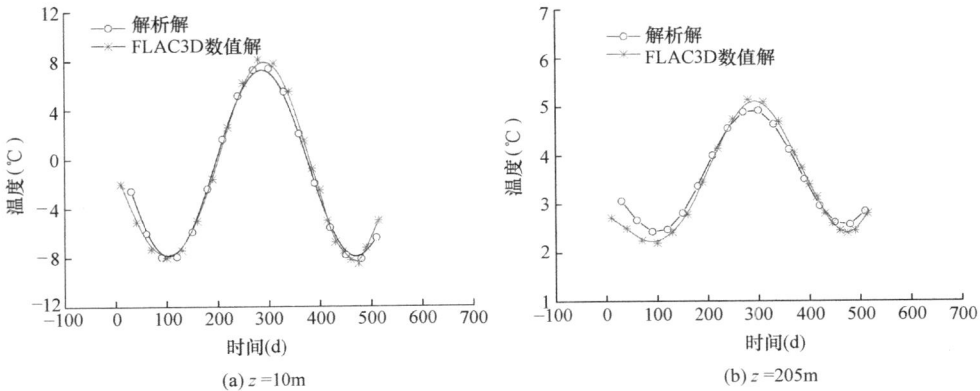

(a) z = 10m　　　(b) z = 205m

图 4-9　温度结果对比

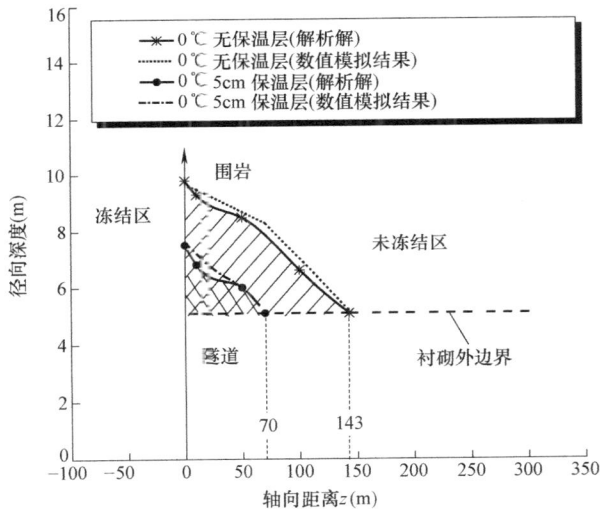

图 4-10　冻结范围对比

4.5.2　参数分析

隧道开挖后，冷空气与衬砌或保温层之间发生对流换热，并且衬砌和围岩之间发生热传导。除了各种介质的导热系数和体积热容外，影响温度场分布的参数还有对流换热系数、地层温度和保温层厚度。

1. 对流换热系数

当冷空气在隧道内流动时，固体与流体之间会发生对流换热。当对流换热系数分别为 $5W/(m^2 \cdot \text{℃})$、$10W/(m^2 \cdot \text{℃})$、$15W/(m^2 \cdot \text{℃})$、$20W/(m^2 \cdot \text{℃})$ 和 $25W/(m^2 \cdot \text{℃})$ 时，获得衬砌内表面的温度如图 4-11 所示。结果显示：当固体介质为保温层时，对流换热系数对温度场的影响程度达到 0.75℃；当介质为衬砌时，对流换热系数对温度场的影响程度达到 1.35℃。由此可知对流换热系数对隧道温度场的影响不大。

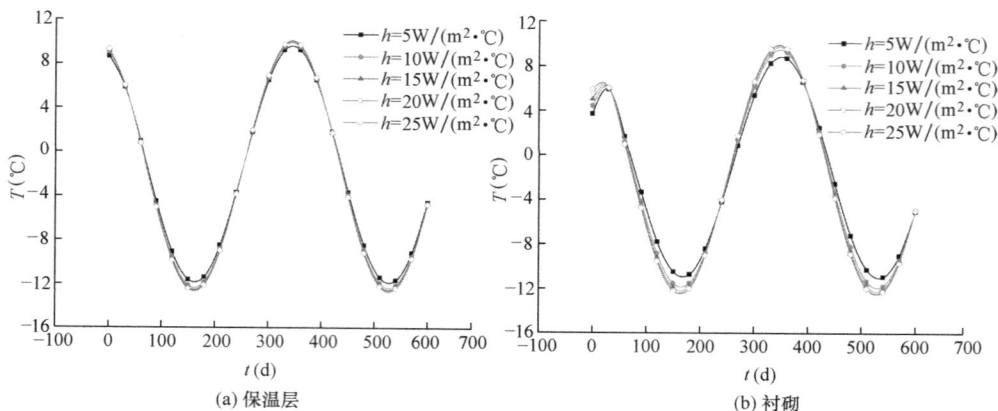

图 4-11　固体的内边界温度

2. 地层温度

地层温度主要与隧道埋深有关。当 $T_0=1℃$、2℃ 和 5℃ 时，求出了在未铺设保温层和铺设 5cm 保温层时的冻结范围，结果如图 4-12 和表 4-3 所示。结果显示：地层温度越低，围岩冻结范围越大；地层温度越高，保温层的效果越好。

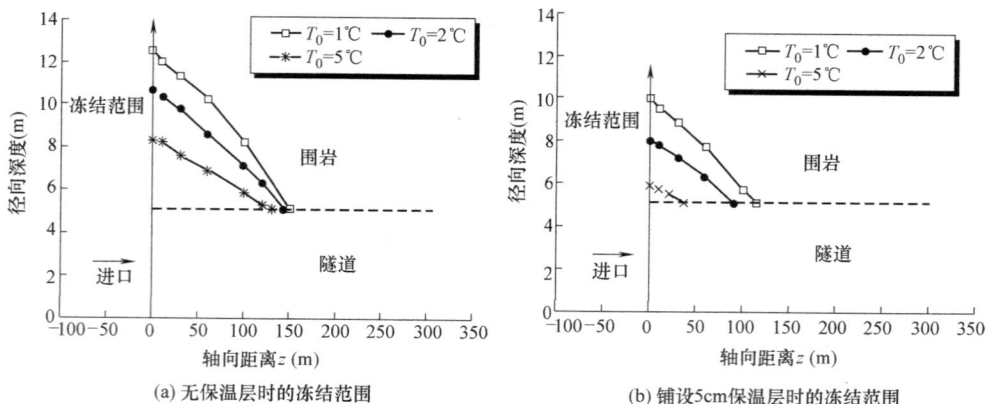

图 4-12　不同地层温度下的冻结范围

不同地层温度下保温层的效果　　　　　　　　　表 4-3

	$T_0=1℃$		$T_0=2℃$		$T_0=5℃$	
保温层厚度(cm)	0	5	0	5	0	5
轴向冻结长度(m)	157.67	116.1	150.53	93.28	131.2	36.92
径向最大冻结深度(m)	12.69	10.03	10.73	8.1	8.38	5.92
冻结体积(m³)	28685.35	12120.78	18575.76	5363.16	8373.02	511
保温效果		57.75%		71.13%		93.9%

在不同的地层温度下且 $z<150\text{m}$ 的区域内，衬砌内外边界的温度变化如图 4-13 和图 4-14 所示。结果获得了相同的结论，即 5cm 保温层效果显著，但不足以保证围岩不发生冻胀。

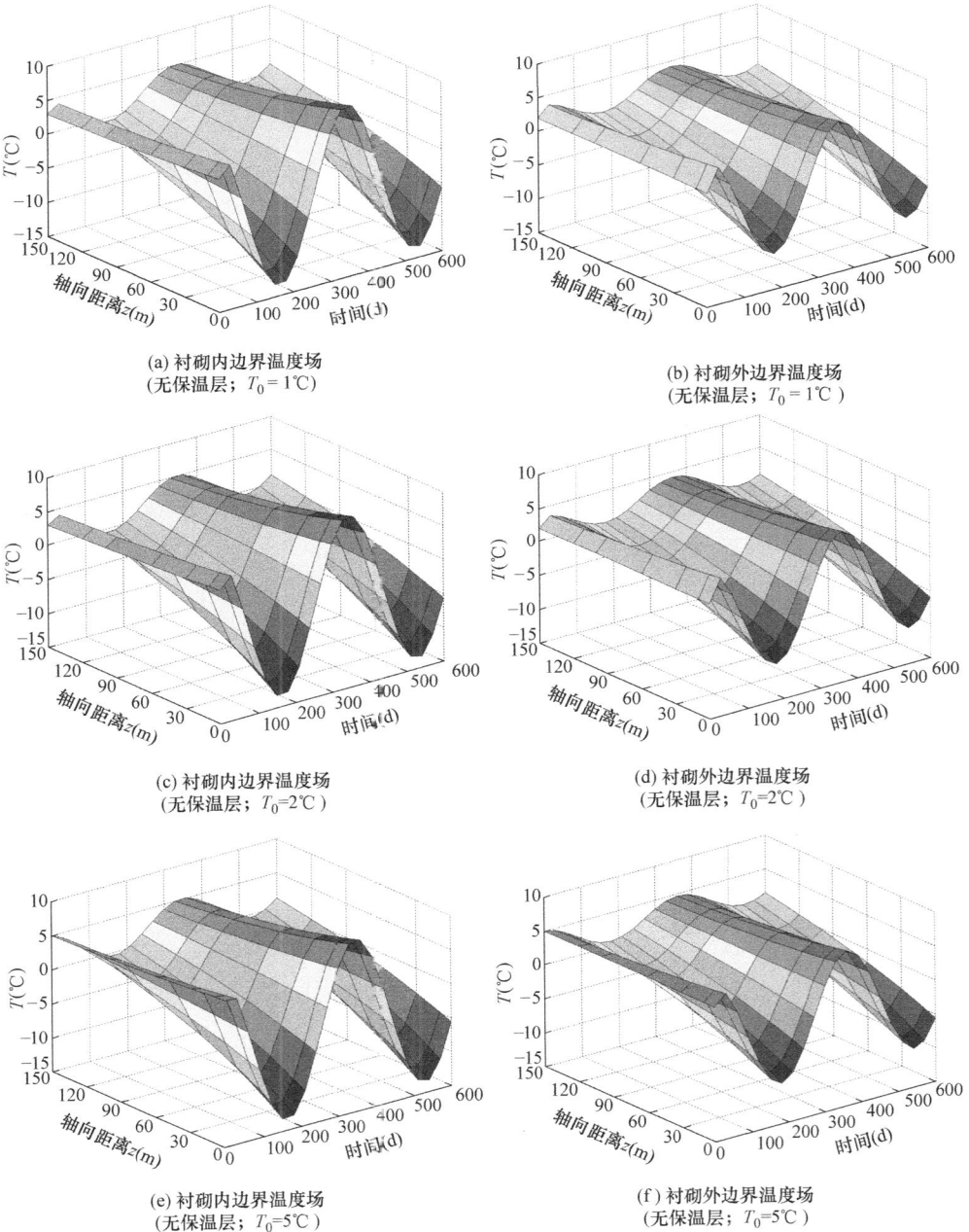

(a) 衬砌内边界温度场
(无保温层；$T_0 = 1℃$)

(b) 衬砌外边界温度场
(无保温层；$T_0 = 1℃$)

(c) 衬砌内边界温度场
(无保温层；$T_0 = 2℃$)

(d) 衬砌外边界温度场
(无保温层；$T_0 = 2℃$)

(e) 衬砌内边界温度场
(无保温层；$T_0 = 5℃$)

(f) 衬砌外边界温度场
(无保温层；$T_0 = 5℃$)

图 4-13 无保温层时衬砌内外边界处的温度场

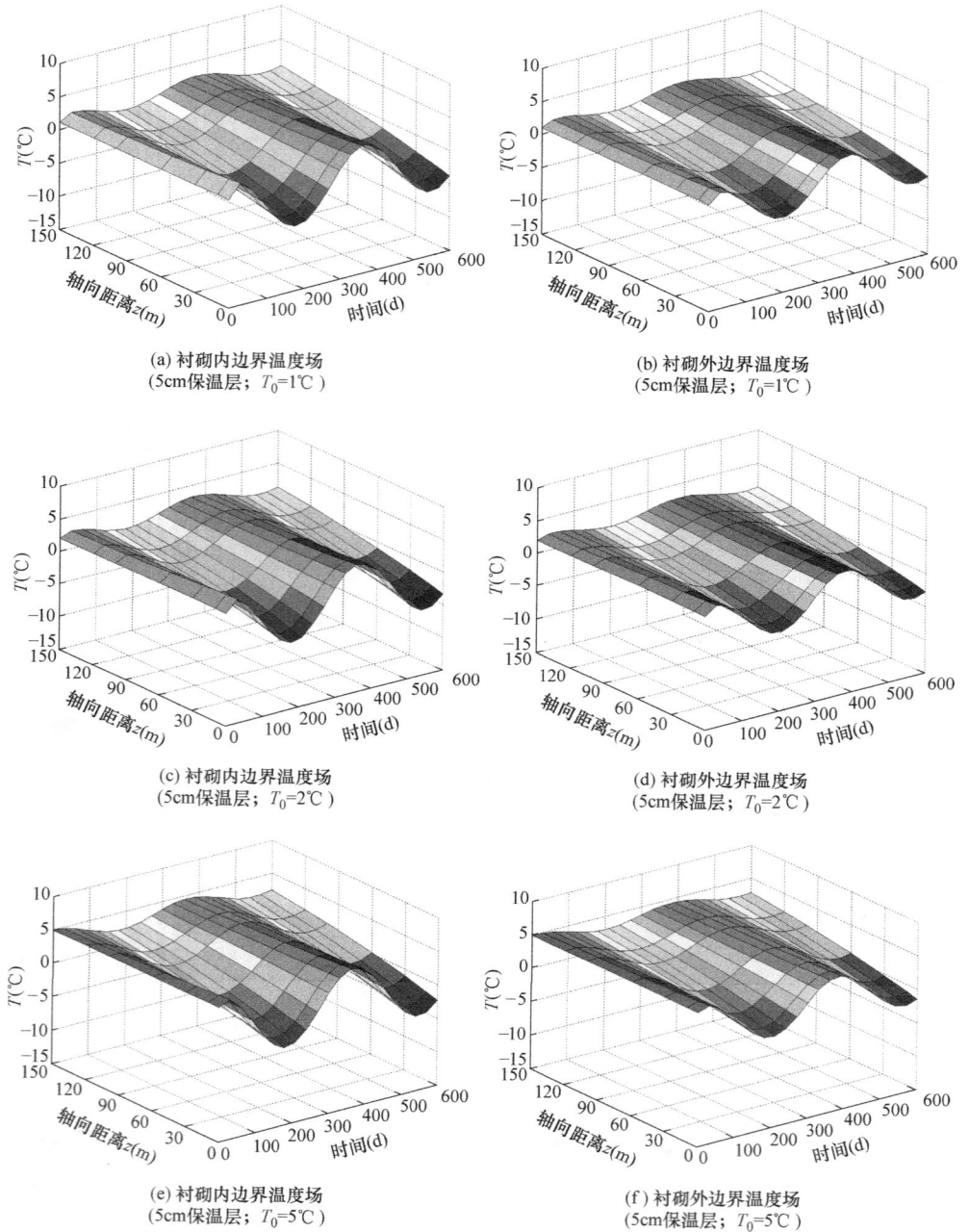

(a) 衬砌内边界温度场
(5cm保温层；T_0=1℃)

(b) 衬砌外边界温度场
(5cm保温层；T_0=1℃)

(c) 衬砌内边界温度场
(5cm保温层；T_0=2℃)

(d) 衬砌外边界温度场
(5cm保温层；T_0=2℃)

(e) 衬砌内边界温度场
(5cm保温层；T_0=5℃)

(f) 衬砌外边界温度场
(5cm保温层；T_0=5℃)

图 4-14　5cm 保温层时衬砌内外边界处的温度场

3. 保温层厚度

保温层厚度对衬砌外边界最低温度的影响如图 4-15 所示。随着保温层厚度的增加，曲线的密度增大，说明保温层的效果逐渐减小，并且 z 方向上的冻结长度也逐渐减小，具体结果如表 4-4 所示。

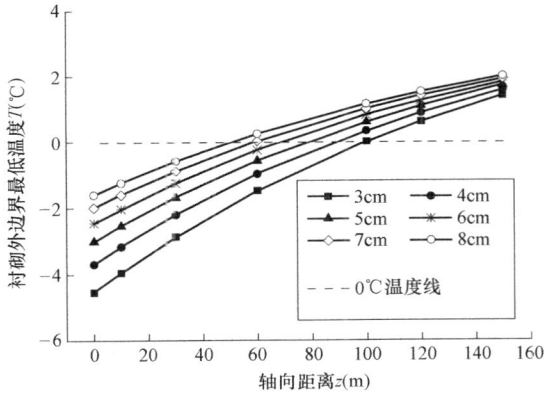

图 4-15 衬砌外边界的最低温度

铺设不同厚度的保温层时 z 方向上的冻结长度   表 4-4

保温层厚度(cm)	3	4	5	6	7	8
z 方向的冻结长度(m)	100	88	78	68	59	50

4.6 本章小结

（1）建立了寒区隧道三维温度场的解析计算模型，并提出了积分变换解答方法，可为寒区保温层的设计提供理论指导。

（2）根据对现场温度数据监测的进一步分析，建立了沿轴向的温度方程，可作为三维模型的边界条件。

（3）5cm 厚保温层可使玉希莫勒盖隧道轴向上的冻结长度由 143m 缩短至 70m，洞口最大冻结深度由 4.7m 减小至 2.4m，效果显著，但不能彻底阻止围岩发生冻胀。因此需要与其他防冻措施联合使用。

（4）研究了对流换热系数、地层温度和保温层厚度对温度场的影响，结果表明，对流换热系数的影响较小，保温层的效果随着地层温度的升高而提高，但随着保温层厚度的增加其效果提高不大。

第 5 章 季节性寒区隧道温度场的数值模拟研究

5.1 概述

在对温度场的模拟分析中，通常采用的软件有 ANSYS、COMSOL、ABAQUS 以及 Geo-studio，在 ANSYS 中主要是通过熔值的变化来处理温度相变，而本书所用的 Geo-studio 软件中，相变区的发展速率主要是被高斯迭代参数（GRI）控制，这个参数是被赋值于定义的模块中。现以一维例子来进行说明，模型中包括 7 个单元，每个单元包括 4 个高斯区，并且高斯迭代参数为 2。假设冻结区产生在网格的顶端，如图 5-1 所示的阴影区。之后的时间步按以下过程进行：

（1）基于边界条件，第一步温度分布的计算没有考虑潜热，这个过程的收敛依赖于热传导方程的非线性程度，一旦收敛，就会形成一个潜在的相变区。

（2）当求解显示两个高斯区已经发生相变并且温度接近相变温度时，潜热就作用到这两个区上，直到收敛完成，从而使得潜在相变区减小。

（3）当求解继续进行，潜热作用在四个高斯区上直到收敛完成，使得潜在相变区进一步减小。

（4）计算继续进行，直到相变潜在区中不再有高斯区时，相变区形成（图 5-2）。

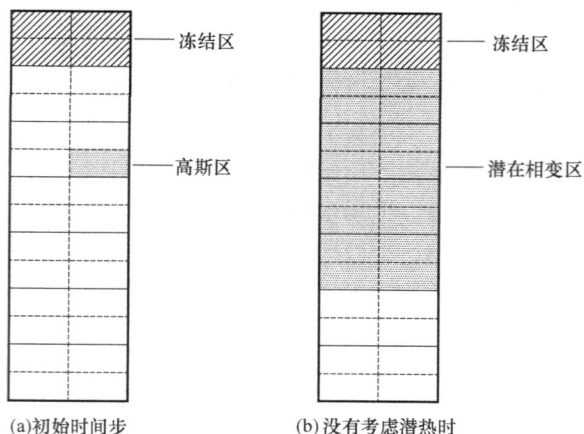

(a)初始时间步   (b)没有考虑潜热时

图 5-1 搜索相变区

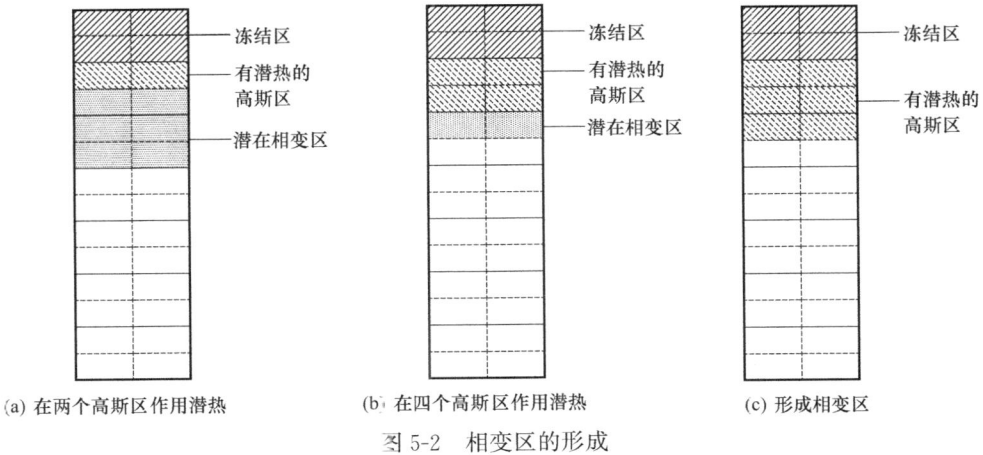

(a) 在两个高斯区作用潜热　　(b) 在四个高斯区作用潜热　　(c) 形成相变区

图 5-2　相变区的形成

5.2　模拟过程

5.2.1　模型的建立

考虑隧道是轴对称模型，所以只需建立 1/2 隧道的平面模型进行分析，由于公路隧道为三心圆，该软件前期建模比较困难，所以将隧道轮廓离散成一定数量的点，并计算出所有离散点的坐标，然后在 TEMP 中建立点模型，最后将所有点连成线来建立隧道模型，如图 5-3 所示。

5.2.2　网格的划分

当没有铺设保温层时，整个模型的近似单元尺寸为 0.5m，网格选四边形和三角形，单元厚度定为 1，四边形单元的积分阶数为 4，而三角形单元的积分阶数为 3，整个模型包括 6521 个节点，6529 个单元；而当铺设 5cm 厚保温层时，由于尺寸较小，所以将整个模型的近似单元尺寸改为 0.2m，网格其他属性不变，整个模型将包括 20432 个节点，20364 个单元。两种情况的网格如图 5-4 所示。

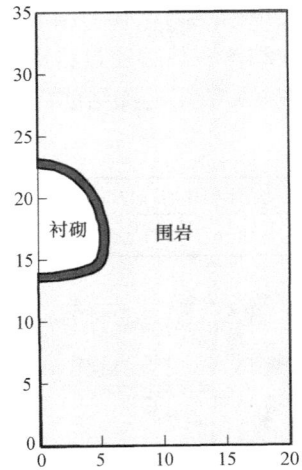

图 5-3　模型的建立（单位：m）

5.2.3　材料参数的选取

在本书的模型计算中，主要包括三种材料：围岩、衬砌和保温层。由于衬砌

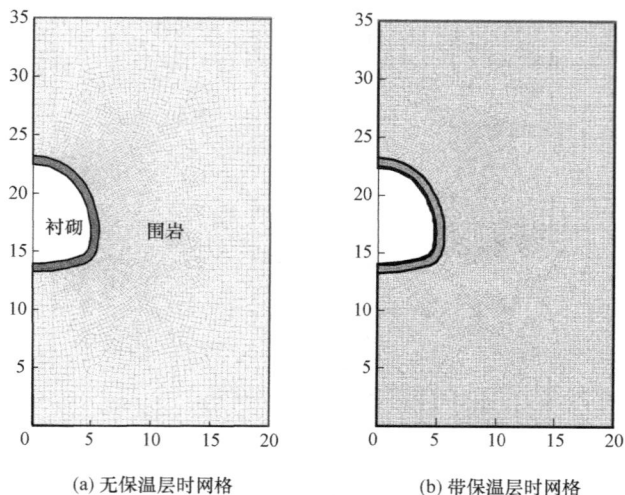

(a) 无保温层时网格　　　　　　　(b) 带保温层时网格

图 5-4　网格划分（单位：m）

壁后铺设防水板，分析中认为其防水效果良好，衬砌中没有地下水的渗入，所以初始含水率为 0，未冻水含量也设为 0，衬砌的导热系数为 214.272kJ/(m·d·℃)。保温层根据现场采用的泡沫玻璃的参数进行计算，即厚度为 5cm，导热系数为 0.035W/(m·K)。

　　根据现场试验，围岩为饱和状态，含水率达 60%，而围岩冻结前后的导热系数和体积热熔通过将围岩材料放在恒温箱中调设至不同温度时进行测试获得，如图 5-5 所示。冻结前后围岩的体积热熔及初始含水率如表 5-1 所示。

围岩的体积热熔与初始含水率　　　　　　　　　　　　表 5-1

未冻结体积热熔[kJ/(m³·℃)]	冻结体积热熔[kJ/(m³·℃)]	初始含水率
2501	2099	60%

(a)　　　　　　　　　　　　　　　(b)

图 5-5　不同温度下导热系数和体积热熔的测定

在冻结情况下，围岩的导热系数与温度的关系如图 5-6 所示，未冻水含量随温度的变化见参考文献 [103]，如图 5-7 所示。

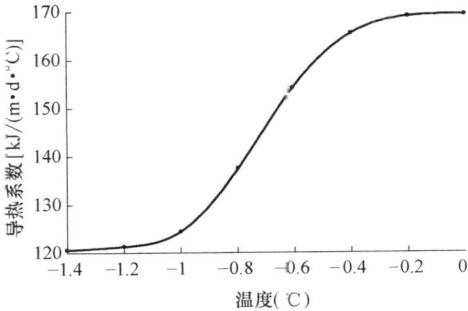

图 5-6 围岩导热系数与温度的关系

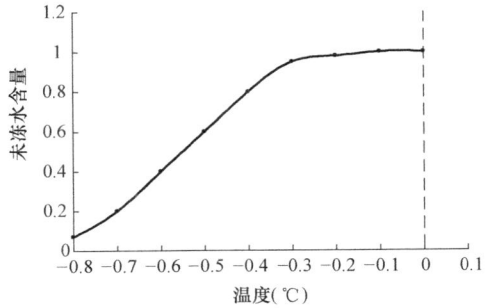

图 5-7 围岩未冻水含量与温度的关系

5.2.4 边界条件

边界条件包含两种：一种是远场边界条件，即无穷远处的边界条件；另一种是隧道内壁边界条件。远场边界条件为现场测试的恒定地温 2.9℃；隧道内壁温度条件这里近似等于大气温度．并选择按周期变化选项，如图 5-8 所示。

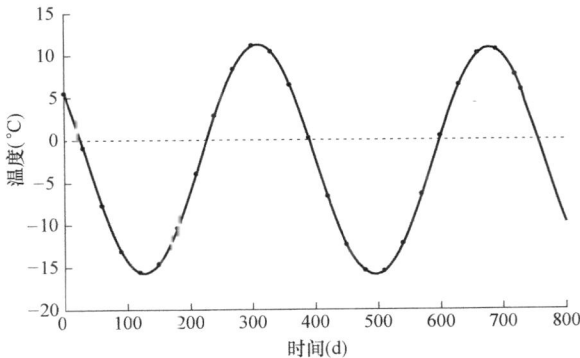

图 5-8 衬砌内壁温度边界条件

5.3 玉希莫勒盖隧道温度场分析

5.3.1 与现场测试对比分析

将隧道未铺设保温层时温度场的计算结果与现场洞口处（即里程 K722＋105）的温度监测结果进行对比分析，来验证数值计算参数选取的合理性以及计算结果的正确性。具体分析如图 5-9 所示。

51

从分析结果可以看出，当未铺设保温层时，数值模拟得到的衬砌中间与衬砌外缘的温度曲线与现场监测的结果吻合较好，虽然监测结果是在隧道建设期测得的，但是现场该监测断面是离洞口最近的位置，其结果会更接近于隧道建设完成后的温度状态。衬砌壁后 1.3m 的对比结果显示，数值模拟在第一年冬季与现场差别较大，主要是因为现场环境较复杂，地下水流动剧烈等相关因素综合作用结果，但是在第二周期吻合程度比第一年将明显提高，说明模拟结果具有较好的可靠度。从图 5-9（c）两种结果的曲线可以看出，与衬砌中的温度曲线相比，离隧道壁面越远温度曲线变化越不规则。

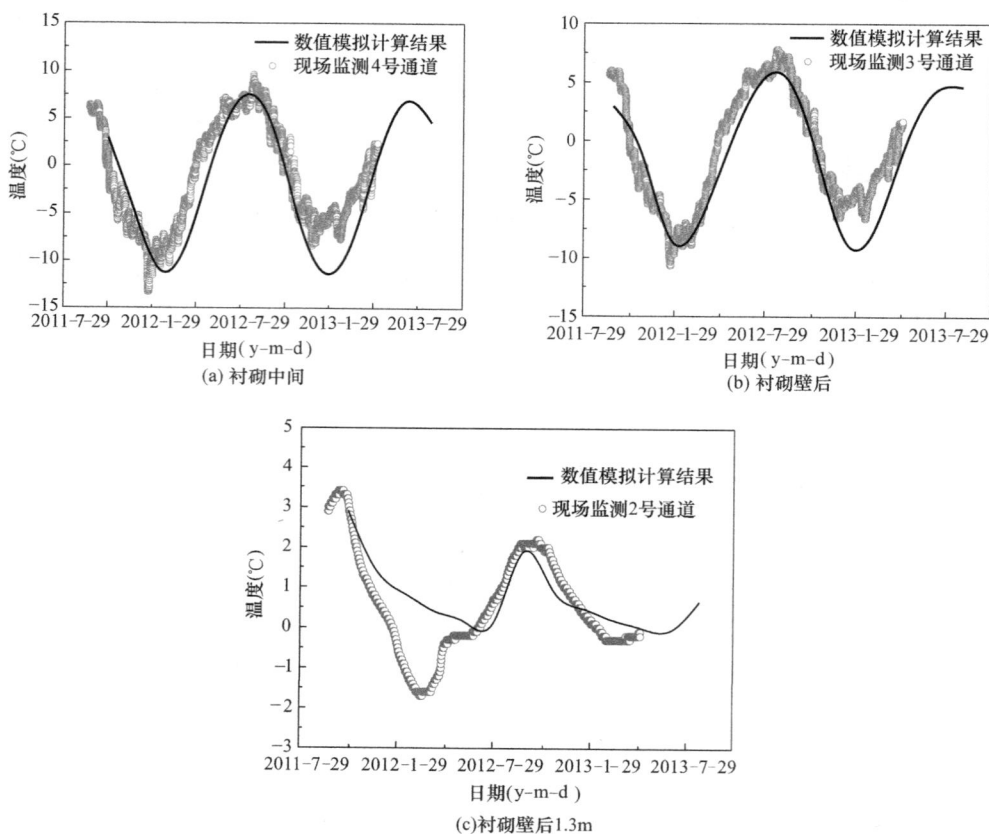

(a) 衬砌中间

(b) 衬砌壁后

(c)衬砌壁后1.3m

图 5-9　数值模拟与现场监测的对比分析

5.3.2　未铺设保温层时隧道温度场计算结果

当没有铺设保温层时，隧道内壁温度边界作用在二衬表面，则其在不同时刻的温度等值线图及其冻结锋面移动情况如图 5-10 所示。

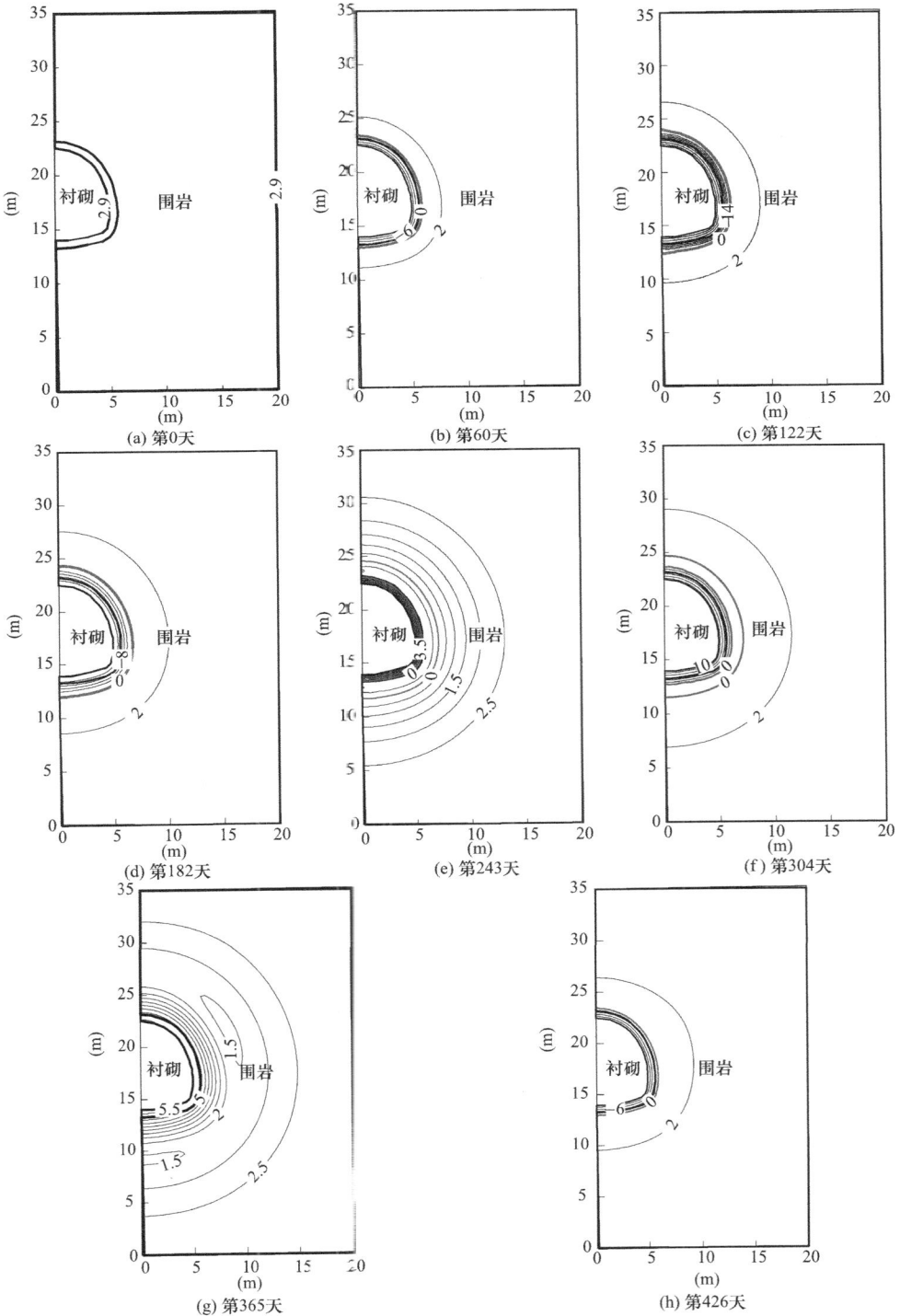

图 5-10　未铺设保温层时隧道温度场等值线图

通过对图 5-10 的计算结果进行分析，可得到当未铺设保温层时衬砌内外侧以及围岩中的温度场，图 5-11 显示拱腰位置的温度曲线。

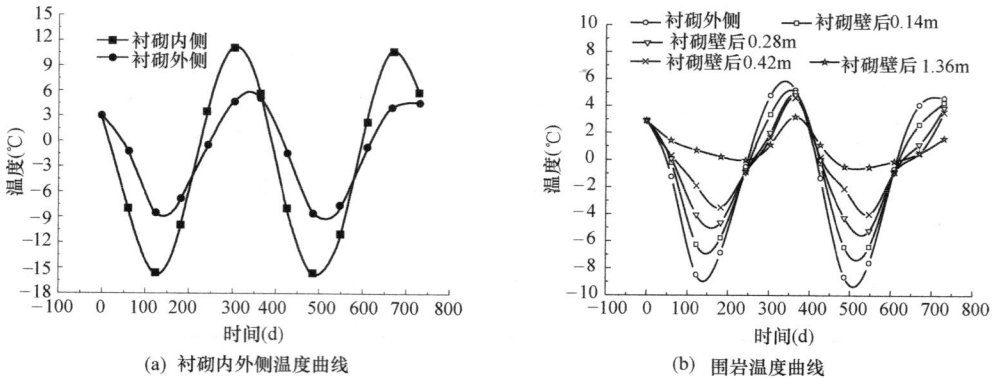

(a) 衬砌内外侧温度曲线　　　　　　(b) 围岩温度曲线

图 5-11　未铺设保温层时隧道温度曲线

结果显示：在衬砌内外两侧的温度曲线随着大气温度呈正弦函数变化，两侧温差达 6～7℃；而围岩中温度曲线随着半径的增大振幅逐渐减小，说明受大气温度影响越来越小；在衬砌壁后 1.36m 处，围岩温度场的最低温度基本在 0℃ 以上，所以可以认为其冻结深度为 1.36m。另外，半径越大，温度曲线呈现不规则正弦波动的程度越高。

5.3.3　铺设 5cm 保温层时隧道温度场的计算结果

根据现场设计，玉希莫勒盖隧道铺设 5cm 保温层来防止隧道冻害的发生，铺设位置为二衬表面。现对该工况进行计算分析，隧道温度场的等值线图如图 5-12 所示。

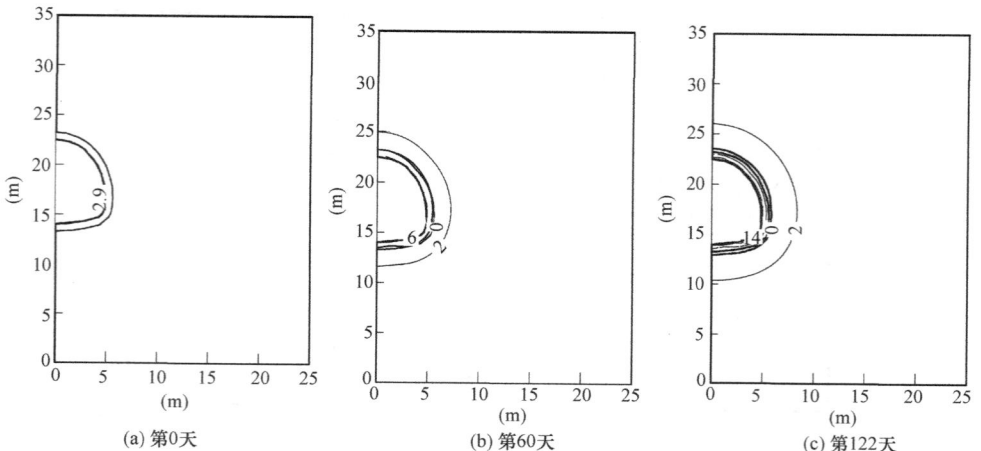

(a) 第0天　　　　　　(b) 第60天　　　　　　(c) 第122天

图 5-12　铺设 5cm 保温层时温度场等值线图（一）

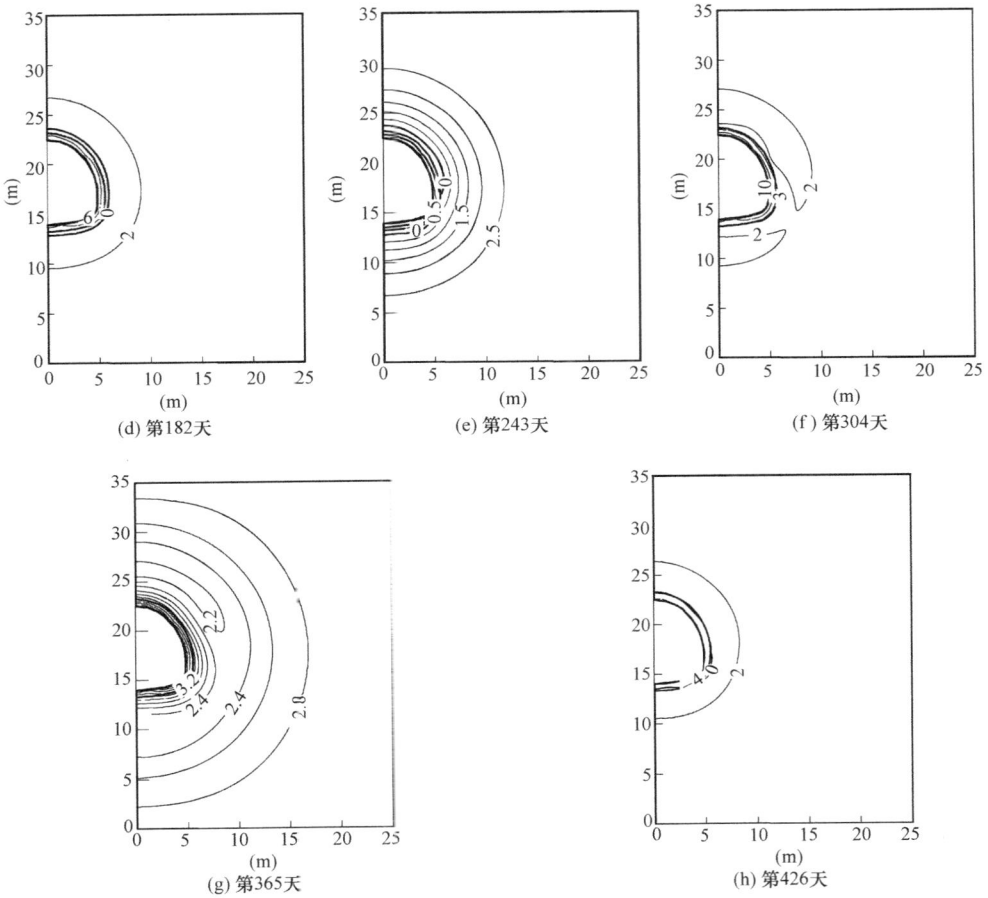

(d) 第182天

(e) 第243天

(f) 第304天

(g) 第365天

(h) 第426天

图 5-12　铺设 5cm 保温层时温度场等值线图（二）

通过对图 5-12 的计算结果进行分析，得到铺设 5cm 保温层时隧道各层介质中的温度场，同样以拱腰处为例，如图 5-13 所示。

从图 5-13 的曲线可以看出：

（1）温度经过 5cm 保温层后，最低温度从 $-15.73℃$ 变为 $-4.57℃$，阻断最低温度 70.9% 的传递；衬砌外侧的最低温度为 $-0.68℃$，两侧温差变为 4℃；而壁后 0.4m 围岩的温度基本在 0℃ 左右，所以可认为铺设 5cm 保温层时仍有 0.4m 的冻结深度。

（2）保温层中的温度曲线呈规则的正弦曲线，线型光滑平整；在衬砌中温度曲线虽然整体上也呈正弦变化，但是局部也不再规则；在围岩中随着进深的加大，温度曲线也在最低温度处不再规则，但整体上仍类似正弦曲线。

（3）在衬砌和围岩的曲线中，第二周期的最低温度都比第一周期的最低温度低。

55

(a) 保温层

(b) 衬砌

(c) 围岩

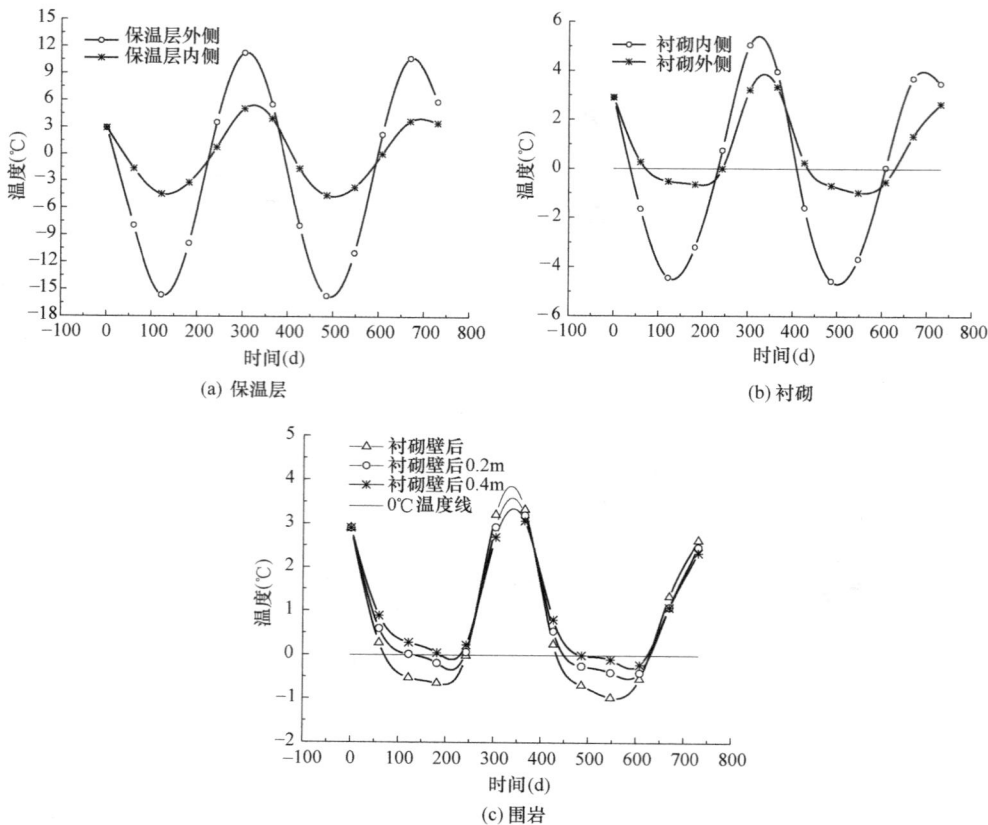

图 5-13　铺设 5cm 保温层隧道各层介质温度曲线

5.4　玉希莫勒盖隧道冻结锋面的研究

冻结锋面是研究围岩冻结扩展的重要参量，也是判定冻结范围的标志之一，所以有必要对其进行研究。在前期，设冻结相变温度为 0℃，现通过提取拱顶、拱腰以及底板位置处的温度值，对各位置处的冻结锋面进行拟合分析，可得以下结果，如图 5-14 所示。

5.4.1　整体拟合

1. 未铺设保温层

现将衬砌和围岩整体考虑，即对冻结锋面在这两种介质中的移动同时进行拟合，拟合方程为

$$y = A + \exp\left\{-\left[\frac{B}{t-(K-1)M}+C\right]\right\}$$ (5-1)

式中，y 表示无量纲化的冻结锋面；A、B 和 C 表示拟合参数；t 为计算时间，d；$K=1，2，\cdots$，为周期数；$M=365$，表示年周期。

从拱顶、拱肩、拱脚和底板四个位置的冻结锋面曲线可以看出，锋面的发展分为 AB、BC 和 CD 三个阶段，AB 段表示冻结锋面虽然刚刚产生，曲线斜率很大，说明发展速度很快；BC 段的锋面曲线的斜率变小，直到锋面达到 C 点之后不再往前发展，CD 段曲线平稳，说明在该段时间内锋面不再往前移动，直到正温完全将冻结区融化，锋面将在 D 点后消失。

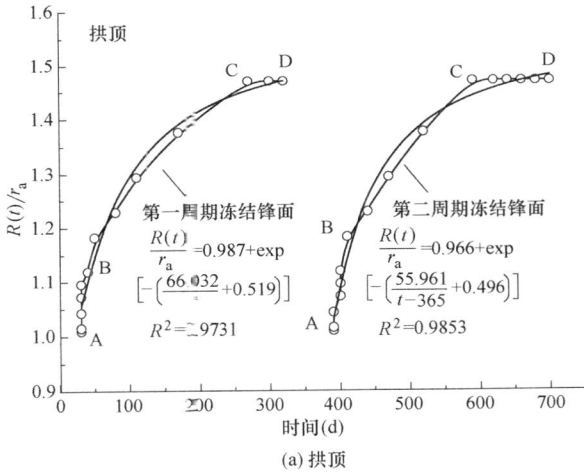

(a) 拱顶

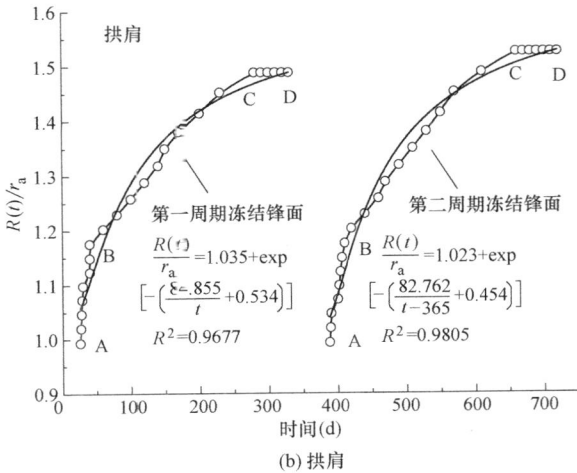

(b) 拱肩

图 5-14 冻结锋面（一）

57

(c) 拱脚

图中公式：

第一周期冻结锋面
$$\frac{R(t)}{r_a}=1.004+\exp\left[-\left(\frac{67.285}{t}+0.601\right)\right]$$
$$R^2=0.9696$$

第二周期冻结锋面
$$\frac{R(t)}{r_a}=0.987+\exp\left[-\left(\frac{62.064}{t-365}+0.526\right)\right]$$
$$R^2=0.9791$$

(d) 底板

第一周期冻结锋面
$$\frac{R(t)}{r_a}=0.998+\exp\left[-\left(\frac{69.316}{t}+0.362\right)\right]$$
$$R^2=0.9677$$

第二周期冻结锋面
$$\frac{R(t)}{r_a}=0.977+\exp\left[-\left(\frac{60.330}{t-365}+0.348\right)\right]$$
$$R^2=0.9794$$

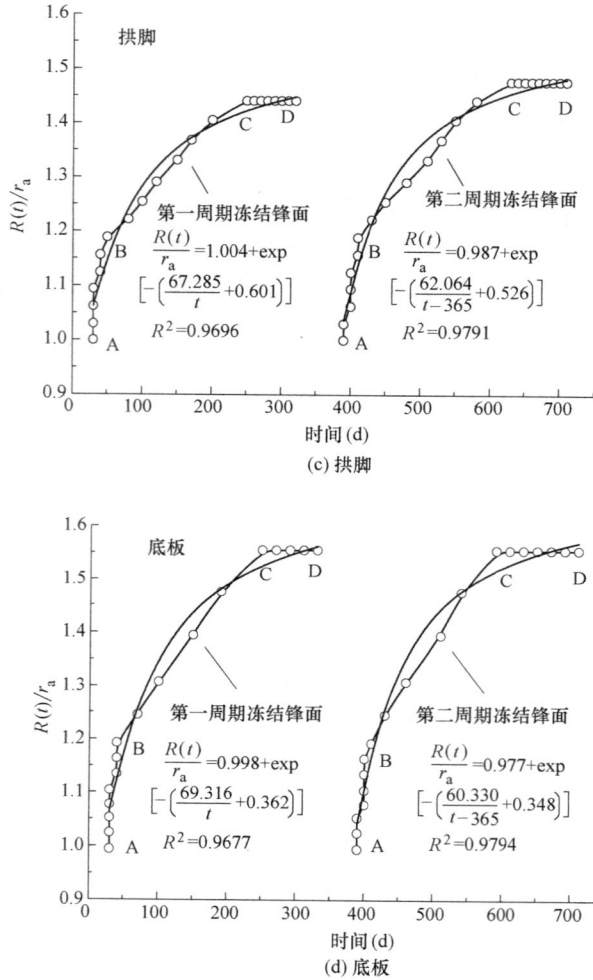

图 5-14 冻结锋面 (二)

　　AB 段发生在时间为 30～40d 的时间内，此时温度仍在继续降低，所以 AB 段到 BC 段斜率发生变化不是因为大气温度的变化引起的发生位置的纵坐标均为 1.2 左右，表示在衬砌外缘处，说明冻结锋面曲线斜率发生变化主要是因为所在介质改变。而 C 点的拐点处主要是因为当冻结锋面向前发展到最远处时，隧道内的冷空气开始升温或者已经升温，融化锋面生成并向前发展，此时已没有低温能量促使冻结锋面继续前移，直到融化锋面达到冻结锋面所在位置，CD 段表示融化锋面滞后冻结锋面到达最远距离时的过程。

　　现对第一周期和第二周期的 K 值分别取 0 和 1，则得到拟合方程如表 5-2 和表 5-3 所示。

位置	第一周期	相关系数 R^2	B 值	$A+\exp\left(-\dfrac{B}{310}-C\right)$
拱顶	$y=0.987+\exp\left[-\left(\dfrac{66.032}{t}+0.519\right)\right]$	0.9731	66.032	1.468
拱肩	$y=1.035+\exp\left[-\left(\dfrac{84.855}{t}+0.534\right)\right]$	0.9677	84.855	1.481
拱脚	$y=1.004+\exp\left[-\left(\dfrac{67.285}{t}+0.601\right)\right]$	0.9696	67.285	1.445
底板	$y=0.998+\exp\left[-\left(\dfrac{69.316}{t}+0.362\right)\right]$	0.9677	69.316	1.555

第一周期冻结锋面拟合结果 表 5-2

位置	第二周期	相关系数 R^2	B 值	$A+\exp\left(-\dfrac{B}{310}-C\right)$
拱顶	$y=0.966+\exp\left[-\left(\dfrac{55.961}{t-365}+0.496\right)\right]$	0.9853	55.961	1.474
拱肩	$y=1.023+\exp\left[-\left(\dfrac{82.762}{t-365}+0.454\right)\right]$	0.9805	82.762	1.509
拱脚	$y=0.987+\exp\left[-\left(\dfrac{62.064}{t-365}+0.526\right)\right]$	0.9791	62.064	1.471
底板	$y=0.977+\exp\left[-\left(\dfrac{60.330}{t-365}+0.348\right)\right]$	0.9794	60.330	1.558

第二周期冻结锋面拟合结果 表 5-3

表 5-2 和表 5-3 中得到第一周期和第二周期冻结锋面移动的函数，拟合的相关系数全都达到 0.96 以上，说明拟合效果较好。

拟合参数 B 表示曲线的切线斜率大小，在该指数函数中，B 值的绝对值越大表示切线斜率越大；拟合结果中，拱顶、拱肩、拱脚和底板处第二周期的 B 值都小于第一周期，说明在第二周期冻结时冻结锋面发展速度慢；针对这四个特殊位置，第一周期和第二周期时拱肩的 B 值远远大于其他三处，说明拱肩处冻结锋面发展较快；拱顶的 B 值最小，说明该位置锋面发展最慢。

拟合参数表达式 $A+\exp(-B/310-C)$ 是拟合曲线的自变量 t 取 310 或 t 经过周期转换之后取 310 时的值，作为此时四个位置的冻结锋面的最大值。第二周期的该值都大于第一周期，说明第二周期冻结锋面扩展得更远一些；底板处的值都大于其他三处，说明底板处的冻结锋面扩展最远，冻结范围最大，其次是拱肩。

综合 B 值和 $A + \exp(-B/310 - C)$ 值可知，底板和拱肩是整个断面的危险位置。

2. 铺设 5cm 保温层

对铺设 5cm 保温层时冻结锋面的移动情况进行分析，其结果如图 5-15 所示。

图 5-15 显示当铺设 5cm 保温层时，冻结锋面曲线大体分为 4 个阶段，即 OA 段、AB 段、BC 段和 CD 段；OA 段是冻结锋面在保温层中扩展的阶段，斜率最小。同样按照式（5-1）进行拟合，得到铺设 5cm 保温层时的冻结锋面移动函数，其结果统计如表 5-4 和表 5-5 所示。

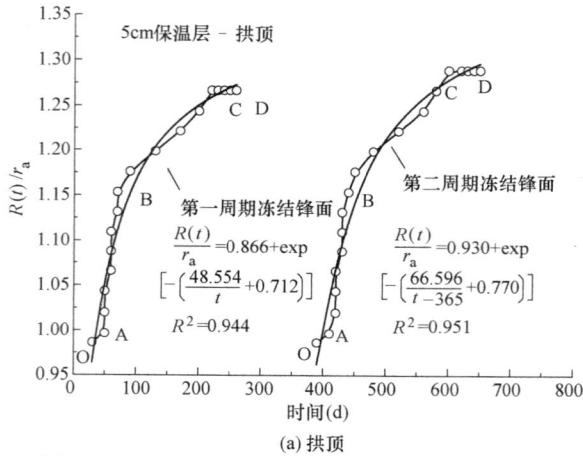

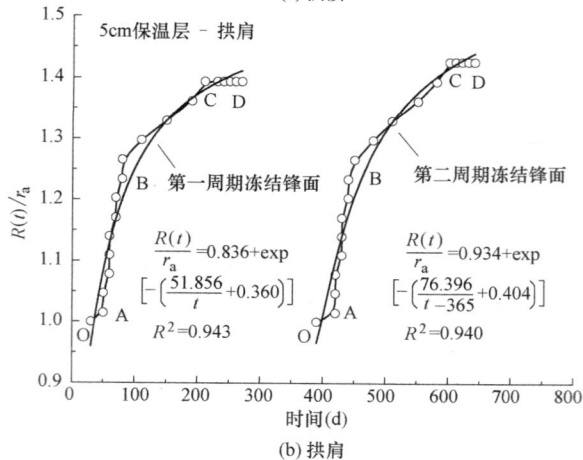

图 5-15　铺 5cm 保温层时冻结锋面发展规律（一）

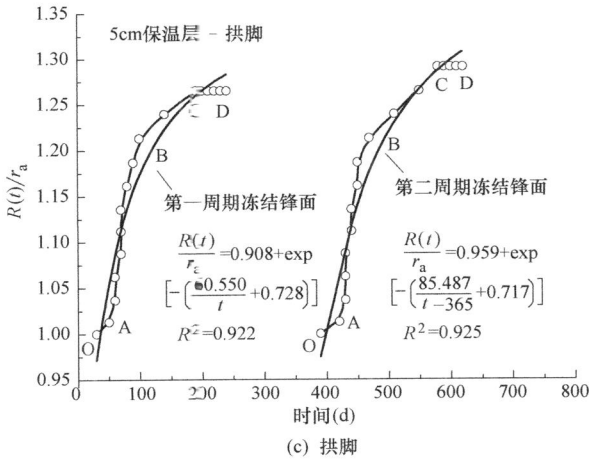

(c) 拱脚

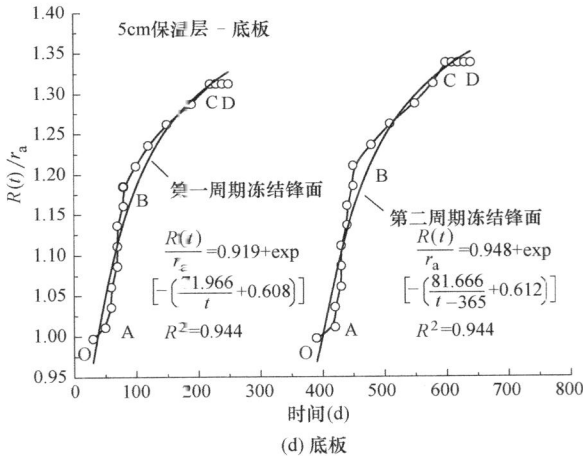

(d) 底板

图 5-15　铺 5cm 保温层时冻结锋面发展规律（二）

第一周期冻结锋面拟合结果　　　　　　　　表 5-4

位置	第一周期	相关系数 R^2	B 值	$A+\exp\left(-\dfrac{B}{230}-C\right)$
拱顶	$y=0.866+\exp\left[-\left(\dfrac{48.554}{t}+2.712\right)\right]$	0.944	48.554	1.263
拱肩	$y=0.836+\exp\left[-\left(\dfrac{51.856}{t}+2.360\right)\right]$	0.943	51.856	1.393
拱脚	$y=0.908+\exp\left[-\left(\dfrac{60.550}{t}+2.728\right)\right]$	0.922	60.550	1.279
底板	$y=0.919+\exp\left[-\left(\dfrac{71.966}{t}+2.608\right)\right]$	0.944	71.966	1.317

	第二周期冻结锋面拟合结果			表 5-5
位置	第二周期	相关系数 R^2	B 值	$A+\exp\left(-\dfrac{B}{230}-C\right)$
拱顶	$y=0.930+\exp\left[-\left(\dfrac{66.596}{t-365}+0.770\right)\right]$	0.951	66.596	1.277
拱肩	$y=0.934+\exp\left[-\left(\dfrac{76.396}{t-365}+0.404\right)\right]$	0.940	76.396	1.413
拱脚	$y=0.959+\exp\left[-\left(\dfrac{85.487}{t-365}+0.717\right)\right]$	0.925	85.487	1.296
底板	$y=0.948+\exp\left[-\left(\dfrac{81.666}{t-365}+0.612\right)\right]$	0.944	81.666	1.328

由表 5-4 和表 5-5 可知，拟合的相关系数为 0.92 以上，比未铺设保温层时要小。从 B 值的大小可以看出，第二周期总体比第一周期大，说明第二周期冻结锋面扩展速度大于第一周期；而且 $A+\exp(-B/230-C)$ 在第二周期的值也都大于第一周期，说明第二周期时冻结锋面扩展得更远一些。

底板和拱脚处的 B 值要大于其他两处，但是拱脚处在未铺设保温层时扩展最慢，相互矛盾；主要原因可能是采用式（5-1）拟合不能完全反映锋面的扩展规律。

5.4.2　分段线性拟合

1. 未铺保温层

通过上述研究发现，曲线拐点处是因为介质发生改变。分别将衬砌和围岩按照线性规律进行拟合，具体拟合公式为

$$y=a+bx \tag{5-2}$$

式中，a 为截距；b 为斜率。

分段拟合示意图如图 5-16 所示，拟合结果如表 5-6 和表 5-7 所示。

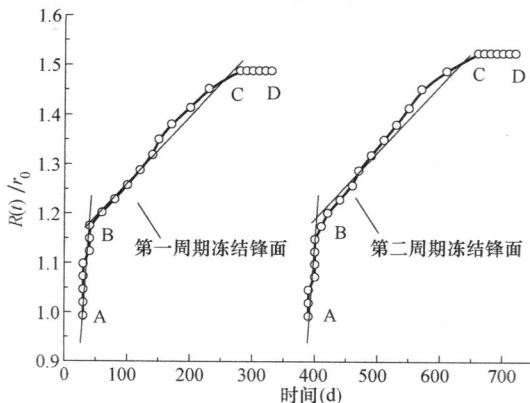

图 5-16　分段拟合示意图

第一周期按分段直线拟合结果　　　表 5-6

位置	衬砌		围岩		CD 段的值
	a	$b(\times 10^{-3})$	a	$b(\times 10^{-3})$	
拱顶	0.68150	10.90	1.10490	1.40	1.470
拱肩	0.44558	18.24	1.12446	1.39	1.488
拱脚	0.71720	9.40	1.12413	1.35	1.441
底板	0.40070	19.70	1.12640	1.70	1.555
平均值	—	14.53	—	1.46	1.489

第二周期按分段直线拟合结果　　　表 5-7

位置	衬砌		围岩		CD 段的值
	a	$b(\times 10^{-3})$	a	$b(\times 10^{-3})$	
拱顶	−2.35910	8.60	0.52304	1.62	1.470
拱肩	−5.09559	15.61	0.56983	1.51	1.525
拱脚	−2.67559	9.42	0.63700	1.30	1.476
底板	−5.60610	16.90	0.35370	2.00	1.555
平均值	—	12.63	—	1.61	1.507

从表 5-6 第一周期分段拟合的结果来看，衬砌中底板的斜率最大，拱肩次之，说明衬砌中底板和拱肩位置处冻结锋面发展迅速，拱脚处发展最慢；而在围岩中底板位置大于其他三处，拱顶、拱肩和拱脚处发展速度基本相当。表 5-7 显示在第二周期时，衬砌中仍是底板锋面扩展最快，拱肩次之；在围岩中底板处同样是锋面发展最快的位置，拱脚处是发展最慢的位置。这与表 5-2 和表 5-3 所示拱肩是发展最快，底板次之的结论有所矛盾，但都说明底板和拱肩两者是整个断面冻结锋面发展最快的位置。另外，衬砌的平均斜率是围岩的 10 倍，表 5-7 中衬砌是围岩的 7.8 倍，说明由于衬砌中无地下渗水、半径较小以及导热系数的差别使得冻结锋面在衬砌中的发展速度为围岩中的 8~10 倍。

表 5-2 和表 5-3 中的 $A+\exp(-B/310-C)$ 的值与表 5-6 和表 5-7 中的 CD 段的值基本相当，两者相互验证，说明两种方法都具有较高准确性。在分段拟合中，四个位置处冻结锋面曲线在第二周期的最大值（CD 段的值）的平均值大于第一周期的平均值，表明第二周期冻结范围比第一周期的大。主要是因为初始地层温度为 2.9℃，经过一年的冻结之后，围岩中的年平均温度降略低于 2.9℃，第二周期冻结时所消耗的冷能量将变少，所以冻结锋面将扩展的更远。

2. 铺设 5cm 保温层

当铺设 5cm 保温层时，按照式（5-2）进行分段线性拟合，其结果分别如表 5-8 和表 5-9 所示。

第一周期按分段直线拟合结果　　　　　　表 5-8

位置	5cm 保温层		衬砌		围岩		CD 段的值
	a	$b(\times10^{-4})$	a	$b(\times10^{-4})$	a	$b(\times10^{-4})$	
拱顶	0.971	5.24	0.713	61.8	1.107	7.00	1.267
拱肩	0.978	7.26	0.667	73.4	1.192	9.30	1.393
拱脚	0.981	6.45	0.777	46.8	1.133	7.16	1.265
底板	0.977	6.79	0.717	56.5	1.123	8.78	1.312
平均值	—	6.435	—	59.625	—	8.06	1.309

第二周期按分段直线拟合结果　　　　　　表 5-9

位置	5cm 保温层		衬砌		围岩		CD 段的值
	a	$b(\times10^{-4})$	a	$b(\times10^{-4})$	a	$b(\times10^{-4})$	
拱顶	0.782	5.24	−1.297	55.8	0.828	7.58	1.289
拱肩	0.717	7.26	−2.582	86.5	0.807	10.20	1.426
拱脚	0.748	6.45	−1.166	51.9	0.850	7.60	1.291
底板	0.732	6.79	−1.429	58.5	0.845	8.12	1.337
平均值	—	6.435	—	63.175	—	8.375	1.336

　　从分段线性拟合结果来看，由于 5cm 保温层只有两个点，所以第一周期和第二周期的斜率没有变化；而在衬砌中第二周期斜率的平均值明显增大，为第一周期的 1.06 倍；围岩中第二周期的平均斜率也有所增加；总体反映出第二周期冻结锋面比第一周期扩展得速度要快。分别分析四个位置在两个周期内的斜率发现，拱肩处的斜率明显大于其他三处的斜率，说明拱肩位置锋面扩展最快。围岩中的拟合直线在四个位置的截距，即 a 的值基本相当，所以冻结锋面的最大值将发生在斜率最大的位置处，即拱肩；其次是底板。

　　综上所述，当铺设保温层时，按公式（5-1）拟合的结果将有所失真，而对各介质分别进行线性拟合可以看出，拱肩为冻结锋面发展最快、最远的位置，其次是底板。

5.5　玉希莫勒盖隧道所需保温层厚度的计算

　　针对 3.5 节的分析可知，5cm 保温层不足以保证隧道围岩不发生冻融循环，当单独采用保温层进行防护时，冻结锋面在三心圆中的扩展形式如图 5-17 所示。

　　从图 5-17 可以清晰地看出，锋面在拱肩和底板处两个危险断面扩展较快，拱顶次之，而拱脚处由于曲率较大，扩展最慢，所以通过计算底板和拱肩位置处，二衬外缘温度值是否在 0℃ 以下来判定该保温层厚度是否满足要求。通过试算得出图 5-18 所示结果。

从以上计算结果可以看出，铺设 16cm 保温层时，在拱肩处第二年以后的冬季将处于 0℃ 以下，底板处从第一年冬季就一直处于负温环境中，可见在两个危险位置处 16cm 保温层都不能满足要求；而在第二章温度场的理论计算中，是将隧道断面假设为圆形，得出与拱肩处相同的结论。

而当铺设 21cm 保温层时，拱肩和底板位置处的二衬外缘温度全在 0℃ 以上。这是在极端情况下所需的保温层厚度，实际上所需保温层厚度需要根据当地的大气温度以及围岩温度的变化进行确定。

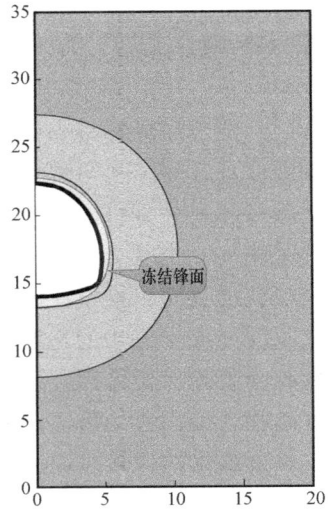

图 5-17 冻结锋面

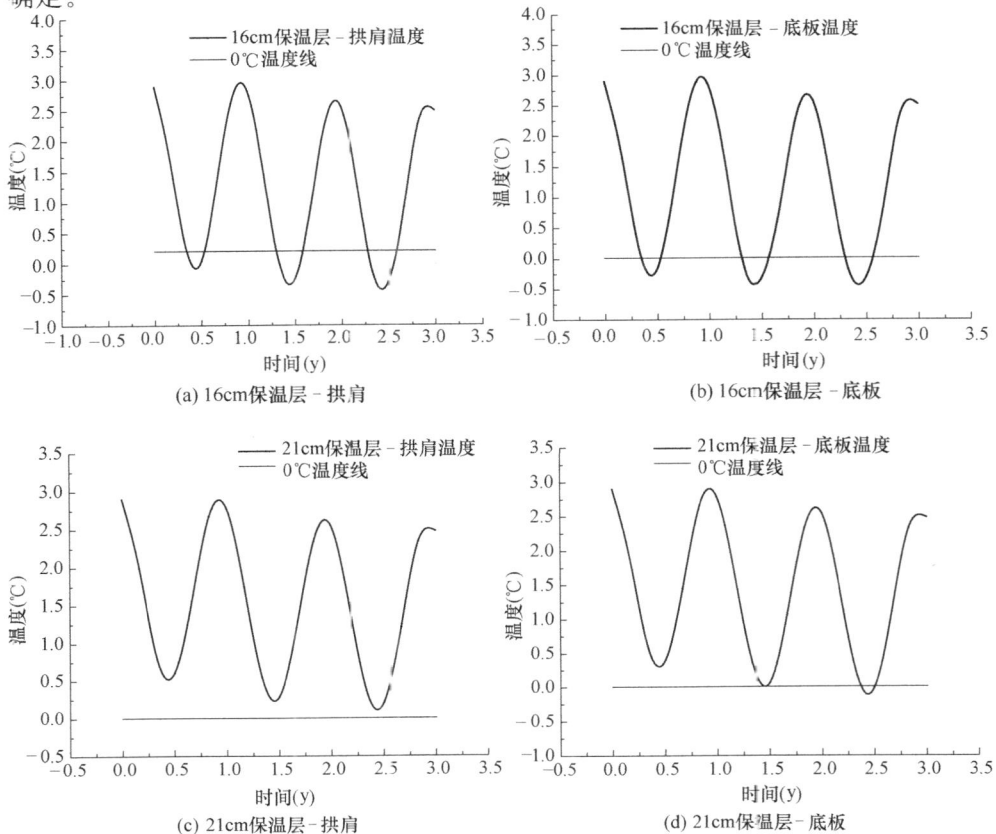

图 5-18 玉希莫勒盖隧道拱肩与底板的二衬外缘温度

(a) 16cm保温层‑拱肩

(b) 16cm保温层‑底板

(c) 21cm保温层‑拱肩

(d) 21cm保温层‑底板

5.6　本章小结

（1）通过现场和室内试验测试，得出数值模拟计算所需参数，将不含保温层时的温度场计算结果与现场实测结果进行对比分析，两者吻合较好，说明数值计算结果可靠；并分析了未铺设保温层和铺设 5cm 保温层时隧道的温度场，得出单独采用 5cm 保温层时不足以保证隧道不发生冻融循环的结论。

（2）通过对未铺设保温层时冻结锋面进行研究，得出季节性寒区隧道冻结锋面在不同介质中移动的速度不同；通过对锋面移动曲线分别进行整体拟合和分段线性拟合发现：整体拟合不能准确表示冻结锋面移动的规律，分段线性拟合可以较好地描述锋面移动特征。并得出在未铺设保温层时底板位置是冻结锋面移动最快、扩展最远的位置，而铺设 5cm 保温层后，拱肩是冻结锋面移动最快、扩展最远的位置，但是在两种情况下，拱脚都是冻结锋面移动最慢、扩展范围最小的位置。

（3）对玉希莫勒盖隧道单独采用保温层防护时所需保温层厚度进行计算，得出需要 21cm 厚保温层的结论。

第 6 章　季节性寒区隧道围岩应力与变形的解析计算

6.1　概述

寒区隧道在低温条件下，围岩中的水冻结成冰，体积将发生膨胀，受到未冻围岩和支护结构的约束而产生冻胀力[104]。很多人认为在隧道冻胀过程中，由于冻胀力的存在使得围岩中总应力增加从而导致围岩破坏，工程失稳。还有一部分人的观点是虽然冻胀力增加了，但是冻结围岩的性质如弹性模量也增大了，弹性模量的增大有利于工程的稳定。那到底在冻胀力的作用下，隧道是稳定还是不稳定呢？目前在这方面的研究还很少，如赖远明院士将冻胀应变看作一种"拉应变"，获得了寒区隧道围岩的黏弹性解答，得到了冻胀力随时间的增长先增加而后平缓的结论，冻胀力的存在使得衬砌中的第一主应力增大超过了其单轴抗压强度，不利于隧道的稳定。对于弹塑性分析，同济大学高广运教授课题组通过假设冻结圈中心位置的冻胀位移为零，从而求得冻胀力和开挖应力，然后将两者叠加得到最终的围岩弹性解，最后利用 Kastner 方程近似求解了塑性半径的大小[105]，得到了在不等压情况下隧道塑性区的分布情况。该研究还是无法认清寒区隧道的塑性破坏是如何发展的。为研究冻胀过程如何影响寒区隧道的稳定性，现有必要进行深入的弹塑性分析，可为寒区隧道的稳定性分析提供依据，同时对数值模拟和工程实践具有指导意义。

6.2　基本假设

为分析冻结作用下季节性寒区隧道塑性区的大小，现采用如下假设简化问题：

（1）隧道断面为圆形，处于静水应力场中；

（2）未冻结围岩与冻结围岩均视为弹塑性介质，支护结构视为弹性介质；

（3）忽略衬砌与围岩、冻结圈与未冻结围岩交界面处的剪应力；

（4）隧道轴向尺寸比径向尺寸大很多，按平面应变问题处理，应力、应变以压为正；

（5）隧道开挖和衬砌支护瞬时完成，忽略冻结作用的时间效应；

（6）冻结圈中由冻胀作用产生的位移是线性的。

6.3　基本方程

分析圆形断面的隧道，一般采用极坐标表示，径向、环向的应力与应变分别用 σ_r，σ_θ 和 ε_r，ε_θ 表示；径向位移用 u 表示。

（1）模型各区的应力均应满足平衡方程（忽略体积力）为

$$\frac{\mathrm{d}\sigma_r}{\mathrm{d}r} + \frac{\sigma_r - \sigma_\theta}{r} = 0 \tag{6-1}$$

（2）几何方程为

$$\begin{cases} \varepsilon_r = \dfrac{\mathrm{d}u}{\mathrm{d}r} \\[2mm] \varepsilon_\theta = \dfrac{u}{r} \end{cases} \tag{6-2}$$

（3）物理方程为

未冻围岩：
$$\begin{cases} \varepsilon_r = \dfrac{1-\mu_0^2}{E_0}\left(\Delta\sigma_r - \dfrac{\mu_0}{1-\mu_0}\Delta\sigma_\theta\right) \\[3mm] \varepsilon_\theta = \dfrac{1-\mu_0^2}{E_0}\left(\Delta\sigma_\theta - \dfrac{\mu_0}{1-\mu_0}\Delta\sigma_r\right) \end{cases} \tag{6-3}$$

式中，E_0 和 μ_0 分别为未冻围岩的弹性模量和泊松比；$\Delta\sigma_r$ 和 $\Delta\sigma_\theta$ 为径向应力和环向应力的变化值。

衬砌：
$$\begin{cases} \varepsilon_r = \dfrac{1-\mu_L^2}{E_L}\left(\Delta\sigma_r - \dfrac{\mu_L}{1-\mu_L}\Delta\sigma_\theta\right) \\[3mm] \varepsilon_\theta = \dfrac{1-\mu_L^2}{E_L}\left(\Delta\sigma_\theta - \dfrac{\mu_L}{1-\mu_L}\Delta\sigma_r\right) \end{cases} \tag{6-4}$$

式中，E_L 和 μ_L 分别为冻结围岩的弹性模量和泊松比。

（4）相容方程为

$$\frac{\mathrm{d}\varepsilon_\theta}{\mathrm{d}r} = \frac{\varepsilon_r - \varepsilon_\theta}{r} \tag{6-5}$$

（5）冻结围岩的本构方程

① 本构方程的概述

对寒区隧道围岩稳定性分析，现存的本构关系主要有两类：一类是将冻胀现象按照"热胀冷缩"的思路进行考虑，将热胀冷缩系数确定为水变成冰的体积膨胀系数，这类做法没有考虑冻胀时的水分迁移现象，所得结果偏小，故未能较好地分析冻胀现象；另一类主要是将水分迁移、未冻水含量等因素考虑到水结冰时体积膨胀的线应变中，并将该线应变看作一种"拉应变"，在寒区隧道围岩应力分析中该思路首先被赖远明所用[106]，在井筒冻结方面，蒋斌松教授也采用过该思路[107]，其平面应变问题的本构方程如式（6-6）所示。

$$\begin{cases} \varepsilon_r - \varepsilon_r^p = \varepsilon_r^e = \dfrac{1-\mu_f^2}{E_f}\left(\Delta\sigma_r - \dfrac{\mu_f}{1-\mu_f}\Delta\sigma_\theta\right) - (1+\mu_f)\varepsilon_0 \\ \varepsilon_\theta - \varepsilon_\theta^p = \varepsilon_\theta^e = \dfrac{1-\mu_f^2}{E_f}\left(\Delta\sigma_\theta - \dfrac{\mu_f}{1-\mu_f}\Delta\sigma_r\right) - (1+\mu_f)\varepsilon_0 \end{cases} \tag{6-6}$$

式中，E_f 和 μ_f 分别为冻结围岩的弹性模量和泊松比；$\Delta\sigma_r$ 和 $\Delta\sigma_\theta$ 为该区的径向和环向应力变化值。

在冻结区，由于冻结围岩将发生体积膨胀，而且在冻结过程中围岩中的水分将发生迁移，则由于冻胀产生的线应变为

$$\varepsilon_0 = \frac{1}{3}\left[\alpha_v(\theta_0 + \Delta\theta - \theta_u) + \Delta\theta - n\right] \tag{6-7}$$

式中，α_v 为体积膨胀率；θ_0 为初始含水率；$\Delta\theta$ 为水分迁移量；θ_u 为未冻水含量；n 为围岩的孔隙比。

当围岩冻结发生体积膨胀时，冻结圈两侧的边界发生位移的方向如图 6-1 所示，即外边界向围岩无穷远处发生冻胀位移，内边界向隧道内发生冻胀位移。而从式（6-6）所示的本构方程可以看出，$-(1+\mu_f)\varepsilon_0$ 是描述平面应变冻结问题的应变。根据几何方程可知，$-(1+\mu_f)\varepsilon_0 r$ 将描述冻胀发生的位移，将内外半径 r_L 和 r_f 代入可以看出，两边界冻结发生的位移方向将一致；另外，根据该本构方程得到的在不受地应力作用时的冻胀力 σ_f^1 方向和 σ_H^1 方向同时指向围岩无穷远处，也就是说衬砌将在围岩冻胀时受到拉应力，这些都明显与实际情况不符，所以该本构方程未能较好地描述圆形隧道的冻胀问题。

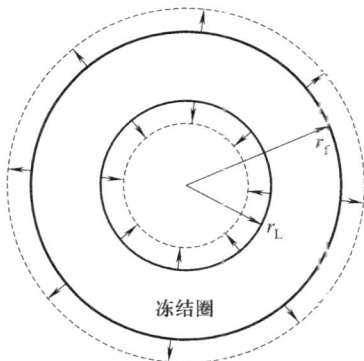

图 6-1 冻结围岩的冻胀位移方向示意图

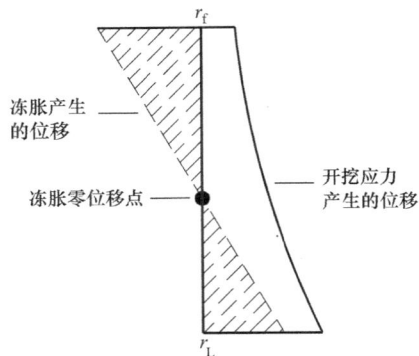

图 6-2 冻胀零位移示意图

② 寒区隧道冻结围岩本构方程的建立

根据图 6-1，冻结圈两侧边界在冻胀受到约束时产生位移的方向相反，根据假设 (6)，则冻结圈中必然存在一个冻胀位移为零的位置，如图 6-2 所示，设该位置的半径为 r_0，以冻结圈内边界为例，同样假设水变成冰围岩体积膨胀时产生的线应变为 ε_0，考虑平面应变的问题，则在 $r=r_L$ 处应产生的位移为 $(1+\mu_f)\varepsilon_0(r_0-r_L)$，根据几何方程，冻结围岩的环向应变表达式可写为

$$\varepsilon_\theta - \varepsilon_\theta^p = \varepsilon_\theta^e = \frac{1-\mu_f^2}{E_f}\left(\Delta\sigma_\theta - \frac{\mu_f}{1-\mu_f}\Delta\sigma_r\right) + (1+\mu_f)\varepsilon_0 \frac{(r_0-r)}{r} \tag{6-8}$$

然后根据几何方程可求得径向应变表达式为

$$\varepsilon_r - \varepsilon_r^p = \varepsilon_r^e = \frac{1-\mu_f^2}{E_f}\left(\Delta\sigma_r - \frac{\mu_f}{1-\mu_f}\Delta\sigma_\theta\right) - (1+\mu_f)\varepsilon_0 \tag{6-9}$$

式中的冻胀零位移的半径 r_0 可根据两侧约束体在冻胀力的作用下产生的位移比进行确定，其具体步骤为：

(a) 首先假设 $r_0=(r_f+r_L)/2$，并将其代入各种情况下的方程组中进行计算，得出冻结圈内外两侧的总应力 σ_f 和 σ_H，然后令 $\varepsilon_0=0$，再次根据方程组求解没有冻胀效应只有隧道开挖作用时在冻结圈内外两侧边界处产生的径向应力 σ_f' 和 σ_H'。

(b) 根据 $\sigma_f^1=\sigma_f-\sigma_f'$ 和 $\sigma_H^1=\sigma_H-\sigma_H'$ 可解出在该种工况下所产生的冻胀力。

(c) 求解衬砌在单位荷载作用下的位移（柔度），其计算模型如图 6-3 所示。

根据弹性力学理论[108] 的拉梅解答可求得此时衬砌中的应力为

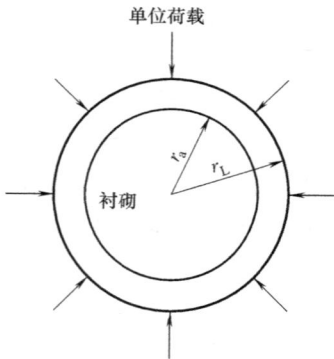

图 6-3　衬砌柔度计算模型

$$\begin{cases} \sigma_r^{dL} = \dfrac{1-(r_a/r)^2}{1-(r_a/r_L)^2} \times 1 \\[3mm] \sigma_\theta^{dL} = \dfrac{1+(r_a/r)^2}{1-(r_a/r_L)^2} \times 1 \end{cases} \tag{6-10}$$

在单位荷载作用下衬砌外表面产生的位移为

$$u^{dL} = \frac{r_L^3(1+\mu_L)\left[1-2\mu_L+(r_a/r_L)^2\right]}{E_L(r_L^2-r_a^2)} \tag{6-11}$$

(d) 求解未冻围岩内边界在单位荷载作用下的位移

由于未冻围岩有可能产生塑性，但是忽略开挖与冻结的作用顺序问题，它们是共同作用在围岩上，所以，无论未冻围岩有无塑性，均按照图 6-4 的计算模型求解在单位荷载作用下的位移。

在单位荷载作用下，未冻围岩中的应力为

$$\begin{cases} \sigma_r^{d0} = \dfrac{r_f^2}{r^2} \times 1 \\[2mm] \sigma_\theta^{d0} = -\dfrac{r_f^2}{r^2} \times 1 \end{cases} \qquad (6\text{-}12)$$

则在单位荷载作用下，$r = r_f$ 处的位移为

$$u^{d0} = -\frac{r_f}{2G_0} \qquad (6\text{-}13)$$

（e）将步骤（b）中得到的冻胀应力以及式
（6-11）和式（6-13）代入冻胀零位移半径 r_0 的
计算公式为

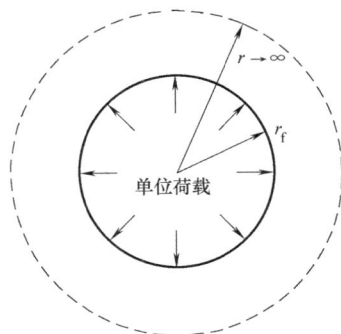

图 6-4　未冻围岩柔度计算模型

$$\frac{u^{dL} \sigma_f^1}{u^{d0} \sigma_H^1} = \frac{r_0 - r_L}{r_f - r_0} \qquad (6\text{-}14)$$

（f）将新求出的 r_0 代替上一循环中的 r_0 重新计算，直至前后两次求得的 r_0
差值的绝对值小于 0.001 时的结果作为最终的 r_0，并重新代入方程组，求出真
实的应力场与变形场。具体求解流程图如图 6-5 所示。

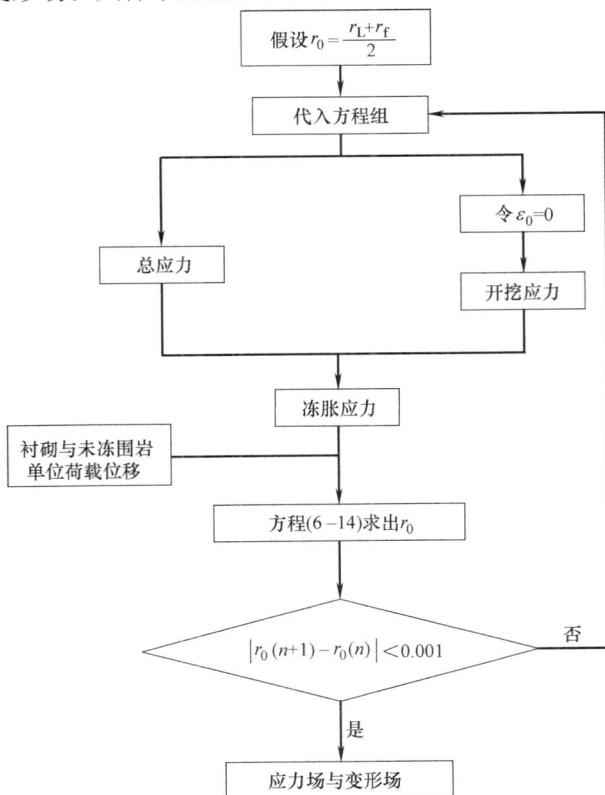

图 6-5　求解流程图

根据假设（2）可知，围岩为弹塑性介质[109]，其本构关系如图 6-6 所示。

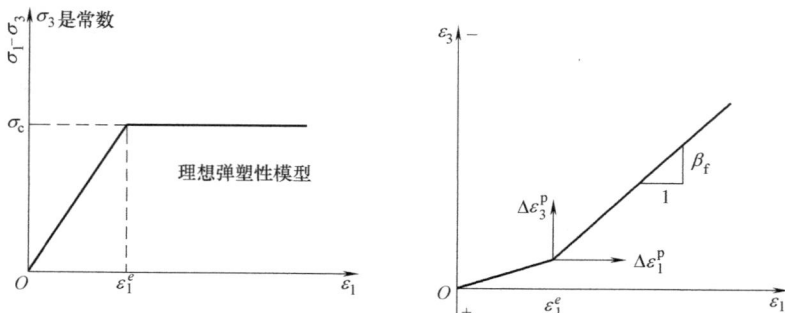

图 6-6　理想弹塑性围岩本构关系

现假设当未冻围岩发生塑性屈服时，径向应力和环向应力满足 Mohr-Coulomb 准则，其表达式为

$$F = \sigma_\theta - N_0 \sigma_r - S_0 = 0 \tag{6-15}$$

式中，$N_0 = (1 + \sin\varphi_0)/(1 - \sin\varphi_0)$；$S_0 = 2c_0\cos\varphi_0/(1 - \sin\varphi_0)$，两者都为材料参数。

当未冻围岩进入塑性状态时采用 Mohr-Coulomb 塑性势函数[110]，

$$\Phi = \sigma_\theta - \beta_i \sigma_r \tag{6-16}$$

式中，下标"i"可分别取"0"和"f"，分别表示未冻围岩和冻结围岩的参数。

基于该塑性势，塑性应变表示为

$$\begin{cases} \varepsilon_r^p = \lambda^p \dfrac{\partial \Phi}{\partial \sigma_r} = -\beta_i \lambda^p \\[2mm] \varepsilon_\theta^p = \lambda^p \dfrac{\partial \Phi}{\partial \sigma_\theta} = \lambda^p \end{cases} \tag{6-17}$$

式中，λ^p 为塑性因子。

将方程（6-17）中的两式相加，可得在未冻围岩中的塑性应变应满足如下关系：

$$\varepsilon_r^p + \beta_0 \varepsilon_\theta^p = 0 \tag{6-18}$$

式中，$\beta_0 = (1 + \sin\psi_0)/(1 - \sin\psi_0)$；$\psi_0$ 为围岩的剪胀角。

假设冻结围岩发生屈服，也同样满足 Mohr-Coulomb 准则，即

$$F = \sigma_\theta - N_f \sigma_r - S_f = 0 \tag{6-19}$$

式中，N_f 和 S_f 表示冻结围岩的材料参数；N_f 和 S_f 分别由冻结区的黏聚力和内摩擦角表示为

$$\begin{cases} N_f = \dfrac{1 + \sin\varphi_f}{1 - \sin\varphi_f} \\[3mm] S_f = \dfrac{2c_f \cos\varphi_f}{1 - \sin\varphi_f} \end{cases} \tag{6-20}$$

式中，c_f 和 φ_f 为冻结围岩的黏聚力和内摩擦角。

当冻结围岩进入塑性状态时依然采用非关联塑性流动法则，忽略弹性变形，则在冻结围岩中的塑性应变应满足如下关系：

$$\varepsilon_r^p + \beta_f \varepsilon_\theta^p = 0 \qquad\qquad (6-21)$$

式中，$\beta_f = \dfrac{1+\sin\psi_f}{1-\sin\psi_f}$；$\psi_f$ 为冻结围岩的剪胀角。

6.4 不等压条件下寒区隧道围岩应力场的弹性分析

在两向不等压条件下，隧道开挖应力场的分布受侧压力系数影响，但是围岩中的导热系数与压力的关系不大，所以这里除了采用 6.2 节的基本假设外，需另假设在隧道中冻结圈以圆形进行发展。

6.4.1 计算模型

在两向不等压的情况下，寒区隧道应力场的计算模型如图 6-7 所示[111,112]。在围岩发生冻胀时，其总应力为冻胀应力与开挖应力之和，现将该计算模型分解成两个子模型，如图 6-8 所示 其中，图（a）表示冻胀应力场的计算模型，图（b）表示开挖应力场的求解模型。

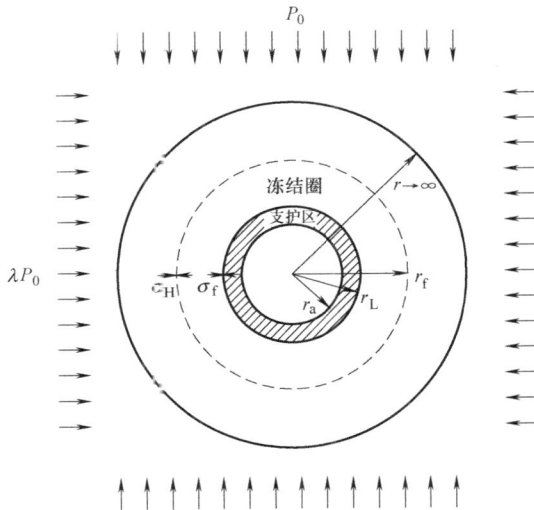

图 6-7　不等压条件下寒区隧道围岩弹性分析模型

在图 6-8 中，σ_H^1 和 σ_f^1 分别表示冻结圈外侧和内侧由于冻胀而受到的作用力，隧道所受的垂直应力为 P_0，水平应力为 λP_0。

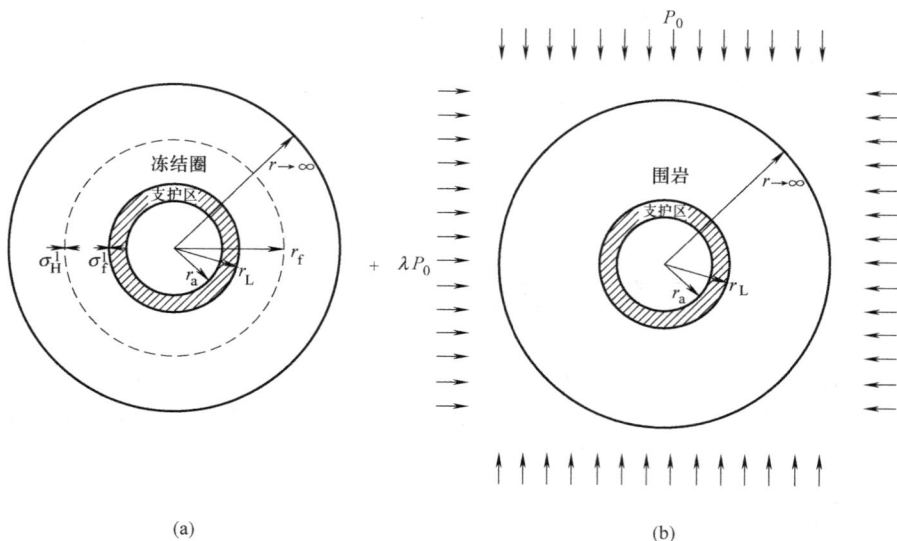

图 6-8　分解模型

6.4.2　冻胀应力场

如图 6-8（a）所示的计算模型，当只有冻胀力作用时，未冻围岩、冻结圈以及支护结构三区内的应力与变形求解如下：

（1）未冻围岩的应力与变形求解

对于未冻围岩，只有内侧受压，外半径趋于无穷大时，根据弹性力学理论可得应力场为

$$\begin{cases} \sigma_r^0 = \dfrac{r_f^2}{r^2}\sigma_H^1 \\[3mm] \sigma_\theta^0 = -\dfrac{r_f^2}{r^2}\sigma_H^1 \end{cases} \tag{6-22}$$

式中，上标"0"表示未冻围岩区。

根据物理方程与几何方程求得该区的位移为

$$u_r^0 = \frac{r}{2G_0}\left[(1-\mu_0)\sigma_\theta^0 - \mu_0\sigma_r^0\right] \tag{6-23}$$

在 $r = r_f$ 处的位移为

$$\delta_0 = -\frac{r_f\sigma_H^1}{2G_0} \tag{6-24}$$

（2）冻结圈应力与变形的求解

由于冻胀作用，假设在冻结圈的内外两侧分别受到 σ_f^1 和 σ_H^1 作用，则冻结应

力场可表示为

$$\begin{cases} \sigma_r^f = \dfrac{\left(\dfrac{r_f}{r}\right)^2 - 1}{\left(\dfrac{r_f}{r_L}\right)^2 - 1}\sigma_f^1 + \dfrac{1 - \left(\dfrac{r_L}{r}\right)^2}{1 - \left(\dfrac{r_L}{r_f}\right)^2}\sigma_H^1 \\[4mm] \sigma_\theta^f = \dfrac{\left(\dfrac{r_f}{r}\right)^2 + 1}{1 - \left(\dfrac{r_f}{r_L}\right)^2}\sigma_f^1 + \dfrac{1 + \left(\dfrac{r_L}{r}\right)^2}{1 - \left(\dfrac{r_L}{r_f}\right)^2}\sigma_H^1 \end{cases} \tag{6-25}$$

将式（6-25）代入本构方程（6-8），可得环向应变为

$$\varepsilon_\theta^f = \frac{d_{1f}}{E_f r^2 \omega_1}\left[(d_{2f}r^2 + r_L^2)\sigma_H^1 r_f^2 - (r_f^2 + d_{2f}r^2)\sigma_f^1 r_L^2\right] + (1+\mu_f)\varepsilon_0 \frac{r_0 - r}{r} \tag{6-26}$$

式中，$\omega_1 = r_f^2 - r_L^2$；$d_{1f} = 1 + \mu_f$；$d_{2f} = 1 - 2\mu_f$。

则冻结围岩的位移为

$$u_f = \frac{d_{1f}}{E_f r \omega_1}\left[(d_{2f}r^2 + r_L^2)\sigma_H^1 r_f^2 - (r_f^2 + d_{2f}r^2)\sigma_f^1 r_L^2\right] + d_{1f}\varepsilon_0(r_0 - r) \tag{6-27}$$

冻结圈内径（即 $r = r_L$）处的位移为

$$\delta_1 = \frac{d_{1f}}{E_f \omega_1}\left[(d_{2f}+1)r_L \sigma_H^1 r_f^2 - (r_f^2 + d_{2f}r_L^2)\sigma_f^1 r_L\right] + d_{1f}\varepsilon_0(r_0 - r_L) \tag{6-28}$$

冻结圈的外径（即 $r = r_f$）处的位移为

$$\delta_2 = \frac{d_{1f}}{E_f \omega_1}\left[(d_{2f}r_f^2 + r_L^2)\sigma_H^1 r_f - (1+d_{2f})r_f \sigma_f^1 r_L^2\right] + d_{1f}\varepsilon_0(r_0 - r_f) \tag{6-29}$$

（3）支护结构的应力与变形求解

支护结构为只受外压作用的弹性圆筒，其应力场为

$$\begin{cases} \sigma_r^L = \dfrac{1 - \left(\dfrac{r_a}{r}\right)^2}{1 - \left(\dfrac{r_a}{r_L}\right)^2}\sigma_f^1 \\[4mm] \sigma_\theta^L = \dfrac{1 + \left(\dfrac{r_a}{r}\right)^2}{1 - \left(\dfrac{r_a}{r_L}\right)^2}\sigma_f^1 \end{cases} \tag{6-30}$$

$$\tau_{r\theta}^L = 0 \tag{6-31}$$

将支护结构中径向与环向应力方程（6-30）代入物理方程（6-4），可得支护区的应变为

$$
\begin{cases}
\varepsilon_r^L = \dfrac{\sigma_f^1 r_L^2 (1+\mu_L)\left[1-2\mu_L-\left(\dfrac{r_a}{r}\right)^2\right]}{E_L(r_L^2-r_a^2)} \\[4mm]
\varepsilon_\theta^L = \dfrac{\sigma_f^1 r_L^2 (1+\mu_L)\left[1-2\mu_L+\left(\dfrac{r_a}{r}\right)^2\right]}{E_L(r_L^2-r_a^2)}
\end{cases}
\tag{6-32}
$$

根据几何方程（6-2）的第二式可得支护结构的径向位移为

$$
u^L = \frac{\sigma_f^1 r_L^2 r (1+\mu_L)\left[1-2\mu_L+\left(\dfrac{r_a}{r}\right)^2\right]}{E_L(r_L^2-r_a^2)}
\tag{6-33}
$$

则衬砌外侧的位移为

$$
\delta_L = \frac{\sigma_f^1 r_L^3 (1+\mu_L)\left[1-2\mu_L+\left(\dfrac{r_a}{r_L}\right)^2\right]}{E_L(r_L^2-r_a^2)}
\tag{6-34}
$$

因在交界面处位移连续可知

$$
\begin{cases}
\delta_0 = \delta_2 & (r=r_f) \\
\delta_1 = \delta_L & (r=r_L)
\end{cases}
\tag{6-35}
$$

求得在冻结圈边缘上的冻胀力为

$$
\begin{cases}
\sigma_f^1 = -\dfrac{d_{1f}\varepsilon_0\left[(r_0-r_L)\Theta_1-\Theta_2 r_L r_f(r_0-r_f)\right]}{r_L(\Theta_2^2 r_f^2 r_L^2-\Theta_1\Theta_3)} \\[4mm]
\sigma_H^1 = \dfrac{d_{1f}\varepsilon_0\left[\Theta_2 r_L r_f(r_L-r_0)+\Theta_3(r_0-r_f)\right]}{r_f(\Theta_2^2 r_f^2 r_L^2-\Theta_1\Theta_3)}
\end{cases}
\tag{6-36}
$$

式中，

$$
\begin{cases}
\Theta_1 = \dfrac{d_{1f}(d_{2f}r_f^2+r_L^2)}{E_f\omega_1}+\dfrac{1}{2G_0} \\[4mm]
\Theta_2 = \dfrac{d_{1f}(1+d_{2f})}{E_f\omega_1} \\[4mm]
\Theta_3 = \dfrac{d_{1f}(r_f^2+d_{2f}r_L^2)}{E_f\omega_1}+\dfrac{(1+\mu_L)\left[(1-2\mu_L)r_L^2+r_a^2\right]}{E_L(r_L^2-r_a^2)}
\end{cases}
\tag{6-37}
$$

将式（6-36）和式（6-37）代入式（6-22）、式（6-25）和式（6-30）中，可得未冻围岩、冻结围岩以及支护结构中的冻胀应力场。

6.4.3　开挖应力场

1. 围岩应力与变形求解

基于图 6-8（b）所示的计算模型，现采用复变函数法[113,114]求解非等压情况下的开挖应力场，而该方法的关键是找到能满足边界条件的两个解析函数

$\phi(z)$ 和 $\psi(z)$。在对围岩应力求解时，其最终的总应力为地应力与开挖应力之和，所以其解析函数可表示为

$$\begin{cases} \phi_1(z) = \dfrac{P_0}{4}\left[(1-\lambda)z + \dfrac{(1-\lambda)\beta r_{\mathrm{L}}^2}{z}\right] \\ \psi_1(z) = -\dfrac{P_0}{2}\left[(1-\lambda)z + \dfrac{(1+\lambda)\xi r_{\mathrm{L}}^2}{z} + \dfrac{(1-\lambda)\delta r_{\mathrm{L}}^4}{z^3}\right] \end{cases} \tag{6-38}$$

式中，下标"1"表示围岩。

在极坐标下，应力分量用复变函数表示为

$$\begin{cases} \sigma_r + \sigma_\vartheta = \bar{z}[\phi'(z) + \overline{\phi'(z)}] \\ \sigma_\theta - \sigma_r + 2\mathrm{i}\tau_{r\theta} = 2\mathrm{e}^{2\mathrm{i}\theta}[\bar{z}\phi''(z) + \psi'(z)] \end{cases} \tag{6-39}$$

将式（6-38）代入式（6-39）中得

$$\begin{cases} \sigma_{1r} + \sigma_{1\theta} = 2\left\{\dfrac{P_0}{4}\left[m - n\beta\left(\dfrac{r_{\mathrm{L}}}{z}\right)^2\right] + \dfrac{P_0}{4}\left[m - n\beta\left(\dfrac{r_{\mathrm{L}}}{\bar{z}}\right)^2\right]\right\} \\ \sigma_{1\theta} - \sigma_{1r} + 2\mathrm{i}\tau_{1r\theta} = 2\mathrm{e}^{2\mathrm{i}\theta}\left\{\dfrac{P_0\bar{z}n\beta r_{\mathrm{L}}^2}{2z^3} - \dfrac{P_0}{2}\left[n - m\xi\left(\dfrac{r_{\mathrm{L}}}{z}\right)^2 - 3n\delta\left(\dfrac{r_{\mathrm{L}}}{z}\right)^4\right]\right\} \end{cases} \tag{6-40}$$

将 $z = r\mathrm{e}^{\mathrm{i}\theta}$ 和 $\bar{z} = r\mathrm{e}^{-\mathrm{i}\theta}$ 代入上式得

$$\begin{cases} \sigma_{1r} + \sigma_{1\theta} = P_0\left[m - n\beta\left(\dfrac{r_{\mathrm{L}}}{r}\right)^2(\mathrm{e}^{2\mathrm{i}\theta} + \mathrm{e}^{-2\mathrm{i}\theta})\right] \\ \sigma_{1\theta} - \sigma_{1r} + 2\mathrm{i}\tau_{1r\theta} = nP_0\beta\left(\dfrac{r_{\mathrm{L}}}{r}\right)^2\mathrm{e}^{-2\mathrm{i}\theta} - P_0\left[n\mathrm{e}^{2\mathrm{i}\theta} - m\xi\left(\dfrac{r_{\mathrm{L}}}{r}\right)^2 - 3n\delta\left(\dfrac{r_{\mathrm{L}}}{r}\right)^4\mathrm{e}^{-2\mathrm{i}\theta}\right] \end{cases} \tag{6-41}$$

式中，$m = 1 + \lambda$；$n = 1 - \lambda$。

根据式（6-41）可得

$$\begin{cases} \sigma_{1r} = \dfrac{P_0}{2}\left\{m\left[1 - \xi\left(\dfrac{r_{\mathrm{L}}}{r}\right)^2\right] - n\left[2\beta\left(\dfrac{r_{\mathrm{L}}}{r}\right)^2 - 1 + 3\delta\left(\dfrac{r_{\mathrm{L}}}{r}\right)^4\right]\cos2\theta\right\} \\ \sigma_{1\theta} = \dfrac{P_0}{2}\left\{m\left[1 + \xi\left(\dfrac{r_{\mathrm{L}}}{r}\right)^2\right] - n\left[1 - 3\delta\left(\dfrac{r_{\mathrm{L}}}{r}\right)^4\right]\cos2\theta\right\} \\ \tau_{1r\theta} = -\dfrac{P_0 n}{2}\left[\beta\left(\dfrac{r_{\mathrm{L}}}{r}\right)^2 + 1 + 3\delta\left(\dfrac{r_{\mathrm{L}}}{r}\right)^4\right]\sin2\theta \end{cases} \tag{6-42}$$

对于围岩位移的求解，主要是以地应力的平衡为起点，即由于开挖引起的位移，所以其解析函数为式（6-38）中去掉地应力的作用项，即式中的第一项，表示为

$$\begin{cases} \phi_{\mathrm{w\_}}(z) = \dfrac{P_0}{4}\dfrac{(1-\lambda)\beta r_{\mathrm{L}}^2}{z} \\ \psi_{\mathrm{w\_}}(z) = -\dfrac{P_0}{2}\left[\dfrac{(1+\lambda)\xi r_{\mathrm{L}}^2}{z} + \dfrac{(1-\lambda)\delta r_{\mathrm{L}}^4}{z^3}\right] \end{cases} \tag{6-43}$$

式中，"w1"表示位移的解析函数。

而在极坐标下，用复变函数表示的围岩位移为

$$2G(u+iv)=e^{-i\theta}[\kappa\phi(z)-z\overline{\phi'(z)}-\overline{\psi(z)}] \tag{6-44}$$

式中，$\kappa=3-4\mu$。

将式（6-43）代入式（6-44）中得

$$2G_0(u_1+iv_1)=\frac{\kappa_1 P_0 n\beta r_L^2}{4z}+\frac{P_0 zn\beta r_L^2}{4\overline{z}^2}+\frac{P_0}{2}\left(\frac{m\xi r_L^2}{\overline{z}}+\frac{n\delta r_L^4}{\overline{z}^3}\right) \tag{6-45}$$

式中，$G_0=E_0/[2(1+\mu_0)]$；$\kappa_1=3-4\mu_0$。

将 $z=re^{i\theta}$ 和 $\overline{z}=re^{-i\theta}$ 代入上式得

$$2G_0(u_1+iv_1)=\frac{\kappa_1 P_0 n\beta r_L^2}{4r}e^{-2i\theta}+\frac{P_0 n\beta r}{4}\left(\frac{r_L}{r}\right)^2 e^{2i\theta}+\frac{P_0 m\xi r_L^2}{2r}+\frac{P_0 n\delta}{2}\left(\frac{r_L^4}{r^3}\right)e^{2i\theta} \tag{6-46}$$

所以在开挖应力下围岩位移为

$$\begin{cases} u_1=\dfrac{P_0 r_L^2}{8G_0 r}\left\{2m\xi+n\left[\beta(\kappa_1+1)+\dfrac{2\delta r_L^2}{r^2}\right]\cos2\theta\right\} \\[3mm] v_1=\dfrac{P_0 r_L^2 n}{8G_0 r}\left[\beta(1-\kappa_1)+2\delta\left(\dfrac{r_L}{r}\right)^2\right]\sin2\theta \end{cases} \tag{6-47}$$

2. 支护结构的应力与变形求解

求解支护结构的应力与位移时，两解析函数 $\phi_L(z)$ 和 $\psi_L(z)$ 可同样表示为

$$\begin{cases} \phi_L(z)=A_1 z+A_4 z^3+\dfrac{A_3}{z} \\[3mm] \psi_L(z)=A_5 z+\dfrac{A_2}{z}+\dfrac{A_6}{z^3} \end{cases} \tag{6-48}$$

将式（6-48）代入应力表达式（6-39）中可得

$$\begin{cases} \sigma_{Lr}+\sigma_{L\theta}=2\left[2A_1+3A_4(z^2+\overline{z}^2)-A_3\left(\dfrac{1}{z^2}+\dfrac{1}{\overline{z}^2}\right)\right] \\[3mm] \sigma_{L\theta}-\sigma_{Lr}+2i\tau_{Lr\theta}=2e^{2i\theta}\left[\overline{z}\left(6A_4 z+\dfrac{2A_3}{z^3}\right)+A_5-\dfrac{A_2}{z^2}-\dfrac{3A_6}{z^4}\right] \end{cases} \tag{6-49}$$

将 $z=re^{i\theta}$ 和 $\overline{z}=re^{-i\theta}$ 代入式（6-49）中可得

$$\begin{cases} \sigma_{Lr}+\sigma_{L\theta}=4A_1+\left(6A_4 r^2-\dfrac{2A_3}{r^2}\right)(e^{2i\theta}+e^{-2i\theta}) \\[3mm] \sigma_{L\theta}-\sigma_{Lr}+2i\tau_{Lr\theta}=(12A_4 r^2+2A_5)e^{2i\theta}+\left(\dfrac{4A_3}{r^2}-\dfrac{6A_6}{r^4}\right)e^{-2i\theta}-\dfrac{2A_2}{r^2} \end{cases} \tag{6-50}$$

根据式（6-50）可得

$$
\begin{cases}
\sigma_{Lr} = \left(2A_1 + \dfrac{A_2}{r^2}\right) - \left(\dfrac{4A_3}{r^2} + A_5 - \dfrac{3A_6}{r^4}\right)\cos2\theta \\[3mm]
\sigma_{L\theta} = \left(2A_1 - \dfrac{A_2}{r^2}\right) + \left(12A_4 r^2 + A_5 - \dfrac{3A_6}{r^4}\right)\cos2\theta \\[3mm]
\tau_{Lr\theta} = \left(6A_4 r^2 - \dfrac{2A_3}{r^2} + A_5 + \dfrac{3A_6}{r^4}\right)\sin2\theta
\end{cases}
\tag{6-51}
$$

对于支护结构而言，没有初始地应力的影响，所以可将式（6-48）中的解析函数直接代入式（6-44）中，可得

$$
2G_L(u_L + iv_L) = \left(\kappa_L A_4 r^3 + \dfrac{A_3}{r} - \dfrac{A_t}{r^3}\right)e^{2\theta} + \left(\kappa_L \dfrac{A_3}{r} - 3A_4 r^3 - A_5 r\right)e^{-2\theta} + (\kappa_L - 1)A_1 r - \dfrac{A_2}{r}
\tag{6-52}
$$

式中，$G_L = E_L / [2(1+\mu_L)]$；$\kappa_L = 3 - 4\mu_L$。

则

$$
\begin{cases}
u_L = \dfrac{1}{2G_L}\left[(\kappa_L - 1)A_1 r - \dfrac{A_2}{r}\right] - \left[(\kappa_L - 3)A_4 r^3 + (\kappa_L + 1)\dfrac{A_3}{r} - A_5 r - \dfrac{A_6}{r^3}\right]\cos2\theta \\[3mm]
v_L = \dfrac{1}{2G_L}\left[(\kappa_L + 3)A_4 r^3 + (1 - \kappa_L)\dfrac{A_3}{r} + A_5 r - \dfrac{A_6}{r^3}\right]\sin2\theta
\end{cases}
\tag{6-53}
$$

3. 边界条件

$$
r = r_a \quad
\begin{cases}
\sigma_{Lr} = 0 \\[2mm]
\tau_{Lr\theta} = 0
\end{cases}
\tag{6-54}
$$

$$
r = r_L \quad
\begin{cases}
\sigma_{1r} = \sigma_{Lr} \\[2mm]
u_1 = u_L \\[2mm]
\tau_{1r\theta} = \tau_{Lr\theta} = 0
\end{cases}
\tag{6-55}
$$

$$
r \to \infty \quad
\begin{cases}
\sigma_{1r} = \dfrac{P_0}{2}\left[(1+\lambda) + (1-\lambda)\cos2\theta\right] \\[3mm]
\sigma_{1\theta} = \dfrac{P_0}{2}\left[(1+\lambda) - (1-\lambda)\cos2\theta\right] \\[3mm]
\tau_{1r\theta} = -\dfrac{P_0}{2}(1-\lambda)\sin2\theta
\end{cases}
\tag{6-56}
$$

利用式（6-54）和式（6-55）中的第三式，可得

$$
\begin{cases}
A_1 = \dfrac{P_0 m (1-\xi) r_{\mathrm{L}}^2}{4(r_{\mathrm{L}}^2 - r_{\mathrm{a}}^2)} \\[3mm]
A_2 = -\dfrac{P_0 m (1-\xi) r_{\mathrm{L}}^2 r_{\mathrm{a}}^2}{2(r_{\mathrm{L}}^2 - r_{\mathrm{a}}^2)} \\[3mm]
A_3 = \dfrac{P_0 n r_{\mathrm{L}}^2 r_{\mathrm{a}}^2 (r_{\mathrm{a}}^4 + r_{\mathrm{a}}^2 r_{\mathrm{L}}^2 + 2 r_{\mathrm{L}}^4)(1-2\beta-3\delta)}{4(r_{\mathrm{L}}^2 - r_{\mathrm{a}}^2)^3} \\[3mm]
A_4 = \dfrac{P_0 n r_{\mathrm{L}}^2 (r_{\mathrm{L}}^2 + 3 r_{\mathrm{a}}^2)(1-2\beta-3\delta)}{12(r_{\mathrm{L}}^2 - r_{\mathrm{a}}^2)^3} \\[3mm]
A_5 = \dfrac{P_0 n r_{\mathrm{L}}^2 (2\beta-1+3\delta)(2 r_{\mathrm{a}}^4 + r_{\mathrm{L}}^2 r_{\mathrm{a}}^2 + r_{\mathrm{L}}^4)}{2(r_{\mathrm{L}}^2 - r_{\mathrm{a}}^2)^3} \\[3mm]
A_6 = \dfrac{P_0 n r_{\mathrm{L}}^4 r_{\mathrm{a}}^4 (r_{\mathrm{a}}^2 + 3 r_{\mathrm{L}}^2)(1-2\beta-3\delta)}{6(r_{\mathrm{L}}^2 - r_{\mathrm{a}}^2)^3}
\end{cases}
\tag{6-57}
$$

根据式 (6-55) 中的第一式和第三式可得

$$
\begin{cases}
\xi = \dfrac{G_0 \left[(\kappa_{\mathrm{L}}-1) r_{\mathrm{L}}^2 + 2 r_{\mathrm{a}}^2 \right]}{2 G_{\mathrm{L}} (r_{\mathrm{L}}^2 - r_{\mathrm{a}}^2) + G_0 \left[(\kappa_{\mathrm{L}}-1) r_{\mathrm{L}}^2 + 2 r_{\mathrm{a}}^2 \right]} \\[3mm]
\beta = \dfrac{2 \left[G_0 \Lambda + G_{\mathrm{L}} (r_{\mathrm{L}}^2 - r_{\mathrm{a}}^2)^3 \right]}{G_0 \Lambda + G_{\mathrm{L}} (3\kappa_1 + 1)(r_{\mathrm{L}}^2 - r_{\mathrm{a}}^2)^3} \\[3mm]
\delta = -\dfrac{G_0 \Lambda + G_{\mathrm{L}} (\kappa_1 + 1)(r_{\mathrm{L}}^2 - r_{\mathrm{a}}^2)^3}{G_0 \Lambda + G_{\mathrm{L}} (3\kappa_1 + 1)(r_{\mathrm{L}}^2 - r_{\mathrm{a}}^2)^3} \\[3mm]
\Lambda = r_{\mathrm{L}}^6 (\kappa_{\mathrm{L}}+3) + 3 r_{\mathrm{L}}^4 r_{\mathrm{a}}^2 (3\kappa_{\mathrm{L}}+1) + 3 r_{\mathrm{a}}^4 r_{\mathrm{L}}^2 (\kappa_{\mathrm{L}}+3) + r_{\mathrm{L}}^6 (3\kappa_{\mathrm{L}}+1)
\end{cases}
\tag{6-58}
$$

冻结圈内的围岩应力场可由式 (6-25) 和式 (6-42) 相加得到，即

$$
\begin{cases}
\sigma_{r\_\mathrm{f}} = \sigma_r^{\mathrm{f}} + \sigma_{1r} \\[2mm]
\sigma_{\theta\_\mathrm{f}} = \sigma_\theta^{\mathrm{f}} + \sigma_{1\theta} \\[2mm]
\tau_{r\theta\_\mathrm{f}} = \tau_{r\theta}^{\mathrm{f}} + \tau_{1r\theta}
\end{cases}
\tag{6-59}
$$

而未冻区的应力场可由式 (6-22) 和式 (6-42) 相加得到，即

$$
\begin{cases}
\sigma_{r\_\mathrm{m}} = \sigma_r^0 + \sigma_{1r} \\[2mm]
\sigma_{\theta\_\mathrm{m}} = \sigma_\theta^0 + \sigma_{1\theta} \\[2mm]
\tau_{r\theta\_\mathrm{m}} = \tau_{r\theta}^0 + \tau_{1r\theta}
\end{cases}
\tag{6-60}
$$

支护结构的应力场可叠加为

$$
\begin{cases}
\sigma_{r\_\mathrm{L}} = \sigma_r^{\mathrm{L}} + \sigma_{\mathrm{L}r} \\[2mm]
\sigma_{\theta\_\mathrm{L}} = \sigma_\theta^{\mathrm{L}} + \sigma_{\mathrm{L}\theta} \\[2mm]
\tau_{r\theta\_\mathrm{L}} = \tau_{r\theta}^{\mathrm{L}} + \tau_{\mathrm{L}r\theta}
\end{cases}
\tag{6-61}
$$

式中，$\tau_{r\theta}^{\mathrm{f}}$、$\tau_{r\theta}^0$ 和 $\tau_{r\theta}^{\mathrm{L}}$ 分别为冻结围岩、未冻围岩和衬砌在冻结应力场中的剪应

力，值均为 0。

6.4.4 算例

很多隧道的出入口埋深都较浅，很可能受到两向不等压的地应力场，现根据本节所建的不等压条件下寒区隧道的分析模型，按照冻胀应力场与开挖应力场的叠加得到总应力场的思路，并考虑隧道进出口不同的地形特点，将侧压力系数分别取为 0.5、1 和 1.5 三种情况进行分析。其中，未冻围岩的计算参数如表 6-1 所示，冻结围岩的计算参数如表 6-2 所示，衬砌的计算参数如表 6-3 所示。

<table>
<tr><td align="center" colspan="3">未冻围岩的计算参数</td><td align="right">表 6-1</td></tr>
<tr><td align="center">物理量</td><td align="center">数值</td><td align="center">物理量</td><td align="center">数值</td></tr>
<tr><td>内摩擦角 φ_0(°)</td><td align="center">30</td><td align="center">黏聚力 c_0(MPa)</td><td align="center">1.4</td></tr>
<tr><td>破碎角 ψ_0(°)</td><td align="center">20</td><td align="center">弹性模量 E_0(GPa)</td><td align="center">4.6</td></tr>
<tr><td>泊松比 μ_0</td><td align="center">0.33</td><td align="center">初始地应力 P_0(MPa)</td><td align="center">10</td></tr>
</table>

<table>
<tr><td align="center" colspan="3">冻结围岩的计算参数</td><td align="right">表 6-2</td></tr>
<tr><td align="center">物理量</td><td align="center">数值</td><td align="center">物理量</td><td align="center">数值</td></tr>
<tr><td>黏聚力 c_f(MPa)</td><td align="center">1.7</td><td align="center">泊松比 μ_f</td><td align="center">0.35</td></tr>
<tr><td>内摩擦角 φ_f(°)</td><td align="center">45</td><td align="center">破碎角 ψ_f(°)</td><td align="center">30</td></tr>
<tr><td>弹性模量 E_f(GPa)</td><td align="center">7.8</td><td align="center">冻结圈半径 r_f(m)</td><td align="center">7</td></tr>
<tr><td>冻胀线应变</td><td align="center">0.0075</td><td></td><td></td></tr>
</table>

<table>
<tr><td align="center" colspan="4">衬砌的计算参数</td><td align="right">表 6-3</td></tr>
<tr><td align="center">衬砌内径
r_a(m)</td><td align="center">衬砌外径
r_L(m)</td><td align="center">弹性模量
E_L(GPa)</td><td align="center">泊松比
μ_L</td></tr>
<tr><td align="center">4.5</td><td align="center">5</td><td align="center">28</td><td align="center">0.16</td></tr>
</table>

按照图 6-5 所示的求解流程，先假设冻胀零位移点的半径位于冻结圈的中心，由于该部分的分析是将冻胀力与开挖应力分开考虑，冻胀力的表达相对容易，所以只需将各相关参数分别代入式（6-14），并按照求解终止条件最终求得冻胀零位移点半径为 5.8905m，然后将参数带入式（6-36）得冻结圈内外两侧的冻胀力分别为 3.947MPa 和 3.554MPa。最后将其他各物理力学参数带入开挖应力场中，求得最终的应力与位移。

在分析支护结构与围岩中的应力分布规律时，由于模型左右、上下对称，所以角度只选第一象限即可，即 0°、30°、60° 和 90°，其角度取值如图 6-9 所示，计算结果如图 6-10～图 6-12 所示。

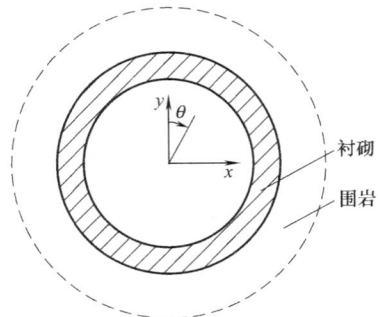

图 6-9 选取的角度位置示意图

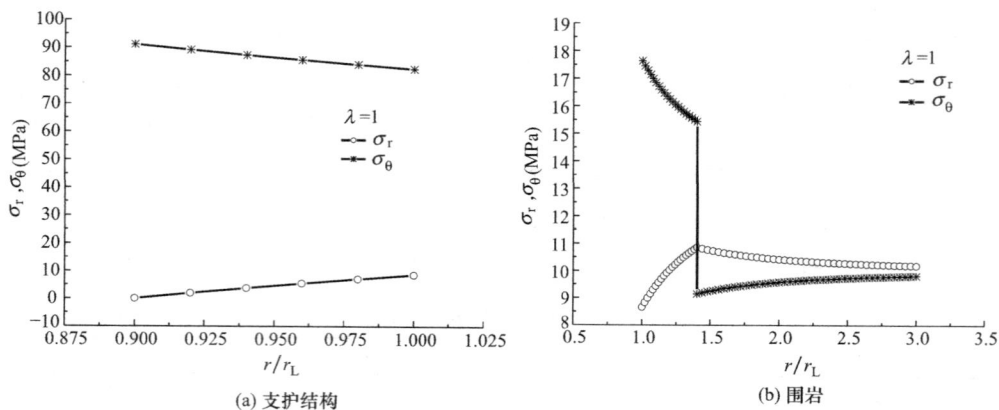

(a) 支护结构

(b) 围岩

图 6-10　$\lambda = 1$ 时的应力场

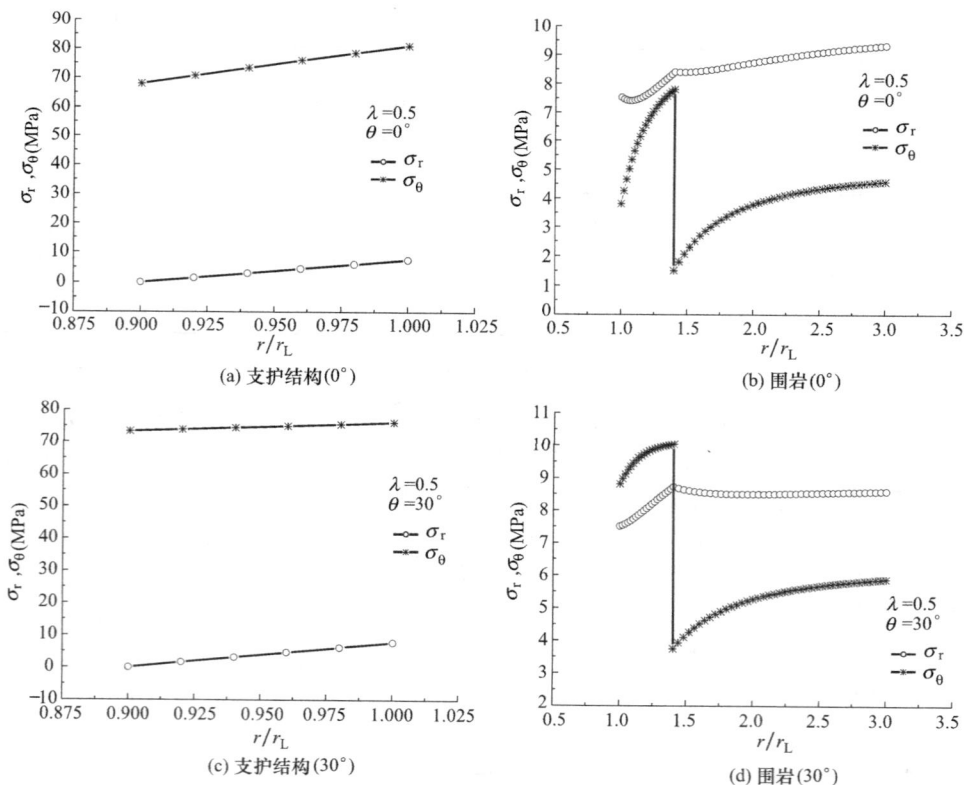

(a) 支护结构(0°)

(b) 围岩(0°)

(c) 支护结构(30°)

(d) 围岩(30°)

图 6-11　$\lambda = 0.5$ 时的应力场 （一）

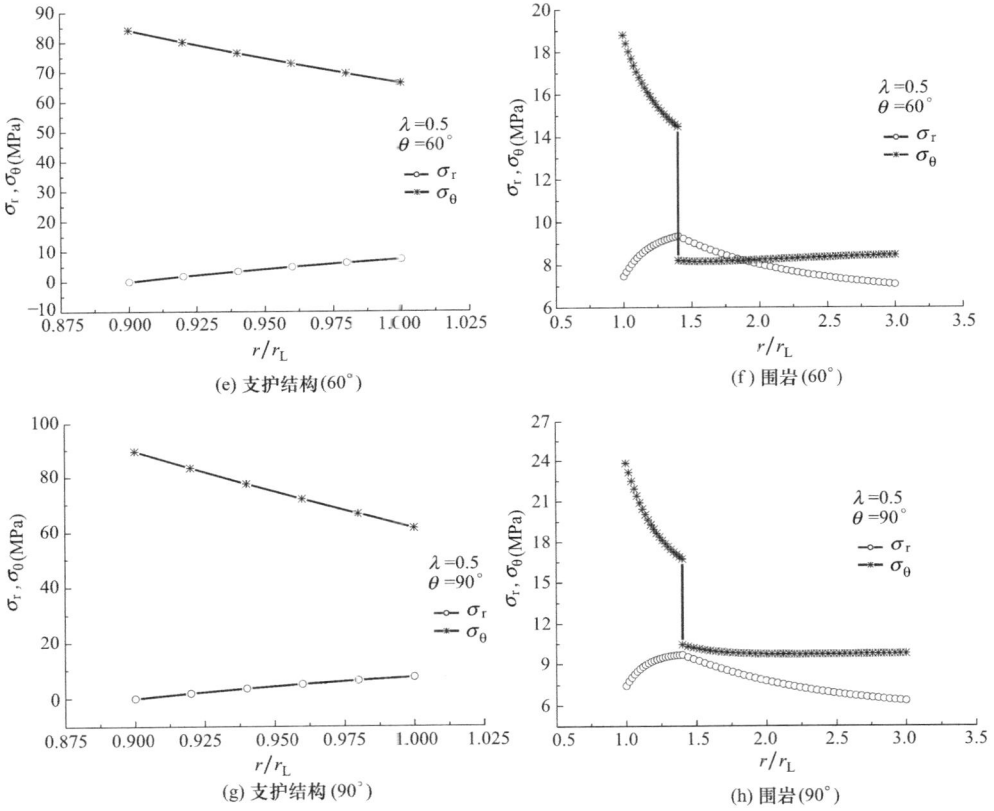

(e) 支护结构(60°)

(f) 围岩(60°)

(g) 支护结构(90°)

(h) 围岩(90°)

图 6-11 λ＝0.5 时的应力场（二）

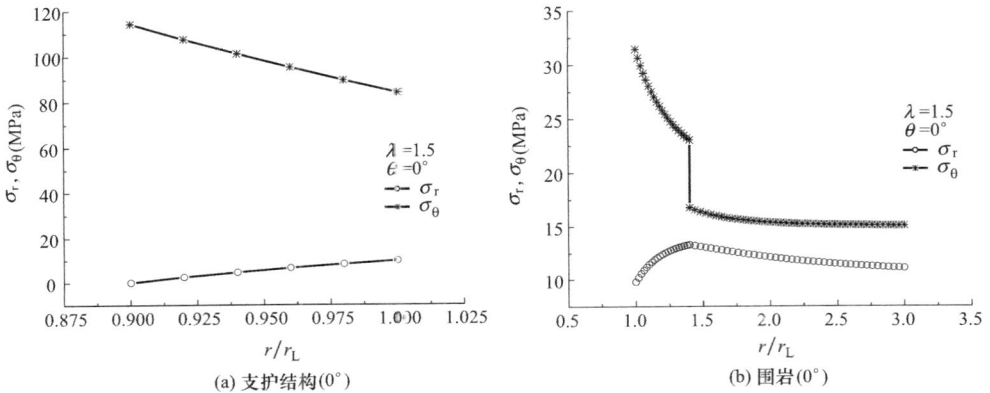

(a) 支护结构(0°)

(b) 围岩(0°)

图 6-12 λ＝1.5 时的应力场（一）

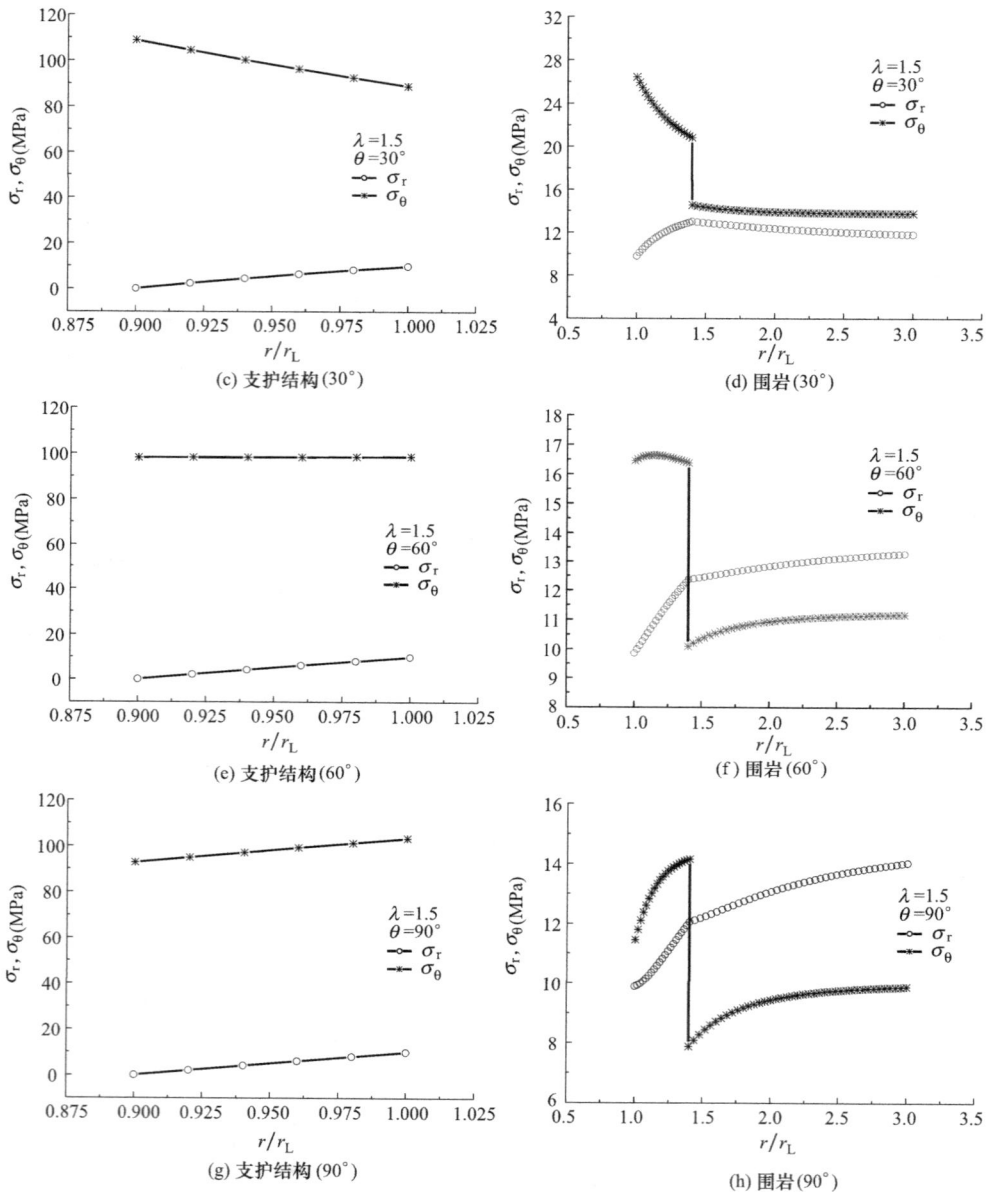

图 6-12　$\lambda = 1.5$ 时的应力场（二）

支护结构应力结果分析：当 $\lambda = 1$ 时，从支护结构的内半径到外半径，径向应力逐渐增大，而环向应力逐渐减小，整体呈喇叭口形状。当 $\lambda = 0.5$ 时，仍沿着从内半径到外半径的方向，径向应力的变化趋势基本相同；当角度取值分别为

0°、30°、60°、90°时，环向应力的变化梯度由正变负；而当 $\lambda=1.5$ 时，角度值仍为 0°、30°、60°、90°，环向应力的变化梯度由负变正；说明在较大地应力方向上，支护结构的环向应力内小外大。据此可判定支护结构内外两侧的破坏顺序。同时，在三种情况下，环向应力的水平明显很大，主要是因为假设隧道开挖完支护结构立即施作，围岩在应力调整过程中产生的不平衡力完全由支护结构承担造成的。

围岩应力结果分析：

（1）由于冻胀力的存在，在冻结围岩与未冻围岩的交界面上，即半径 $r=r_{\mathrm{f}}$ 处，环向应力发生较大跌落。

（2）从图 6-10（b）可以看出：当在静水压力场下，径向应力先逐渐增大，越过冻结围岩后又逐渐减小，慢慢趋于地应力；而在冻结围岩中，小半径处的环向应力大于较大半径处，当环向应力跌落后小于径向应力，并随着半径的增大也逐渐趋近于地应力。

（3）在侧压力系数为 0.5 的情况下，并且 $\theta=0°$ 时，径向应力大于环向应力；未冻围岩中的径向应力大于冻结围岩，并随着半径的增大逐渐趋于 P_0，环向应力趋近于 $0.5P_0$。

（4）当 θ 角度逐渐增大时，冻结围岩和未冻围岩中的环向应力都慢慢大于径向应力；角度取为 0° 和 30° 时，冻结围岩中的环向应力沿着进深逐渐增大，而角度为 60° 和 90° 时，则随着进深逐渐减小。原因是：当 $\lambda=0.5$ 时，在 y 轴方向上，由于原始应力场的径向应力大于环向应力，而在 x 轴方向上时，其原岩应力场中的环向应力大于径向应力，所以径向应力和环向应力的整体水平在两轴上相反。另外，y 轴附近（$\theta=0°$ 和 30°）径向地应力较大，发生变形较大，应力释放导致冻结圈内半径处的环向应力小于外半径；而在 x 轴附近（$\theta=60°$ 和 90°）位置处，冻结圈的内半径发生应力集中的程度高于外半径，所以图 6-11（f）和图 6-11（h）中冻结圈的环向应力逐渐减小。当 $\lambda=1.5$ 时，冻结圈和未冻结围岩中相同位置处的应力变化趋势与 $\lambda=0.5$ 的相反，原因是此时水平应力大于垂直应力。

6.5 在静水压力场中寒区隧道围岩的弹塑性分析

当寒区隧道处于静水压力场中时，工程关注的焦点是围岩中的总应力状态，所以不必如 6.4 节中将冻结应力场与开挖应力场分开分析。根据支护结构的强度，最终围岩中可能出现三种情况：塑性半径位于冻结圈内、围岩中不产生塑性以及塑性区包括整个冻结区和部分未冻结区。问题的基本假设沿用 6.2 节所示内容。

6.5.1　当塑性半径位于冻结圈内的解答

1. 计算模型

当塑性半径小于冻结半径时，可将模型分为 4 个区：支护区（Ⅰ区）、冻结塑性区（Ⅱ区）、冻结弹性区（Ⅲ区）以及未冻结弹性区（Ⅳ区），如图 6-13 所示。其中，r_a 为支护内径，r_L 为支护外径，r_p 为塑性区半径，r_f 为冻结圈半径，σ_f 为支护与围岩交界面处的径向应力，σ_{rp} 为冻结圈中弹性区与塑性区交界面处的径向应力，σ_H 为冻结圈与未冻围岩交界面处的径向应力，P_0 为围岩初始地应力。

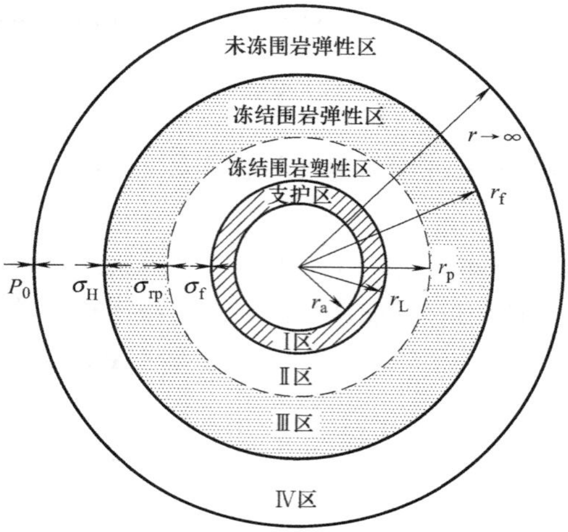

图 6-13　$r_L < r_p < r_f$ 时的计算模型

2. 问题的边界条件

根据计算模型，该问题有 3 个交界面：即未冻结围岩与冻结围岩的弹性区，冻结围岩的弹性区与冻结围岩的塑性区，冻结围岩的塑性区与支护区。根据连续方程，共有六个条件，分别为

$$\begin{cases} u^{Ⅳ} = u^{Ⅲ} & (r=r_f) \\ \sigma_r^{Ⅳ} = \sigma_r^{Ⅲ} & (r=r_f) \\ u^{Ⅲ} = u^{Ⅱ} & (r=r_p) \\ \sigma_r^{Ⅲ} = \sigma_r^{Ⅱ} & (r=r_p) \\ u^{Ⅱ} = u^{Ⅰ} & (r=r_L) \\ \sigma_r^{Ⅱ} = \sigma_r^{Ⅰ} & (r=r_L) \end{cases} \tag{6-62}$$

3. 问题的求解

（1）未冻弹性区（Ⅳ区）围岩应力与变形的求解

联立平衡方程（6-1）和本构方程（6-3），并考虑这一区的边界条件，即

$$\begin{cases} \sigma_r^{Ⅳ} = \sigma_H & (r=r_f) \\ \sigma_r^{Ⅳ} = P_0 & (r \to \infty) \end{cases} \tag{6-63}$$

得Ⅳ区的围岩应力为

$$\begin{cases} \sigma_r^{Ⅳ} = P_0 - (P_0 - \sigma_H)\left(\dfrac{r_f}{r}\right)^2 \\ \sigma_\theta^{Ⅳ} = P_0 + (P_0 - \sigma_H)\left(\dfrac{r_f}{r}\right)^2 \end{cases} \tag{6-64}$$

利用几何方程（6-2），可得该区的应变为

$$
\begin{cases}
\varepsilon_r^{\mathrm{IV}} = \dfrac{\sigma_H - P_0}{2G_0}\left(\dfrac{r_f}{r}\right)^2 \\[3mm]
\varepsilon_\theta^{\mathrm{IV}} = \dfrac{P_0 - \sigma_H}{2G_0}\left(\dfrac{r_f}{r}\right)^2
\end{cases}
\tag{6-65}
$$

该区的位移以初始地应力 P_0 作用下的平衡状态为起始状态，则径向位移为

$$
u^{\mathrm{IV}} = \frac{P_0 - \sigma_H}{2G_0}\frac{r_f^2}{r}
\tag{6-66}
$$

式中，上标"IV"表示未冻结区（IV区）各物理量；冻结围岩的剪切模量为 $G_0 = E_0/2(1+\mu_0)$。

（2）冻结弹性区（III区）围岩应力与变形求解

根据弹性力学厚壁圆筒中的立力计算公式，可得冻结围岩弹性区（III区）的围岩应力为

$$
\begin{cases}
\sigma_r^{\mathrm{III}} = \dfrac{\left(\dfrac{r_f}{r}\right)^2 - 1}{\left(\dfrac{r_f}{r_p}\right)^2 - 1}\sigma_{rp} + \dfrac{1 - \left(\dfrac{r_p}{r}\right)^2}{1 - \left(\dfrac{r_p}{r_f}\right)^2}\sigma_H \\[6mm]
\sigma_\theta^{\mathrm{III}} = \dfrac{\left(\dfrac{r_f}{r}\right)^2 + 1}{1 - \left(\dfrac{r_f}{r_p}\right)^2}\sigma_{rp} + \dfrac{1 + \left(\dfrac{r_p}{r}\right)^2}{1 - \left(\dfrac{r_p}{r_f}\right)^2}\sigma_H
\end{cases}
\tag{6-67}
$$

将应力表达式（6-67）代入本构式（6-8）和式（6-9）中得

$$
\begin{cases}
\varepsilon_r^{\mathrm{III}} = \dfrac{d_{1f}}{E_f}\left\{\dfrac{\left[\left(\dfrac{r_f}{r}\right)^2 - d_{2f}\right]\sigma_{rp}r_p^2 + \left[d_{2f} - \left(\dfrac{r_p}{r}\right)^2\right]\sigma_H r_f^2}{r_f^2 - r_p^2} - P_0 d_{2f}\right\} - d_{1f}\varepsilon_0 \\[8mm]
\varepsilon_\theta^{\mathrm{III}} = \dfrac{d_{1f}}{E_f}\left\{\dfrac{-\left[d_{2f} + \left(\dfrac{r_f}{r}\right)^2\right]\sigma_{rp}r_p^2 + \left[d_{2f} + \left(\dfrac{r_p}{r}\right)^2\right]\sigma_H r_f^2}{r_f^2 - r_p^2} - P_0 d_{2f}\right\} + d_{1f}\varepsilon_0\dfrac{r_0 - r}{r}
\end{cases}
\tag{6-68}
$$

式中，$d_{1f} = 1 + \mu_f$；$d_{2f} = 1 - 2\mu_f$。

根据几何方程（6-2）中的第二式可得

$$
u^{\mathrm{II}} = \frac{d_{1f}r}{E_f}\left\{\frac{-\left[d_{2f} + \left(\dfrac{r_f}{r}\right)^2\right]\sigma_{rp}r_p^2 + \left[d_{2f} + \left(\dfrac{r_p}{r}\right)^2\right]\sigma_H r_f^2}{r_f^2 - r_p^2} - P_0 d_{2f}\right\} + d_{1f}\varepsilon_0(r_0 - r)
\tag{6-69}
$$

（3）冻结围岩塑性区（II区）的围岩应力与变形的求解

在该区中的应力应同时满足平衡方程（6-1）和屈服准则式（6-19），通过两者的联立可得

$$\sigma_{\mathrm{r}}^{\mathrm{II}} = \frac{S_{\mathrm{f}}}{1-N_{\mathrm{f}}} + C_{5-1} r^{N_{\mathrm{f}}-1} \tag{6-70}$$

式中，C_{5-1} 为积分常数。

利用该区的边界条件

$$\sigma_{\mathrm{r}}^{\mathrm{II}} = \sigma_{\mathrm{f}} \qquad (r = r_{\mathrm{L}}) \tag{6-71}$$

得积分常数为

$$C_{5-1} = \left(\sigma_{\mathrm{f}} - \frac{S_{\mathrm{f}}}{1-N_{\mathrm{f}}}\right) r_{\mathrm{L}}^{1-N_{\mathrm{f}}} \tag{6-72}$$

将该积分常数代入式（6-70），并结合式（6-19）得该区的径向与环向的应力表达式为

$$\begin{cases} \sigma_{\mathrm{r}}^{\mathrm{II}} = \dfrac{S_{\mathrm{f}}}{1-N_{\mathrm{f}}} + \left(\sigma_{\mathrm{f}} - \dfrac{S_{\mathrm{f}}}{1-N_{\mathrm{f}}}\right)\left(\dfrac{r}{r_{\mathrm{L}}}\right)^{N_{\mathrm{f}}-1} \\[3mm] \sigma_{\theta}^{\mathrm{II}} = \dfrac{S_{\mathrm{f}}}{1-N_{\mathrm{f}}} + N_{\mathrm{f}}\left(\sigma_{\mathrm{f}} - \dfrac{S_{\mathrm{f}}}{1-N_{\mathrm{f}}}\right)\left(\dfrac{r}{r_{\mathrm{L}}}\right)^{N_{\mathrm{f}}-1} \end{cases} \tag{6-73}$$

在弹塑性界面处（$r = r_{\mathrm{p}}$），由式（6-73）的第一式可得

$$\sigma_{\mathrm{rp}} = \frac{S_{\mathrm{f}}}{1-N_{\mathrm{f}}} + \left(\sigma_{\mathrm{f}} - \frac{S_{\mathrm{f}}}{1-N_{\mathrm{f}}}\right)\left(\frac{r_{\mathrm{p}}}{r_{\mathrm{L}}}\right)^{N_{\mathrm{f}}-1} \tag{6-74}$$

对于弹塑性模型，当围岩进入塑性状态时，应变可表示为

$$\begin{cases} \varepsilon_{\mathrm{r}}^{\mathrm{II}} = \varepsilon_{\mathrm{r}}^{\mathrm{e}} + \varepsilon_{\mathrm{r}}^{\mathrm{p}} \\[2mm] \varepsilon_{\theta}^{\mathrm{II}} = \varepsilon_{\theta}^{\mathrm{e}} + \varepsilon_{\theta}^{\mathrm{p}} \end{cases} \tag{6-75}$$

将应变表达式带入相容方程（6-5）得

$$\frac{\mathrm{d}\varepsilon_{\theta}^{\mathrm{p}}}{\mathrm{d}r} + \frac{\varepsilon_{\theta}^{\mathrm{p}} - \varepsilon_{\mathrm{r}}^{\mathrm{p}}}{r} = -\frac{\mathrm{d}\varepsilon_{\theta}^{\mathrm{e}}}{\mathrm{d}r} - \frac{\varepsilon_{\theta}^{\mathrm{e}} - \varepsilon_{\mathrm{r}}^{\mathrm{e}}}{r} \tag{6-76}$$

将塑性流动法则式（6-21）代入式（6-76）得

$$\frac{\mathrm{d}\varepsilon_{\theta}^{\mathrm{p}}}{\mathrm{d}r} + \frac{(1+\beta_{\mathrm{f}})\varepsilon_{\theta}^{\mathrm{p}}}{r} = f(r) \tag{6-77}$$

式中，$f(r) = -\dfrac{\mathrm{d}\varepsilon_{\theta}^{\mathrm{e}}}{\mathrm{d}r} - \dfrac{\varepsilon_{\theta}^{\mathrm{e}} - \varepsilon_{\mathrm{r}}^{\mathrm{e}}}{r}$。

将塑性区的应力表达式（6-73）代入本构方程（6-8）和方程（6-9），得塑性区中的弹性应变为

$$\begin{cases} \varepsilon_{\mathrm{r}}^{\mathrm{e}} = \dfrac{d_{1\mathrm{f}}}{E_{\mathrm{f}}}\left[d_{2\mathrm{f}}\dfrac{S_{\mathrm{f}}}{1-N_{\mathrm{f}}} + (d_{3\mathrm{f}} - \mu_{\mathrm{f}}N_{\mathrm{f}})\left(\sigma_{\mathrm{f}} - \dfrac{S_{\mathrm{f}}}{1-N_{\mathrm{f}}}\right)\left(\dfrac{r}{r_{\mathrm{L}}}\right)^{N_{\mathrm{f}}-1} - d_{2\mathrm{f}}P_0\right] - d_{1\mathrm{f}}\varepsilon_0 \\[4mm] \varepsilon_{\theta}^{\mathrm{e}} = \dfrac{d_{1\mathrm{f}}}{E_{\mathrm{f}}}\left[d_{2\mathrm{f}}\dfrac{S_{\mathrm{f}}}{1-N_{\mathrm{f}}} + (d_{3\mathrm{f}}N_{\mathrm{f}} - \mu_{\mathrm{f}})\left(\sigma_{\mathrm{f}} - \dfrac{S_{\mathrm{f}}}{1-N_{\mathrm{f}}}\right)\left(\dfrac{r}{r_{\mathrm{L}}}\right)^{N_{\mathrm{f}}-1} - d_{2\mathrm{f}}P_0\right] + d_{1\mathrm{f}}\varepsilon_0\dfrac{r_0 - r}{r} \end{cases}$$

$$\tag{6-78}$$

式中，$d_{3f}=1-\mu_f$

将式（6-78）代入式（6-76），并求解一阶线性微分方程得

$$\varepsilon_\theta^p=\left[\frac{\Delta_f r_L r^{\beta_f}}{E_f(\beta_f+N_f)}\left(\frac{r}{r_L}\right)^{N_f}+C_{5-2}\right]\frac{1}{r^{\beta_f+1}} \tag{6-79}$$

式中，$\Delta_f=(1-\mu_f^2)[\sigma_f(1-N_f^2)-S_f(N_f+1)]$，$C_{5-2}$ 为积分常数。

因为在弹塑性界面（$r=r_p$）上塑性应变为零（$\varepsilon_\theta^p=0$）得

$$C_{5-2}=-\frac{\Delta_f r_L r_p^{\beta_f}}{E_f(\beta_f+N_f)}\left(\frac{r_p}{r_L}\right)^{N_f} \tag{6-80}$$

将式（6-80）代入式（6-79）即可得到环向塑性应变为

$$\varepsilon_\theta^p=\frac{\Delta_f(r^{\beta_f+N_f}-r_p^{\beta_f+N_f})}{E_f(\beta_f+N_f)r^{1+\beta_f}r_L^{N_f-1}} \tag{6-81}$$

同时，根据非关联塑性流动法则式（6-21）可以得到径向塑性应变为

$$\varepsilon_r^p=-\frac{\beta_f\Delta_f(r^{\beta_f+N_f}-r_p^{\beta_f+N_f})}{E_f(\beta_f+N_f)r^{1+\beta_f}r_L^{N_f-1}} \tag{6-82}$$

根据式（6-75）可求得该区总应变 ε_r^{II} 和 ε_θ^{II}，由几何方程（6-2）中的第二式求得该区围岩径向位移为

$$u^{II}=\left\{\frac{d_{1f}}{E_f}\left[d_{2f}\frac{S_f}{1-N_f}+(d_{3f}N_f-\mu_f)\left(\sigma_f-\frac{S_f}{1-N_f}\right)\left(\frac{r}{r_L}\right)^{N_f-1}-d_{2f}P_0\right]\right.$$
$$\left.+d_{1f}\varepsilon_0\frac{r_0-r}{r}+\frac{\Delta_f(r^{\beta_f+N_f}-r_p^{\beta_f+N_f})}{E_f(\beta_f+N_f)r^{1+\beta_f}r_L^{N_f-1}}\right\}r \tag{6-83}$$

（4）支护区围岩应力与变形分析

根据弹性力学只受外压的厚壁圆筒理论，可得支护区中的应力为

$$\begin{cases}\sigma_r^I=\dfrac{1-\left(\dfrac{r_a}{r}\right)^2}{1-\left(\dfrac{r_a}{r_L}\right)^2}\sigma_f \\[6mm] \sigma_\theta^I=\dfrac{1+\left(\dfrac{r_a}{r}\right)^2}{1-\left(\dfrac{r_a}{r_L}\right)^2}\sigma_f\end{cases} \tag{6-84}$$

将支护结构的径向与环向应力计算式（6-84）代入物理方程（6-4），可得支护区的应变为

$$\begin{cases} \varepsilon_r^{\mathrm{I}} = \dfrac{\sigma_f r_{\mathrm{L}}^2 (1+\mu_{\mathrm{L}}) \left[1 - 2\mu_{\mathrm{L}} - \left(\dfrac{r_a}{r} \right)^2 \right]}{E_{\mathrm{L}} (r_{\mathrm{L}}^2 - r_a^2)} \\[4mm] \varepsilon_\theta^{\mathrm{I}} = \dfrac{\sigma_f r_{\mathrm{L}}^2 (1+\mu_{\mathrm{L}}) \left[1 - 2\mu_{\mathrm{L}} + \left(\dfrac{r_a}{r} \right)^2 \right]}{E_{\mathrm{L}} (r_{\mathrm{L}}^2 - r_a^2)} \end{cases} \tag{6-85}$$

根据几何方程（6-2）的第二式可得支护结构的径向位移为

$$u^{\mathrm{I}} = \frac{\sigma_f r_{\mathrm{L}}^2 r (1+\mu_{\mathrm{L}}) \left[1 - 2\mu_{\mathrm{L}} + \left(\dfrac{r_a}{r} \right)^2 \right]}{E_{\mathrm{L}} (r_{\mathrm{L}}^2 - r_a^2)} \tag{6-86}$$

将 $r = r_f$ 分别代入式（6-64）和式（6-67）中的第一式可知，连续条件式（6-62）中的第二式自动满足；同时将 $r = r_{\mathrm{L}}$ 分别代入式（6-73）和式（6-84）中的第一式可知，连续条件式（6-62）中的第六式也自动满足。现联立式（6-62）中的第一式、三式、四式和五式可得到关于 σ_{H}、σ_{rp}、σ_f 和 r_p 四个未知量的非线性隐式方程组，采用 Matlab 数学计算软件进行计算。

4. 算例

假设某一隧道的初始围岩应力为 10MPa，处于静水压力场中，开挖半径为 5m，衬砌厚度为 50cm，冻结半径达 7m，其他各物理力学参数如表 6-4 所示。

情况一的计算参数

表 6-4

序号	物理参数	数值	序号	物理参数	数值
1	未冻围岩内摩擦角 φ_0（°）	30	8	冻结围岩的弹性模量 E_f（MPa）	5.2
2	冻结围岩内摩擦角 φ_f（°）	33	9	未冻围岩的泊松比 μ_0	0.33
3	未冻围岩黏聚力 c_0（MPa）	0.6	10	冻结围岩的泊松比 μ_f	0.35
4	冻结围岩黏聚力 c_f（MPa）	0.8	11	支护的弹性模量 E_{L}（GPa）	5
5	未冻围岩破碎角 ψ_0（°）	20	12	支护的泊松比 μ_{L}	0.25
6	冻结围岩破碎角 ψ_f（°）	25	13	冻胀线应变 ε_0	0.0075
7	未冻围岩的弹性模量 E_0（GPa）	4.6			

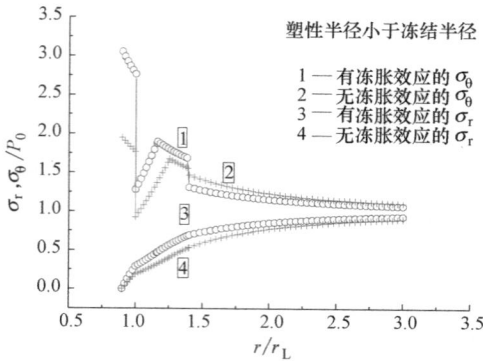

图 6-14 $r_{\mathrm{L}} < r_p < r_f$ 时应力分布

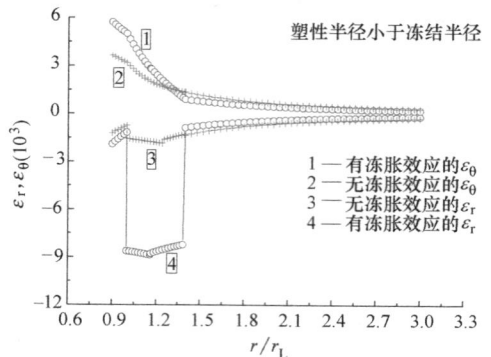

图 6-15 $r_{\mathrm{L}} < r_p < r_f$ 时应变分布

结果显示：在不考虑冻胀效应时，围岩的塑性半径为 6.271m，冻结圈内、外侧的应力为 1.852MPa 和 5.322MPa；而考虑冻胀效应时，围岩的塑性半径变为 5.823m，冻结圈内、外侧的应力为 2.903MPa 和 6.914MPa，并求得冻胀零位移半径为 6.475m。

在整个应力场中，环向应力最大值发生在支护的内半径，已达 30MPa 左右。由于冻胀作用，使得围岩中的径向应力大于没有冻胀时的径向应力，同时使得支护区和冻结区中的环向应力提高，支护区提高尤为明显，约达 1.5 倍；而未冻区中由于冻胀力的作用弥补了开挖导致的应力损失，使得有冻胀时的环向应力小于无冻胀时的环向应力。另外，冻胀使得塑性区的范围有所减小，从图 6-14 可以看出，主要是因为冻胀作用缩小了在 5.823m<r<6.271m 范围内的应力差。

从图 6-15 中的曲线 1 和 2 可以看出，冻胀使得支护区和冻结圈内侧部分的位移增大，而使得冻结圈外侧部分的位移减小，主要是因为两侧冻胀位移的方向相反。另外，冻胀使得冻结圈中的径向位移明显增大；冻胀对未冻区中的应变场影响较小。

5. 参数分析

当围岩受低温影响产生冻胀后，冻结围岩的物理力学参数发生改变，至于这些参数是如何影响塑性区的发展，现对其在考虑和未考虑冻胀效应两种情况的影响进行分析对比，其结果如图 6-13 所示。

根据图 6-16 所示结果，图 6-16（a）说明无论考虑或者不考虑冻胀，塑性半径都随着地应力的增大而增大，而且有冻胀时的塑性半径要小于没有冻胀时的塑性半径，但是随着地应力的增大，两者之间的差值逐渐变小。主要是因为不考虑冻胀时，冻结围岩便没有体积膨胀，也就没有冻胀力的产生，当冻胀产生冻胀力时，在大于冻胀零位移点的冻结区中，冻胀位移与开挖作用产生的位移方向相反，所以此时的冻胀力抑制了围岩中开挖导致的应力释放，进而阻止了塑性区的

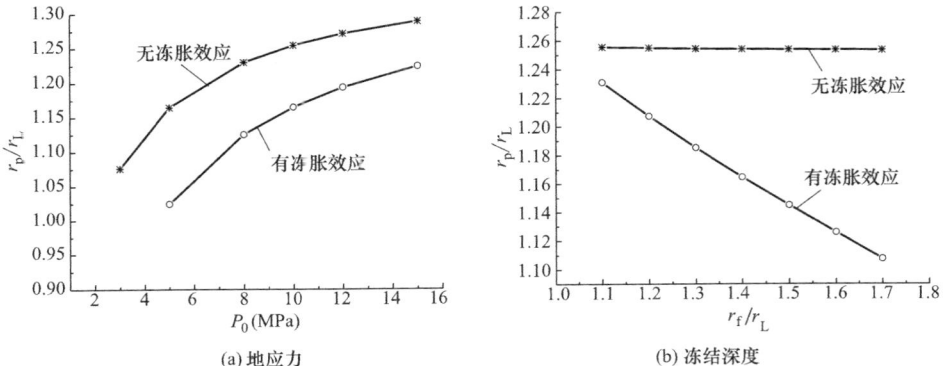

(a) 地应力　　　　　　　　　　　　　(b) 冻结深度

图 6-16　参数对塑性区的影响（一）

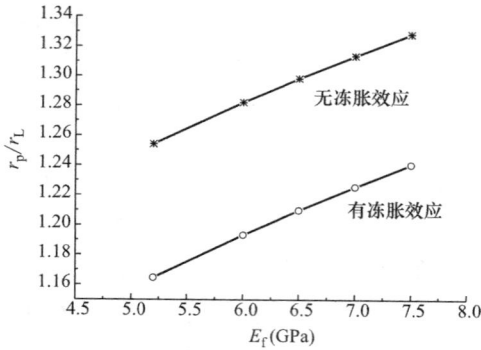

(c) 冻结围岩弹性模量

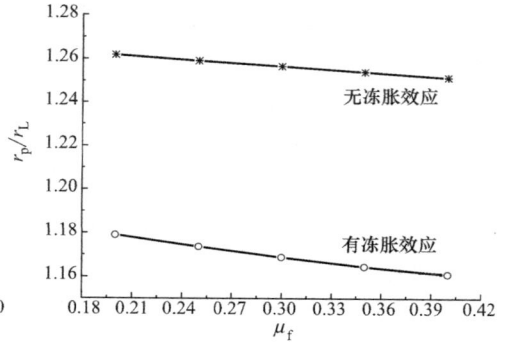

(d) 冻结围岩泊松比

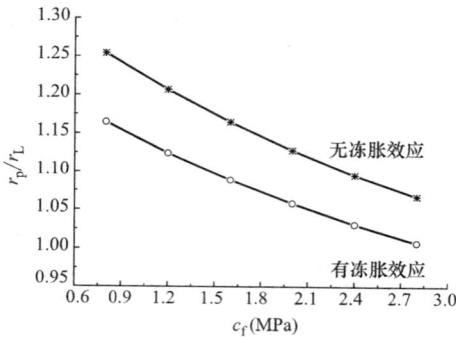

(e) 冻结围岩黏聚力

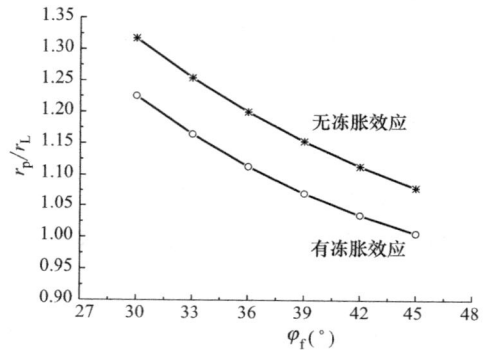

(f) 冻结围岩内摩擦角

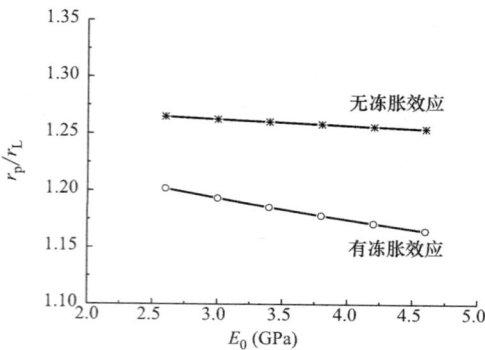

(g) 未冻围岩弹性模量

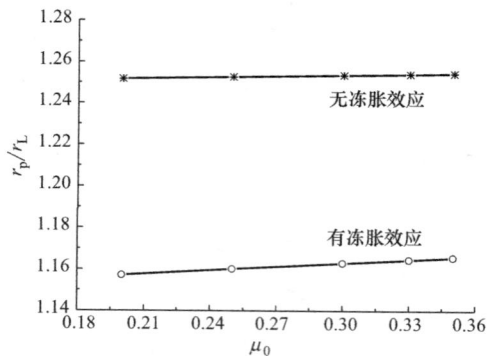

(h) 未冻围岩泊松比

图 6-16　参数对塑性区的影响（二）

发展。当随着地应力的增大，冻胀效应所占的比重减小，其抑制塑性区发展的能力也将减小，所以两条曲线的差值越来越小。

图 6-16 (b) 中显示，在无冻胀存在时，冻结深度对塑性区半径的发展基本没有影响，但是在考虑冻胀作用时，冻结深度越大塑性半径反而越小，说明当冻

结深度越大冻胀作用也越强，阻止开挖应力释放的能力越强，塑性半径将越小。

图 6-16 (c) 中的结果表明：塑性半径随着冻结围岩弹性模量的增大而增大。冻结围岩的弹模增大表明冻结围岩在冻胀程度一定时发生的冻胀变形减小了，抑制塑性区发展的能力减弱了。所以塑性半径逐渐增大。

如图 6-16 (d) 和图 6-13 (h) 所示，冻结围岩和未冻围岩的泊松比对塑性区的影响很小，影响幅度基本在 0.7%～1.7% 之间。

图 6-16 (e) 表明塑性区半径随着冻结围岩的黏聚力的增大而减小，而图 6-16 (f) 表明塑性半径随着冻结围岩的内摩擦角的增大而逐渐减小，主要是因为黏聚力和内摩擦角的增大都导致冻结围岩的抗剪强度增大，使得围岩达到塑性破坏时所需的剪切力增大，所以塑性半径减小。

图 6-16 (g) 中的曲线说明未冻围岩的弹性模量在不考虑冻胀时对塑性半径的影响较小，但是当考虑冻胀时，随着其增大塑性半径逐渐减小。主要是因为未冻区弹模的增大使得其对冻结区的约束能力增强，进而使得冻胀零位移点向隧道方向移动，增大了冻结区向围岩深处变形的范围，能更好地抑制开挖应力的释放，所以塑性半径减小。

6.5.2 当围岩中不发生塑性破坏时的解答

1. 计算模型

如果塑性半径小于冻结圈内半径时，即围岩没有发生塑性破坏，计算模型由支护区、冻结弹性区以及未冻弹性区组成，如图 6-17 所示（只是删掉图 6-13 中的 II 区）。

2. 问题的边值条件

此时模型中有两个接触面，应有四个连续条件：

$$\begin{cases} u^{IV} = u^{III} & (r = r_f) \\ \sigma_r^{IV} = \sigma_r^{III} & (r = r_f) \\ u^{III} = u^{I} & (r = r_L) \\ \sigma_r^{III} = \sigma_r^{I} & (r = r_L) \end{cases} \quad (6\text{-}87)$$

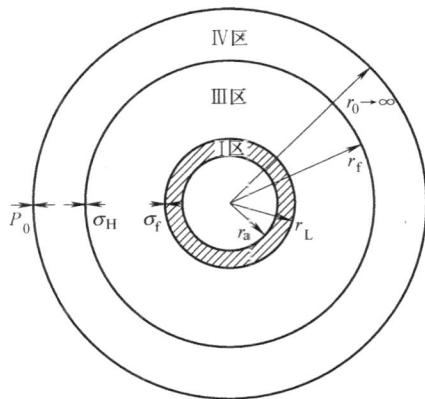

图 6-17 $r_p \leqslant r_L$ 时的计算模型

3. 问题的求解

（1）IV 区围岩应力与变形的解答

针对未冻弹性区的受力模型可知，可参考 6.5.1 节中的求解过程，两向应力及位移为

$$\begin{cases} \sigma_{\mathrm{r}}^{\text{IV}} = P_0 - (P_0 - \sigma_{\mathrm{H}}) \left(\dfrac{r_{\mathrm{f}}}{r} \right)^2 \\[3mm] \sigma_{\theta}^{\text{IV}} = P_0 + (P_0 - \sigma_{\mathrm{H}}) \left(\dfrac{r_{\mathrm{f}}}{r} \right)^2 \end{cases} \tag{6-88}$$

$$u^{\text{IV}} = \frac{P_0 - \sigma_{\mathrm{H}}}{2G_0} \frac{r_{\mathrm{f}}^2}{r} \tag{6-89}$$

（2）Ⅲ区围岩的应力与变形的解答

根据弹性力学厚壁圆筒中的应力计算公式，可得冻结围岩弹性区（Ⅲ区）的围岩应力为

$$\begin{cases} \sigma_{\mathrm{r}}^{\text{III}} = \dfrac{\left(\dfrac{r_{\mathrm{f}}}{r} \right)^2 - 1}{\left(\dfrac{r_{\mathrm{f}}}{r_{\mathrm{L}}} \right)^2 - 1} \sigma_{\mathrm{f}} + \dfrac{1 - \left(\dfrac{r_{\mathrm{L}}}{r} \right)^2}{1 - \left(\dfrac{r_{\mathrm{L}}}{r_{\mathrm{f}}} \right)^2} \sigma_{\mathrm{H}} \\[6mm] \sigma_{\theta}^{\text{III}} = \dfrac{\left(\dfrac{r_{\mathrm{f}}}{r} \right)^2 + 1}{1 - \left(\dfrac{r_{\mathrm{f}}}{r_{\mathrm{L}}} \right)^2} \sigma_{\mathrm{f}} + \dfrac{1 + \left(\dfrac{r_{\mathrm{L}}}{r} \right)^2}{1 - \left(\dfrac{r_{\mathrm{L}}}{r_{\mathrm{f}}} \right)^2} \sigma_{\mathrm{H}} \end{cases} \tag{6-90}$$

将应力表达式（6-90）代入本构方程（6-8）和方程（6-9）中得

$$\begin{cases} \varepsilon_{\mathrm{r}}^{\text{III}} = \dfrac{d_{1\mathrm{f}}}{E_{\mathrm{f}}} \left\{ \dfrac{\left[\left(\dfrac{r_{\mathrm{f}}}{r} \right)^2 - d_{2\mathrm{f}} \right] \sigma_{\mathrm{f}} r_{\mathrm{L}}^2 + \left[d_{2\mathrm{f}} - \left(\dfrac{r_{\mathrm{L}}}{r} \right)^2 \right] \sigma_{\mathrm{H}} r_{\mathrm{f}}^2}{r_{\mathrm{f}}^2 - r_{\mathrm{L}}^2} - P_0 d_{2\mathrm{f}} \right\} - d_{1\mathrm{f}} \varepsilon_0 \\[7mm] \varepsilon_{\theta}^{\text{III}} = \dfrac{d_{1\mathrm{f}}}{E_{\mathrm{f}}} \left\{ \dfrac{-\left[d_{2\mathrm{f}} + \left(\dfrac{r_{\mathrm{f}}}{r} \right)^2 \right] \sigma_{\mathrm{f}} r_{\mathrm{L}}^2 + \left[d_{2\mathrm{f}} + \left(\dfrac{r_{\mathrm{L}}}{r} \right)^2 \right] \sigma_{\mathrm{H}} r_{\mathrm{f}}^2}{r_{\mathrm{f}}^2 - r_{\mathrm{L}}^2} - P_0 d_{2\mathrm{f}} \right\} + d_{1\mathrm{f}} \varepsilon_0 \dfrac{r_0 - r}{r} \end{cases}$$
$$\tag{6-91}$$

式中，$d_{1\mathrm{f}} = 1 + \mu_{\mathrm{f}}$；$d_{2\mathrm{f}} = 1 - 2\mu_{\mathrm{f}}$。

根据几何方程（6-2）中的第二式可得

$$u^{\text{III}} = \dfrac{d_{1\mathrm{f}} r}{E_{\mathrm{f}}} \left\{ \dfrac{-\left[d_{2\mathrm{f}} + \left(\dfrac{r_{\mathrm{f}}}{r} \right)^2 \right] \sigma_{\mathrm{f}} r_{\mathrm{L}}^2 + \left[d_{2\mathrm{f}} + \left(\dfrac{r_{\mathrm{L}}}{r} \right)^2 \right] \sigma_{\mathrm{H}} r_{\mathrm{f}}^2}{r_{\mathrm{f}}^2 - r_{\mathrm{L}}^2} - P_0 d_{2\mathrm{f}} \right\} + d_{1\mathrm{f}} \varepsilon_0 (r_0 - r) \tag{6-92}$$

（3）Ⅰ区的应力与变形的解答

支护结构的求解与 6.5.1 节中（4）的解答一致，则应力与位移可分别表示为

$$\sigma_r^{\rm I} = \frac{1-\left(\dfrac{r_{\rm a}}{r}\right)^2}{1-\left(\dfrac{r_{\rm a}}{r_{\rm L}}\right)^2}\sigma_{\rm f}$$

$$\sigma_\theta^{\rm I} = \frac{1+\left(\dfrac{r_{\rm a}}{r}\right)^2}{1-\left(\dfrac{r_{\rm a}}{r_{\rm L}}\right)^2}\sigma_{\rm f} \qquad (6\text{-}93)$$

$$u^{\rm I} = \frac{1}{E_{\rm L}(r_{\rm L}^2-r_{\rm a}^2)}\left\{\sigma_{\rm f}r_{\rm L}^2 r(1+\mu_{\rm L})\left[1-2\mu_{\rm L}+\left(\frac{r_{\rm a}}{r}\right)^2\right]\right\} \qquad (6\text{-}94)$$

根据式（6-88）、式（6-90）和式（6-93）可知，两接触面上的应力连续条件可自动满足，所以根据两个位移条件对冻胀力 $\sigma_{\rm H}$ 和 $\sigma_{\rm f}$ 进行求解。

4. 算例

针对这种情况，假设隧道所处位置的地应力为 10MPa，冻结半径仍为 7m，衬砌厚度为 50cm，其他物理力学参数如表 6-5 所示，计算结果如图 6-18～图 6-21 所示。

部分计算参数　　　　　　　　　　　　　　　　　表 6-5

序号	物理参数	数值	序号	物理参数	数值
1	未冻围岩黏聚力 c_0(MPa)	3.4	6	支护结构的泊松比 $\mu_{\rm L}$	0.2
2	冻结围岩黏聚力 $c_{\rm f}$(MPa)	3.7	7	未冻围岩内摩擦角 φ_0(°)	30
3	未冻围岩的弹性模量 E_0(GPa)	0.6	8	冻结围岩的内摩擦角 $\varphi_{\rm f}$(°)	45
4	冻结围岩的弹性模量 $E_{\rm f}$(MPa)	1.2	9	未冻围岩的泊松比 μ_0	0.33
5	支护结构的弹性模量 $E_{\rm L}$(GPa)	25	10	冻结围岩的泊松比 $\mu_{\rm f}$	0.35

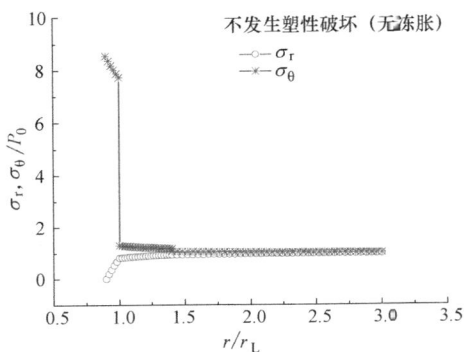

图 6-18　$r_{\rm p} \leqslant r_{\rm L}$ 时的应力场（无冻胀）

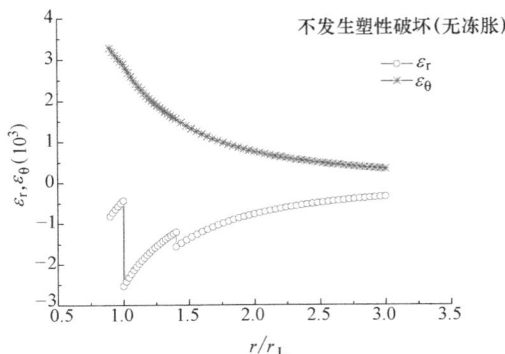

图 6-19　$r_{\rm p} \leqslant r_{\rm L}$ 时的应变场（无冻胀）

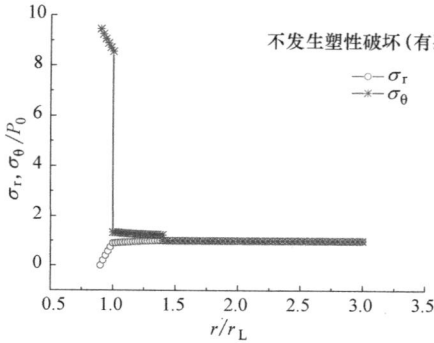

图 6-20　$r_p{\leqslant}r_L$ 时的应力场（有冻胀）　　图 6-21　$r_p{\leqslant}r_L$ 时的应变场（有冻胀）

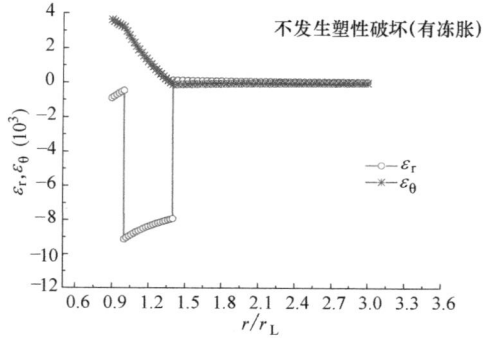

根据计算结果可知，冻结圈内、外两侧在没有冻胀时的径向应力分别为 8.114MPa 和 9.296MPa；而当有冻胀时两侧的径向应力分别为 8.979MPa 和 10.057MPa，冻胀零位移半径为 5.231m。

从图 6-18～图 6-21 中曲线的断续情况可以看出，由于三区材料性质不同使得三区的应力与应变曲线呈现明显的三段；对比图 6-18 和图 6-20 可以看出，冻胀作用明显提高支护结构中的环向应力，而对冻结区和未冻结区中的应力影响较小；对比图 6-19 和图 6-21 可知，冻胀减小未冻区的变形，并增大支护结构位移，同时使得冻结区中的径向应变增大近 3 倍左右。

6.5.3　塑性区包括冻结区和部分未冻围岩的解答

1. 计算模型

该情况主要是当支护力较弱，提供的支护力不足所致，使得冻结区与未冻结区都产生了塑性，所以整个计算模型包括四层：未冻弹性区、未冻塑性区、冻结塑性区和支护区（图 6-22）。

2. 问题的边值条件

该模型含有 3 个交界面，共有 6 个连续条件，即

$$
\begin{cases}
u^{\text{IV}}=u^{\text{III}} & (r=r_p) \\
\sigma_r^{\text{IV}}=\sigma_r^{\text{III}} & (r=r_p) \\
u^{\text{III}}=u^{\text{II}} & (r=r_f) \\
\sigma_r^{\text{III}}=\sigma_r^{\text{II}} & (r=r_f) \\
u^{\text{II}}=u^{\text{I}} & (r=r_L) \\
\sigma_r^{\text{II}}=\sigma_r^{\text{I}} & (r=r_L)
\end{cases}
\tag{6-95}
$$

3. 问题的求解

（1）未冻弹性区的解答

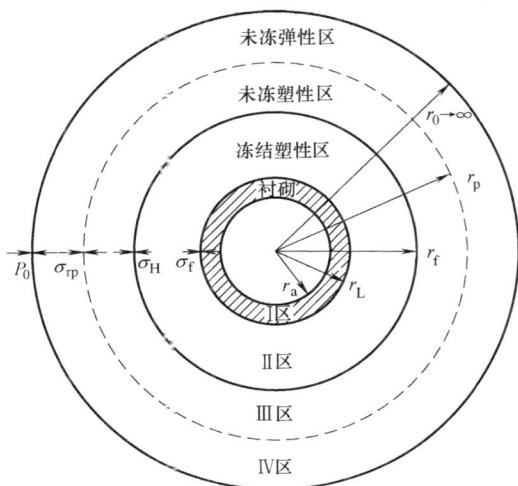

图 6-22 塑性区为冻结区和部分未冻结区的计算模型

联立平衡方程（6-1）和本构方程（6-3），并考虑这一区的边界条件：

$$\begin{cases} \sigma_r^{\mathrm{IV}} = \sigma_{\mathrm{rp}} & (r = r_{\mathrm{p}}) \\ \sigma_r^{\mathrm{IV}} = P_0 & (r \to \infty) \end{cases} \tag{6-96}$$

得 IV 区的围岩应力为

$$\begin{cases} \sigma_r^{\mathrm{IV}} = P_0 - (P_0 - \sigma_{\mathrm{rp}})\left(\dfrac{r_{\mathrm{p}}}{r}\right)^2 \\ \sigma_\theta^{\mathrm{IV}} = P_0 + (P_0 - \sigma_{\mathrm{rp}})\left(\dfrac{r_{\mathrm{p}}}{r}\right)^2 \end{cases} \tag{6-97}$$

利用几何方程（6-2），可得该区的应变为

$$\begin{cases} \varepsilon_r^{\mathrm{IV}} = \dfrac{\sigma_{\mathrm{rp}} - P_0}{2G_0}\left(\dfrac{r_{\mathrm{p}}}{r}\right)^2 \\ \varepsilon_\theta^{\mathrm{IV}} = \dfrac{P_0 - \sigma_{\mathrm{rp}}}{2G_0}\left(\dfrac{r_{\mathrm{p}}}{r}\right)^2 \end{cases} \tag{6-98}$$

该区的位移以初始地应力 P_0 作用下的平衡状态为起始状态，则径向位移为

$$u^{\mathrm{IV}} = \dfrac{P_0 - \sigma_{\mathrm{rp}}}{2G_0}\dfrac{r_{\mathrm{p}}^2}{r} \tag{6-99}$$

（2）未冻塑性区的解答

在该区中的应力应同时满足平衡方程（6-1）和屈服准则式（6-19），通过两者的联立可得

$$\sigma_r^{\mathrm{III}} = \dfrac{S_0}{1 - N_0} + C_{5-3} r^{N_0 - 1} \tag{6-100}$$

97

式中，C_{5-3} 为积分常数。

利用该区的边界条件

$$\sigma_r^{\text{III}} = \sigma_H \qquad (r = r_f) \tag{6-101}$$

得积分常数为

$$C_{5-3} = \left(\sigma_H - \frac{S_0}{1-N_0} \right) r_f^{1-N_0} \tag{6-102}$$

将该积分常数代入式（6-102），并结合方程（6-19）得该区的径向与环向的应力表达式为

$$\begin{cases} \sigma_r^{\text{III}} = \dfrac{S_0}{1-N_0} + \left(\sigma_H - \dfrac{S_0}{1-N_0} \right) \left(\dfrac{r}{r_f} \right)^{N_0-1} \\ \sigma_\theta^{\text{III}} = \dfrac{S_0}{1-N_0} + N_0 \left(\sigma_H - \dfrac{S_0}{1-N_0} \right) \left(\dfrac{r}{r_f} \right)^{N_0-1} \end{cases} \tag{6-103}$$

在第一个弹塑性界面处（$r = r_p$），由式（6-103）的第一式可得

$$\sigma_{rp} = \frac{S_0}{1-N_0} + \left(\sigma_H - \frac{S_0}{1-N_0} \right) \left(\frac{r_p}{r_f} \right)^{N_0-1} \tag{6-104}$$

对于弹塑性模型，当围岩进入塑性状态时，应变可表示为

$$\begin{cases} \varepsilon_r^{\text{III}} = \varepsilon_r^e + \varepsilon_r^p \\ \varepsilon_\theta^{\text{III}} = \varepsilon_\theta^e + \varepsilon_\theta^p \end{cases} \tag{6-105}$$

将应变表达式带入相容方程（6-5）得

$$\frac{d\varepsilon_\theta^p}{dr} + \frac{\varepsilon_\theta^p - \varepsilon_r^p}{r} = -\frac{d\varepsilon_\theta^e}{dr} - \frac{\varepsilon_\theta^e - \varepsilon_r^e}{r} \tag{6-106}$$

将塑性流动法则式（6-21）代入上式得

$$\frac{d\varepsilon_\theta^p}{dr} + \frac{(1+\beta_0)\varepsilon_\theta^p}{r} = f(r) \tag{6-107}$$

式中，$f(r) = -\dfrac{d\varepsilon_\theta^e}{dr} - \dfrac{\varepsilon_\theta^e - \varepsilon_r^e}{r}$。

将塑性区的应力表达式（6-103）代入本构方程（6-8）和方程（6-9）中得到塑性区中的弹性应变为

$$\begin{cases} \varepsilon_r^e = \dfrac{d_{10}}{E_0} \left[d_{20} \dfrac{S_0}{1-N_0} + (d_{30} - \mu_0 N_0) \left(\sigma_H - \dfrac{S_0}{1-N_0} \right) \left(\dfrac{r}{r_f} \right)^{N_0-1} - d_{20} P_0 \right] \\ \varepsilon_\theta^e = \dfrac{d_{10}}{E_0} \left[d_{20} \dfrac{S_0}{1-N_0} + (d_{30} N_0 - \mu_0) \left(\sigma_H - \dfrac{S_0}{1-N_0} \right) \left(\dfrac{r}{r_f} \right)^{N_0-1} - d_{20} P_0 \right] \end{cases}$$

$$\tag{6-108}$$

式中，$d_{10} = 1 + \mu_0$；$d_{20} = 1 - 2\mu_0$；$d_{30} = 1 - \mu_0$。

将式（6-108）代入式（6-107）中并求解一阶线性微分方程得

$$\varepsilon_\theta^{\mathrm{p}} = \left[\frac{\Delta_0 r_{\mathrm{f}} r^{\beta_0}}{E_0(\beta_0+N_0)} \left(\frac{r}{r_{\mathrm{f}}}\right)^{N_0} + C_{5-4} \right] \frac{1}{r^{\beta_0+1}} \tag{6-109}$$

式中，$\Delta_0 = (1-\mu_0^2)[\sigma_{\mathrm{H}}(1-N_0^2) - S_0(N_0+1)]$，$C_{5-4}$ 为积分常数。

因为在弹塑性界面（$r=r_{\mathrm{p}}$）上塑性应变为零（$\varepsilon_\theta^{\mathrm{p}}=0$）得

$$C_{5-4} = -\frac{\Delta_0 r_{\mathrm{f}} r_{\mathrm{p}}^{\beta_0}}{E_0(\beta_0+N_0)} \left(\frac{r_{\mathrm{p}}}{r_{\mathrm{f}}}\right)^{N_0} \tag{6-110}$$

将该积分常数代入方程（6-109）即可得到环向塑性应变为

$$\varepsilon_\theta^{\mathrm{p}} = \frac{\Delta_0(r^{\beta_0+N_0} - r_{\mathrm{p}}^{\beta_0+N_0})}{E_0(\beta_0+N_0) r^{1+\beta_0} r_{\mathrm{f}}^{N_0-1}} \tag{6-111}$$

同时根据非关联塑性流动法则式（6-21）可以得到径向塑性应变为

$$\varepsilon_r^{p} = -\frac{\beta_0 \Delta_0(r^{\beta_0+N_0} - r_{\mathrm{p}}^{\beta_0+N_0})}{E_0(\beta_0+N_0) r^{1+\beta_0} r_{\mathrm{f}}^{N_0-1}} \tag{6-112}$$

根据式（6-105）可求得该区总应变 $\varepsilon_r^{\mathrm{III}}$ 和 $\varepsilon_\theta^{\mathrm{III}}$，由几何方程（6-2）中的第二式求得该区围岩径向位移为

$$u^{\mathrm{III}} = \left\{ \frac{d_{10}}{E_0} \left[d_{20} \frac{S_0}{1-N_0} + (d_{30} N_0 - \mu_0) \left(\sigma_{\mathrm{H}} - \frac{S_0}{1-N_0}\right) \left(\frac{r}{r_{\mathrm{f}}}\right)^{N_0-1} - d_{20} P_0 \right] + \right.$$
$$\left. \frac{\Delta_0(r^{\beta_0+N_0} - r_{\mathrm{p}}^{\beta_0+N_0})}{E_0(\beta_0+N_0) r^{1+\beta_0} r_{\mathrm{f}}^{N_0-1}} \right\} r \tag{6-113}$$

（3）冻结塑性区的解答

在该区中的应力应同时满足平衡方程（6-1）和屈服准则式（6-19），通过两者的联立可得

$$\sigma_r^{\mathrm{II}} = \frac{S_{\mathrm{f}}}{1-N_{\mathrm{f}}} + C_{5-5} r^{N_{\mathrm{f}}-1} \tag{6-114}$$

式中，C_{5-5} 为积分常数。

利用该区的边界条件

$$\sigma_r^{\mathrm{I}} = \sigma_{\mathrm{f}} \qquad (r=r_{\mathrm{L}}) \tag{6-115}$$

得积分常数为

$$C_{5-5} = \left(\sigma_{\mathrm{f}} - \frac{S_{\mathrm{f}}}{1-N_{\mathrm{f}}}\right) r^{1-N_{\mathrm{f}}} \tag{6-116}$$

将该积分常数代入式（6-114），并结合式（6-19）得到该区的径向与环向的应力表达式为

$$\begin{cases} \sigma_r^{\mathrm{II}} = \dfrac{S_{\mathrm{f}}}{1-N_{\mathrm{f}}} + \left(\sigma_{\mathrm{f}} - \dfrac{S_{\mathrm{f}}}{1-N_{\mathrm{f}}}\right) \left(\dfrac{r}{r_{\mathrm{L}}}\right)^{N_{\mathrm{f}}-1} \\[3mm] \sigma_\theta^{\mathrm{II}} = \dfrac{S_{\mathrm{f}}}{1-N_{\mathrm{f}}} + N_{\mathrm{f}} \left(\sigma_{\mathrm{f}} - \dfrac{S_{\mathrm{f}}}{1-N_{\mathrm{f}}}\right) \left(\dfrac{r}{r_{\mathrm{L}}}\right)^{N_{\mathrm{f}}-1} \end{cases} \tag{6-117}$$

对于弹塑性模型，当围岩进入塑性状态时，应变可表示为

$$
\begin{cases}
\varepsilon_r^{\mathrm{II}} = \varepsilon_r^e + \varepsilon_r^p \\
\varepsilon_\theta^{\mathrm{II}} = \varepsilon_\theta^e + \varepsilon_\theta^p
\end{cases}
\tag{6-118}
$$

将应变表达式带入相容方程（6-5）得

$$
\frac{d\varepsilon_\theta^p}{dr} + \frac{\varepsilon_\theta^p - \varepsilon_r^p}{r} = -\frac{d\varepsilon_\theta^e}{dr} - \frac{\varepsilon_\theta^e - \varepsilon_r^e}{r}
\tag{6-119}
$$

将塑性流动法则式（6-21）代入式（6-76）得

$$
\frac{d\varepsilon_\theta^p}{dr} + \frac{(1+\beta_f)\varepsilon_\theta^p}{r} = f(r)
\tag{6-120}
$$

式中，$f(r) = -\dfrac{d\varepsilon_\theta^e}{dr} - \dfrac{\varepsilon_\theta^e - \varepsilon_r^e}{r}$。

将塑性区的应力表达式（6-117）代入本构方程（6-8）和方程（6-9）中得塑性区中的弹性应变为

$$
\begin{cases}
\varepsilon_r^e = \dfrac{d_{1f}}{E_f}\left[d_{2f}\dfrac{S_f}{1-N_f} + (d_{3f} - \mu_f N_f)\left(\sigma_f - \dfrac{S_f}{1-N_f}\right)\left(\dfrac{r}{r_L}\right)^{N_f-1} - d_{2f}P_0 \right] - d_{1f}\varepsilon_0 \\[3mm]
\varepsilon_\theta^e = \dfrac{d_{1f}}{E_f}\left[d_{2f}\dfrac{S_f}{1-N_f} + (d_{3f}N_f - \mu_f)\left(\sigma_f - \dfrac{S_f}{1-N_f}\right)\left(\dfrac{r}{r_L}\right)^{N_f-1} - d_{2f}P_0 \right] + d_{1f}\varepsilon_0\dfrac{r_0-r}{r}
\end{cases}
\tag{6-121}
$$

式中，$d_{3f} = 1 - \mu_f$。

将式（6-121）代入式（6-120）中并求解一阶线性微分方程得

$$
\varepsilon_\theta^p = \left[\frac{\Delta_f r_L r^{\beta_f}}{E_f(\beta_f + N_f)}\left(\frac{r}{r_L}\right)^{N_f} + C_{5-6} \right]\frac{1}{r^{\beta_f+1}}
\tag{6-122}
$$

式中，$\Delta_f = (1-\mu_f^2)\left[\sigma_f(1-N_f^2) - S_f(N_f+1)\right]$，$C_{5-6}$ 为积分常数。

同时根据非关联塑性流动法则式（6-21）可以得到径向塑性应变为

$$
\varepsilon_r^p = -\beta_f \varepsilon_\theta^p
\tag{6-123}
$$

所以该区的径向位移表达式为

$$
u^{\mathrm{II}} = (\varepsilon_\theta^e + \varepsilon_\theta^p)r
\tag{6-124}
$$

对于该积分参数的求解需根据 $r = r_f$ 处的位移连续进行，解得

$$
C_{5-6} = \left(u^{\mathrm{III}}\big|_{r=r_f} - \varepsilon_\theta^e\big|_{r=r_f}r_f\right)r_f^{\beta_f} - \frac{\Delta_f r_f^{(\beta_f+N_f)}}{E_f(\beta_f+N_f)r_L^{(N_f-1)}}
\tag{6-125}
$$

将该积分参数代入式（6-122），然后根据式（6-124）即可解得该区位移。

（4）支护区的解答

支护区的求解与 6.5.1 节中（4）的解答一致，应力与位移分别求得为

$$\begin{cases} \sigma_r^{\mathrm{I}} = \dfrac{1-(r_a/r)^2}{1-(r_a/r_L)^2}\sigma_f \\[3mm] \sigma_\theta^{\mathrm{I}} = \dfrac{1+(r_a/r)^2}{1-(r_a/r_L)^2}\sigma_f \end{cases} \tag{6-126}$$

$$u^{\mathrm{I}} = \frac{\sigma_f r_L^2 r(1+\mu_L)\big[1-2\mu_L+(r_a/r)^2\big]}{E_L(r_L^2-r_a^2)} \tag{6-127}$$

根据式（6-95），在 $r=r_f$ 时的位移连续条件和 $r=r_L$ 处的径向应力连续条件可自动满足，可由剩余的四个方程组成的方程组求解 σ_{rp}、r_p、σ_f 和 σ_H 四个未知量。

4. 算例

假设隧道处于 1MPa 的静水应力场中，隧道衬砌的外半径仍为 5m，内半径为 4.5m，冻结半径为 6m。其他计算参数如表 6-6 所示。

情况三的部分计算参数　　　　　　　　　　　　　　　表 6-6

序号	物理参数	数值	序号	物理参数	数值
1	未冻围岩内摩擦角 φ_0(°)	23	8	冻结围岩的弹性模量 E_f(MPa)	5.2
2	冻结围岩内摩擦角 φ_f(°)	25	9	未冻围岩的泊松比 μ_0	0.33
3	未冻围岩黏聚力 c_0(MPa)	0.2	10	冻结围岩的泊松比 μ_f	0.35
4	冻结围岩黏聚力 c_f(MPa)	0.4	11	支护的弹性模量 E_L(GPa)	1.5
5	未冻围岩破碎角 ψ_0(°)	15	12	支护的泊松比 μ_L	0.2
6	冻结围岩破碎角 ψ_f(°)	18	13	冻胀线应变 ε_0	0.0075
7	未冻围岩的弹性模量 E_0(GPa)	4.6			

根据计算结果可知：在不考虑冻胀作用时，围岩中的塑性半径为 6.898m，冻结圈内外两侧的应力分别为 0.0616MPa 和 0.199MPa；而当考虑冻胀作用时，围岩中的塑性半径为 6.087m，冻结圈两侧的应力分别为 0.163MPa 和 0.316MPa，冻胀使得塑性半径减小约 11.76%，在冻结圈内外两侧分别产生 0.101MPa 和 0.117MPa 的冻胀力。

从图 6-23 可以看出，冻胀提高围岩中的径向应力，同时使得支护结构、冻结区以及未冻塑性区中的环向应力有较大提高，但是却使得未冻围岩弹性区中的环向应力减小；冻胀减小了塑性半径的大小，主要是因为冻胀变形受到未冻围岩的约束产生冻胀力，减小了开挖应力释放，从而阻止了塑性区在未冻区中的发展。

在图 6-24 中，为了清晰地分析在有无冻胀时应变曲线的规律，所以将两图分开画出。在不考虑冻胀作用时，围岩中变形较小；考虑冻胀之后，冻结区中的径向应变明显提高，支护结构的位移也有所增加。

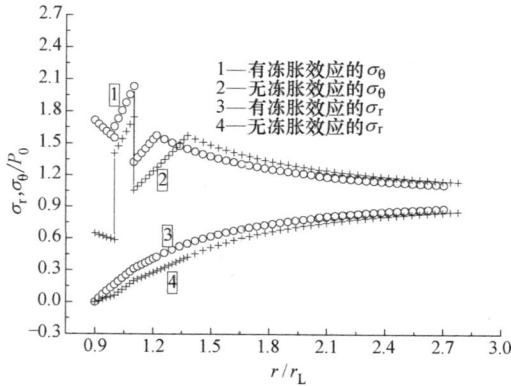

图 6-23　全部冻结区和部分未冻结区发生塑性破坏时的应力场

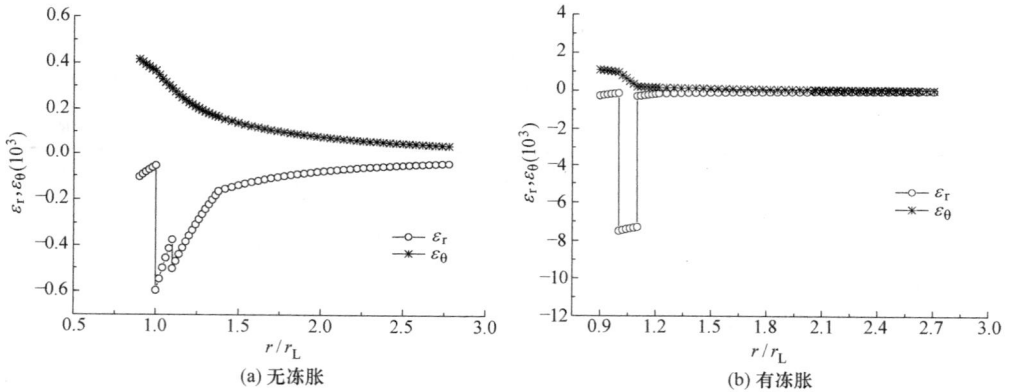

(a) 无冻胀　　　　　　　　　　　　　　　(b) 有冻胀

图 6-24　全部冻结区和部分未冻结区发生塑性破坏时的应变场

6.5.4　季节性寒区隧道冻结围岩融化的应力解答

对于冻结围岩的融化解答的研究成果现在还很少，针对均匀的弹塑性介质在融化前后特性的差异，一般的隧道开挖的弹塑性解析分析无法直接用到寒区隧道中，夏才初在文献［115］的基础上假设融化圈围岩为理想弹塑性介质，外侧的未融化围岩和衬砌均为弹性介质，建立了多年冻土的隧道围岩的弹塑性分析模型[116]。其主要思路是通过改变围岩融化前后的参数来进行弹塑性分析，没有考虑融化的过程。对于季节性寒区隧道的融化解答目前还未见相关报道。

1. 基本假设

为分析冻结围岩在融化作用下的应力解答，现采用如下假设简化问题：

（1）隧道断面为圆形，处于静水应力场中；

（2）未冻结围岩、冻结围岩、融化围岩以及支护结构均视为弹性介质；

（3）忽略各交界面处的剪应力；

（4）隧道轴向尺寸比径向尺寸大很多，按平面应变问题处理，应力、应变以压为正；

（5）当冻结围岩融化时，冰变成水，体积缩小，外部围岩将一次性向隧道内移动；

（6）忽略融化圈的扩展时间。

2. 融化后未冻围岩和剩余冻结围岩的应力与变形的解答

根据上述的基本假设（2）可知，寒区隧道冻结后整个围岩处于弹性状态，这与 6.5.2 节的情况相一致。在进行寒区隧道的融化分析时应以冻结完成时的状态为起始状态，计算模型如图 6-25 所示。

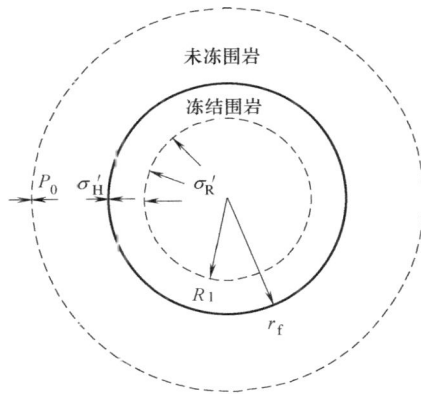

图 6-25　融化作用后的未冻围岩与冻结围岩的计算模型

（1）未冻围岩应力与位移的解答

未冻围岩应力场为

$$
\begin{cases}
\sigma_r^{\mathrm{m\text{-}unf}} = P_0 - (P_0 - \sigma_H')\left(\dfrac{r_f}{r}\right)^2 \\[2mm]
\sigma_\theta^{\mathrm{m\text{-}unf}} = P_0 + (P_0 - \sigma_H')\left(\dfrac{r_f}{r}\right)^2
\end{cases}
\tag{6-128}
$$

式中，上标"m-unf"表示融化后模型中未冻结围岩，σ_H' 为融化后冻结圈外边缘处的应力。

以冻结完成状态为起始状态，所以应力的变化为

$$
\begin{cases}
\Delta\sigma_r = \left(\dfrac{r_f}{r}\right)^2 (\sigma_H' - \sigma_H) \\[2mm]
\Delta\sigma_\theta = \left(\dfrac{r_f}{r}\right)^2 (\sigma_H - \sigma_H')
\end{cases}
\tag{6-129}
$$

径向位移为

$$u^{\text{m-unf}} = \frac{(\sigma_\mathrm{H} - \sigma_\mathrm{H}') r_\mathrm{f}^2}{2G_0} \frac{1}{r} \tag{6-130}$$

（2）剩余冻结围岩的应力与位移的解答

根据弹性力学厚壁圆筒理论，可求得该区应力为

$$\begin{cases} \sigma_\mathrm{r}^{\text{m-f}} = \dfrac{(r_\mathrm{f}/r)^2 - 1}{(r_\mathrm{f}/R_1)^2 - 1} \sigma_\mathrm{R}' + \dfrac{1 - (R_1/r)^2}{1 - (R_1/r_\mathrm{f})^2} \sigma_\mathrm{H}' \\[4mm] \sigma_\theta^{\text{m-f}} = \dfrac{(r_\mathrm{f}/r)^2 + 1}{1 - (r_\mathrm{f}/R_1)^2} \sigma_\mathrm{R}' + \dfrac{1 + (R_1/r)^2}{1 - (R_1/r_\mathrm{f})^2} \sigma_\mathrm{H}' \end{cases} \tag{6-131}$$

式中，上标"m-f"表示融化后冻结围岩，σ_R'为融化后在最终需要融化的半径 R_1 处的应力。

融化前后的应力差为

$$\begin{cases} \Delta\sigma_\mathrm{r}^{\text{m-f}} = \dfrac{\left[\left(\dfrac{r_\mathrm{f}}{r}\right)^2 - 1\right](\sigma_\mathrm{R}' - \sigma_\mathrm{R})R_1^2 + \left[1 - \left(\dfrac{R_1}{r}\right)^2\right](\sigma_\mathrm{H}' - \sigma_\mathrm{H})r_\mathrm{f}^2}{r_\mathrm{f}^2 - R_1^2} \\[6mm] \Delta\sigma_\theta^{\text{m-f}} = \dfrac{\left[\left(\dfrac{r_\mathrm{f}}{r}\right)^2 + 1\right](\sigma_\mathrm{R} - \sigma_\mathrm{R}')R_1^2 + \left[1 + \left(\dfrac{R_1}{r}\right)^2\right](\sigma_\mathrm{H}' - \sigma_\mathrm{H})r_\mathrm{f}^2}{r_\mathrm{f}^2 - R_1^2} \end{cases} \tag{6-132}$$

径向位移为

$$u^{\text{m-f}} = \frac{r\left\{(\sigma_\mathrm{R} - \sigma_\mathrm{R}')R_1^2\left[\left(\dfrac{r_\mathrm{f}}{r}\right)^2 + 1 + 2\mu_\mathrm{f}\right] + (\sigma_\mathrm{H}' - \sigma_\mathrm{H})r_\mathrm{f}^2\left[\left(\dfrac{R_1}{r}\right)^2 + 1 - 2\mu_\mathrm{f}\right]\right\}}{2G_\mathrm{f}(r_\mathrm{f}^2 - R_1^2)} \tag{6-133}$$

根据在半径 $r = r_\mathrm{f}$ 处的位移连续条件，所以令式（6-130）和式（6-133）相等，即可得到 σ_R' 和 σ_H' 的关系如下

$$\sigma_\mathrm{H}' = \sigma_\mathrm{H} - \frac{2G_0 R_1^2(1 + \mu_\mathrm{f})(\sigma_\mathrm{R} - \sigma_\mathrm{R}')}{G_\mathrm{f}(r_\mathrm{f}^2 - R_1^2) + G_0 r_\mathrm{f}^2[(R_1/r_\mathrm{f})^2 + 1 - 2\mu_\mathrm{f}]} \tag{6-134}$$

所以，在 $r = R_1$ 处的冻结围岩融化后的位移为

$$u_{1R_1} = \frac{(\sigma_\mathrm{R} - \sigma_\mathrm{R}')R_1^3}{2G_\mathrm{f}(r_\mathrm{f}^2 - R_1^2)}\left\{\left[\left(\frac{r_\mathrm{f}}{R_1}\right)^2 + 1 + 2\mu_\mathrm{f}\right] - \frac{4G_0 r_\mathrm{f}^2(1 - \mu_\mathrm{f}^2)}{G_\mathrm{f}(r_\mathrm{f}^2 - R_1^2) + G_0 r_\mathrm{f}^2[(R_1/r_\mathrm{f})^2 + 1 - 2\mu_\mathrm{f}]}\right\} \tag{6-135}$$

3. 融化部分与衬砌的应力与变形解答

根据收敛约束方法，将 $r_\mathrm{m} + u_\mathrm{s}$ 范围内的融化岩体和衬砌作为复合支护结构，确定其复合支护刚度是关键，所以建立如图 6-26 的计算模型。

根据厚壁圆筒的弹性应变理论可知，径向位移可表示为

$$u_{ir} = Y_{i1}r + \frac{Y_{i2}}{r} \tag{6-136}$$

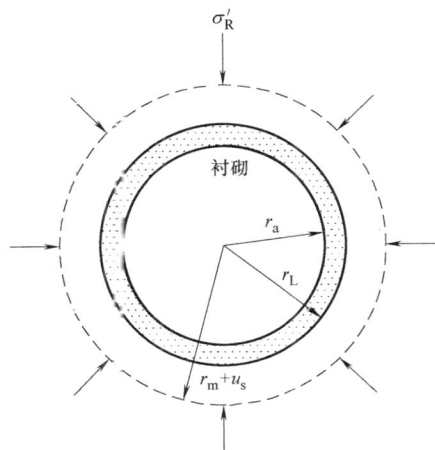

图 6-26　融化围岩和衬砌的计算模型

式中，下标"i"可取"m"和"L"，分别表示融化围岩和衬砌；u_r 为径向位移，Y_1 和 Y_2 为积分常数。

由几何方程可得径向和环向应变为

$$
\begin{cases}
\varepsilon_{ir} = Y_{i1} - \dfrac{Y_{i2}}{r^2} \\[2mm]
\varepsilon_{i\theta} = Y_{i1} + \dfrac{Y_{i2}}{r^2}
\end{cases}
\tag{6-137}
$$

根据 Hooke 定律可得

$$
\begin{cases}
\sigma_{ir} = \dfrac{E_i}{(1-2\mu_i)(\mu_i+1)} Y_{i1} - \dfrac{E_i}{(1+\mu_i)r^2} Y_{i2} \\[2mm]
\sigma_{i\theta} = \dfrac{E_i}{(1-2\mu_i)(\mu_i+1)} Y_{i1} + \dfrac{E_i}{(1+\mu_i)r^2} Y_{i2}
\end{cases}
\tag{6-138}
$$

假设复合支护[117-119] 在应力 σ'_R 作用下外边界发生 u_s 的位移，则其边界和连续条件分别为

$$
\begin{cases}
u_{mr}\big|_{r=r_m+u_s} = u_s \\[2mm]
\sigma_{mr}\big|_{r=r_L} = \sigma_{Lr}\big|_{r=r_L} \\[2mm]
\sigma_{Lr}\big|_{r=r_a} = 0 \\[2mm]
u_{mr}\big|_{r=r_L} = u_{Lr}\big|_{r=r_L}
\end{cases}
\tag{6-139}
$$

将式（6-136）和式（6-138）代入边界条件式（6-139）中可得

105

$$\begin{cases} Y_{m1}=\dfrac{[\eta_3(\eta_4-\eta_5-\eta_2)-r_L^2\eta_5\eta_2](r_m+u_s)u_s}{(r_m+u_s)^2[\eta_3(\eta_4-\eta_5-\eta_2)-\eta_5\eta_2 r_L^2]+\eta_3 r_L^2(\eta_5-\eta_4)-\eta_1(\eta_5 r_L^2+\eta_3)} \\[3mm] Y_{m2}=\dfrac{[\eta_3(\eta_5 r_L^2-\eta_4 r_L^2-\eta_1)-\eta_1\eta_5 r_L^2](r_m+u_s)u_s}{(r_m+u_s)^2[\eta_3(\eta_4-\eta_5-\eta_2)-\eta_5\eta_2 r_L^2]+\eta_3 r_L^2(\eta_5-\eta_4)-\eta_1(\eta_5 r_L^2+\eta_3)} \\[3mm] Y_{L1}=\dfrac{-\eta_5(\eta_1+\eta_2 r_L^2)(r_m+u_s)u_s}{(r_m+u_s)^2[\eta_3(\eta_4-\eta_5-\eta_2)-\eta_5\eta_2 r_L^2]+\eta_3 r_L^2(\eta_5-\eta_4)-\eta_1(\eta_5 r_L^2+\eta_3)} \\[3mm] Y_{L2}=\dfrac{-\eta_3(\eta_1+\eta_2 r_L^2)(r_m+u_s)u_s}{(r_m+u_s)^2[\eta_3(\eta_4-\eta_5-\eta_2)-\eta_5\eta_2 r_L^2]+\eta_3 r_L^2(\eta_5-\eta_4)-\eta_1(\eta_5 r_L^2+\eta_3)} \end{cases}$$

$$(6\text{-}140)$$

$$\begin{cases} \eta_1=\dfrac{E_m}{(1-2\mu_m)(1+\mu_m)} \\[3mm] \eta_2=\dfrac{E_m}{r_L^2(1+\mu_m)} \\[3mm] \eta_3=\dfrac{E_L}{(1-2\mu_L)(1+\mu_L)} \\[3mm] \eta_4=\dfrac{E_L}{r_L^2(1+\mu_L)} \\[3mm] \eta_5=\dfrac{E_L}{r_a^2(1+\mu_L)} \end{cases}$$

$$(6\text{-}141)$$

所以根据式（6-138）的第一式得复合支护外边界发生 u_s 位移所需的应力为

$$\sigma'_R=\sigma_{mr}\big|_{r=r_m+u_s}=\eta_1 Y_{m1}-\frac{r_L^2}{(r_m+u_s)^2}\eta_2 Y_{m2} \qquad (6\text{-}142)$$

根据位移连续条件，复合支护结构的围岩加上融化移动距离 Δh 应该与式（6-135）相等，即

$$u_s+\Delta h=(\sigma_R-\sigma'_R)\Omega \qquad (6\text{-}143)$$

式中

$$\Omega=\frac{R_1^3\left\{[(r_f/R_1)^2+1+2\mu_f]-\dfrac{4G_0 r_f^2(1-\mu_f^2)}{G_f(r_f^2-R_1^2)+G_0 r_f^2[(R_1/r_f)^2+1-2\mu_f]}\right\}}{2G_f(r_f^2-R_1^2)}$$

$$(6\text{-}144)$$

另外，根据几何关系有

$$r_m+u_s+\Delta h=R_1 \qquad (6\text{-}145)$$

联立上述两方程，可解得 R_1 和 u_s。

4. 融化后移动位移 Δh 的确定

当部分冻结围岩融化时，其中的冰变成水体积缩小，则未融化的冻结围岩向

隧道内移动，再与复合支护结构共同作用产生一定的位移，越过融化半径的冻结围岩再次融化移动，然后相互作用产生位移，如此循环，直到最后两次压缩量基本相等为止，系统趋于稳定。为简化研究，现忽略融化圈的扩展时间，并且假设融化后的移动 Δh 是一次性完成，然后才与复合支护结构接触而共同作用产生位移 u_s，如图 6-27 所示。

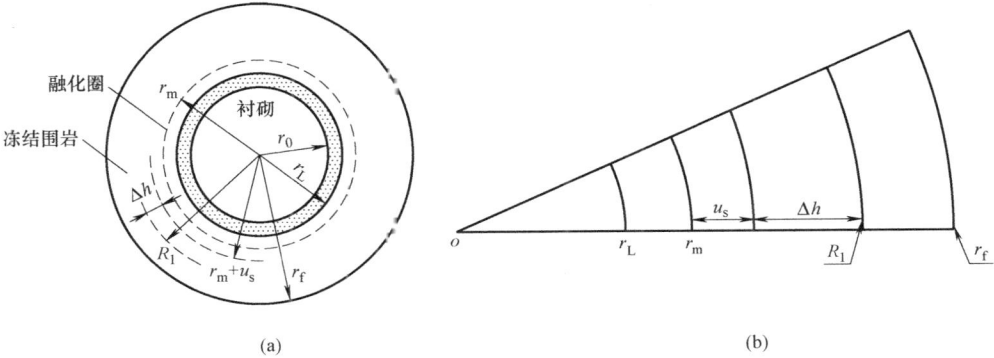

图 6-27　Δh 计算模型

设最终的融化半径为 r_m，从冻结围岩的本构关系可知，对于平面应变模型，冻胀作用产生的环向应变和径向应变分别可表示为

$$\begin{cases} \varepsilon_r^f = (1+\mu_f)\varepsilon_0 \\ \varepsilon_\theta^f = (1+\mu_f)\varepsilon_0 \dfrac{r_0-r}{r} \end{cases} \quad (6\text{-}146)$$

从上式可以看出，ε_θ^f 随半径 r 的变化而变化，这里用平均应变代替，即

$$\begin{aligned} \overline{\varepsilon}_\theta^f &= \frac{(1+\mu_f)\varepsilon_0}{r_f-r_L}\left(\int_{r_L}^{r_0}\frac{r_0-r}{r}dr + \int_{r_0}^{r_f}\frac{r-r_0}{r}dr\right) \\ &= \frac{(1+\mu_f)\varepsilon_0}{r_f-r_L}\left[r_0\ln\left(\frac{r_0^2}{r_L r_f}\right) + r_L + r_f - 2r_0\right] \end{aligned} \quad (6\text{-}147)$$

由于冻胀产生的体积应变须为正号，则

$$\varepsilon_v^f = \varepsilon_r^f + \overline{\varepsilon}_\theta^f \quad (6\text{-}148)$$

而

$$\varepsilon_v^f = \frac{|V_1-V_0|}{V_0} = \frac{\Delta V}{V_0} \quad (6\text{-}149)$$

式中，ε_r^f 和 $\overline{\varepsilon}_\theta^f$ 表示由于冻胀因素产生的径向和平均环向应变；V_1 为融化之前该部分围岩的冻胀体积；V_0 为冻胀前该部分围岩的体积；ΔV 为该部分冻胀前后体

积的变化量。

所以融化后冻结围岩缩小的体积为

$$\Delta V = \frac{\varepsilon_v^f}{1+\varepsilon_v^f} V_1 \tag{6-150}$$

$$V_1 = \pi R_1^2 - \pi r_L^2 \tag{6-151}$$

式中，R_1 是整个融化过程结束后到达融化圈边缘的半径。所以

$$\Delta h = \frac{\Delta V}{2\pi\left(\dfrac{r_m + u_s + R_1}{2}\right)} \tag{6-152}$$

将 R_1 和 u_s 代入式（6-142）可解得融化后围岩稳定时在 $r=r_m$ 处的应力 σ_R'；并代入方程（6-140）和方程（6-138）中，求出复合支护结构中的应力场。将 R_1 代入式（6-134）中得到 σ_H'，然后将 σ_R' 和 σ_H' 代入方程（6-131）即可得到经融化作用后冻结围岩部分的应力场，将其代入方程（6-133）得到该部分围岩的位移。另外，将 σ_H' 代入式（6-128）和式（6-130）得到未冻围岩的应力场和位移场。

5. 算例

因为基于假设（2），该问题与 6.5.2 节的情况相类似，所以本节算例的计算参数参考 6.5.2 节所示参数，并假设围岩冻结融化后的相关参数是冻结参数的 0.7 倍。通过计算结果可知：$R_1 = 6.034\,\mathrm{m}$，$u_s = 2.615 \times 10^{-2}\,\mathrm{m}$，$\Delta h = 7.458 \times 10^{-3}\,\mathrm{m}$。融化后各区的应力曲线如图 6-28 所示。

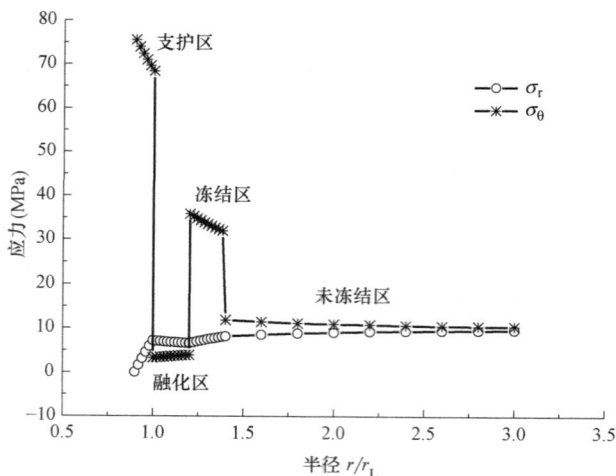

图 6-28　融化后应力场

该分析结果是以冻结后的状态为起始平衡状态，当寒区隧道从冬季到夏季发

生融化后，整个围岩应力曲线明显分为 4 个区：支护区、融化区、冻结区以及未冻结区。融化作用使得支护区内壁的环向应力从 94.518MPa 减小到 75.55MPa；且使得融化区中的环向应力减小，伴随着主轴旋转。而冻结围岩由于范围缩小使得环向应力增大到 30～35MPa；随着半径的增大，径向应力和环向应力都趋于地应力。

6.6 玉希莫勒盖隧道围岩应力场的计算

6.6.1 玉希莫勒盖隧道冻结时的应力与变形解答

从 6.5.1～6.5.3 节的分析中，可以看出寒区隧道的稳定主要集中在两点：一是在发生冻胀后支护结构中的应力明显增大，当达到支护结构的强度时容易发生失稳；二是在冻胀发生后，如果支护不及时，隧道半径较小处的围岩容易发生片帮失稳。此外需要说明的一点是：冻胀的存在抑制围岩中塑性区的发展，如果支护结构能够满足要求，则冻胀有利于隧道围岩的稳定。

现对新疆玉希莫勒盖隧道冻结时进行计算，计算参数包括未冻区的围岩、冻结围岩的参数以及衬砌的相关参数，如表 6-7 所示，其计算结果如图 6-29 和图 6-30 所示。

玉希莫勒盖隧道的计算参数 表 6-7

物理量	数值	物理量	数值
未冻结围岩			
内摩擦角 φ_0 (°)	30	黏聚力 c_0 (MPa)	1.4
破碎角 ψ_0 (°)	29	弹性模量 E_0 (GPa)	0.6
泊松比 μ_0	0.33	初始地应力 P_0 (MPa)	1.0
冻结围岩			
黏聚力 c_f (MPa)	1.7	冻胀线应变 ε_0	0.0055
内摩擦角 φ_f (°)	45	弹性模量 E_f (GPa)	1.2
泊松比 μ_f	0.35	破碎角 ψ_f (°)	30
冻结圈半径 r_f (m)	7		
衬砌			
衬砌内径 r_a (m)	4.5	弹性模量 E_L (GPa)	28
衬砌外径 r_L (m)	5	泊松比 μ_L	0.2

根据现场施工情况和玉希莫勒盖隧道的参数进行计算可知，该隧道符合 6.5.2 节的模型，即没有塑性区的产生，计算获得的应力与应变曲线可明显划分

为支护区、冻结区和未冻结区三区。在图 6-29 所示的应力曲线中，径向应力一直连续，而环向应力在每个区的界面上都不连续；支护结构内侧的环向应力是整个应力场中的最大值，为 17.923MPa；冻结圈内侧的总应力为 1.7027MPa，冻结圈外侧的总应力为 1.706MPa，将式（6-109）中的两式相减得

$$\sigma_r - \sigma_\theta = \frac{2\dfrac{r_L^2 r_f^2}{r^2}}{r_f^2 - r_L^2}(\sigma_f - \sigma_H) \tag{6-153}$$

由于 σ_f 与 σ_H 大小基本相当，所以冻结区中的环向应力与径向应力基本相等；当进入未冻区后，应力主轴发生旋转，环向应力小于径向应力，主要是因为该计算断面的地应力为 1MPa，而发生冻胀后在 $r = r_f$ 处的径向应力 σ_H 为 1.706MPa，根据式（6-64）可知该区的径向应力大于环向应力。

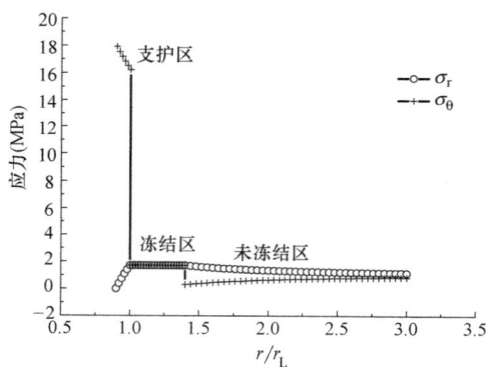

图 6-29　隧道各区的应力曲线

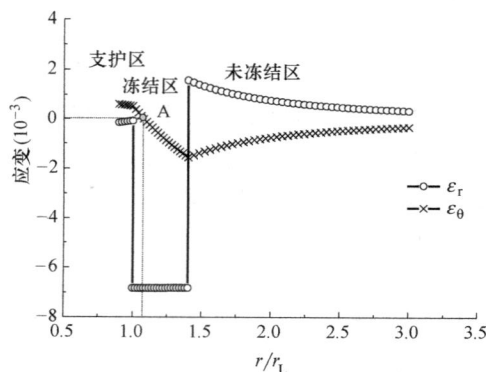

图 6-30　隧道各区的应变曲线

图 6-30 的应变曲线显示：径向应变的连续性明显低于环向应变；由于衬砌的弹性模量较大，所以其径向应变较小；在冻结区与未冻结区的交界面处，径向应变达到最大拉应变；在冻结区中随着半径的增大，环向应变由压变为拉，所以中间存在一个位移为零的点，该点位于开挖半径的 1.079 倍处，在半径大于 1.079 倍时环向应变全部为负，说明在冻胀作用下，大于此点处的位移全部指向围岩深处；随着半径的继续增大，径向应变与环向应变都趋于零，说明开挖及冻胀的作用都越来越小。此外，根据图 6-5 所示的求解办法，解得冻胀零位移点为开挖半径的 1.042 倍，该冻胀不动点有别于同济大学高广运教授所做的假设（位移不动点在冻结区的中心位置）。

6.6.2　玉希莫勒盖隧道融化时的应力场解答

融化假设（2）的内容符合 6.6.1 节的解答，所以完全可根据 6.5.4 节的内

容进行求解，并假设冻结围岩融化后的相关参数为未融化之前的 0.7 倍。通过计算结果可知：$R_1 = 6.01\mathrm{m}$，$u_s = 2.848 \times 10^{-3}\mathrm{m}$，$\Delta h = 7.325 \times 10^{-3}\mathrm{m}$。融化后各区的应力曲线如图 6-31 所示。

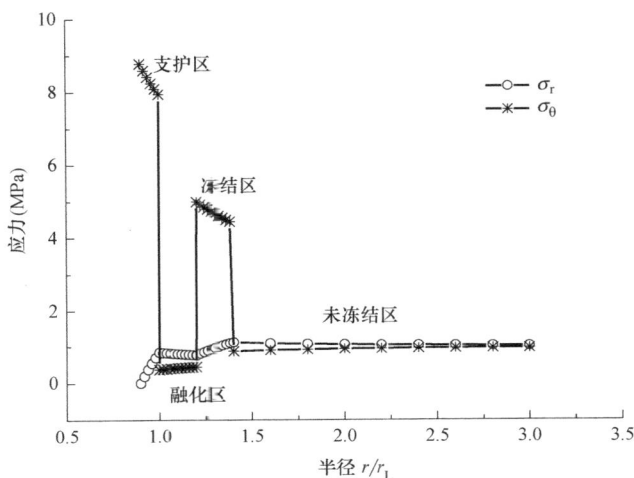

图 6-31　玉希莫勒盖隧道融化后应力场

该计算曲线得出玉希莫勒盖隧道从冬季到夏季受到融化作用后围岩应力的分布规律。该分析是以冻结后的状态为起始平衡状态，融化后整个应力曲线明显分为 4 个区：支护区、融化区、冻结区以及未冻结区。融化作用使得支护区内壁的环向应力从 17.923MPa 减小到 8.779MPa，减小约 51%；并且使得融化区中的环向应力明显减小，主要是因为融化使得冻结膨胀部分的体积消失，导致融化部分的应力释放较大。此外，由于冻结围岩范围的缩小，使得其环向应力增大到 4~4.5MPa。

6.7　本章小结

（1）本章通过分析已有的冻结围岩本构方程，发现其中的不足之处，然后根据实际情况修正了冻结围岩本构方程，并提出求解冻胀零位移点的方法，得到更加符合实际的寒区隧道应力与变形的解答。

（2）基于该冻结围岩的本构方程，将寒区隧道应力场分解为冻胀应力与开挖应力两个子模型，得到了在两向不等压下寒区隧道应力场的弹性解答。

（3）基于一定的假设，采用 Mohr-Coulomb 屈服准则，建立了静水压力场中的寒区隧道冻结时的弹塑性分析模型，主要包括三种情况：塑性半径小于冻结半径、无塑性区以及塑性半径大于冻结半径。针对塑性半径小于冻结半径的情况，分析了各相关物理力学参数对塑性区的影响规律，并且通过分析得出冻胀最大的危害是使支护结构中的第一主应力增大很多，影响其稳定性，然而对围岩中的塑性区的发展起到了抑制作用。

（4）建立了季节性寒区隧道融化分析模型，以冻结平衡状态为起始状态，得到寒区隧道经融化后的应力分布规律，结果表明，融化减小支护和融化围岩中的应力水平，但是增大了剩余冻结部分围岩的应力。

第 7 章　隧道温度场与冻胀力相似模拟研究

寒区隧道含保温层时温度场的解析分析适用于理想的圆形断面模型，该分析没有考虑冻结相变的影响，会与实际产生偏差。而现场测试研究虽然能够真实、准确地获得相关测点的温度值，但是无法获得其他位置的温度值，对温度场规律缺乏整体认识。数值模拟也只是求解理想情况下通过热传导产生的温度场，没有考虑地下水的渗流与地应力等相关因素的影响，对于冻胀力的研究是基于理想弹塑性模型求解的，同样假设断面形状为圆形。相似模拟试验研究可以考虑与实际相符的隧道断面形状和冻结时地下水相变的影响，所得结果可能更接近现场，所以有必要对玉希莫勒盖隧道的温度场与冻胀力进行相似模拟试验研究。

7.1　概述

相似理论是以相似三定理为基础，既指导了模型试验的方法，又指导了试验结果的整理方法及推广范围。它是在对物理控制方程分析的基础上导出相似准则，并考虑试验条件、测量精度等相关因素，更好地帮助我们设计试验系统以及确定准则之间的函数关系。最后将试验结果按照相似理论推广到原型，进而获得原型中各相关参数之间的变化规律。相似三定理包括正定理、逆定理和 π 定理[120-121]。

第一定理：相似的现象其单值条件相似，其相似准则的数值相同。所述的单值条件包括整个系统中的几何条件、初始条件、边界条件和接触条件。

第二定理：若有一描述某现象的方程为 $f(a_1, a_2, \cdots, a_k, b_{k+1}, b_{k+2}, \cdots, b_n)=0$，$a_1, a_2, \cdots, a_k$ 表示基本量，$b_{k+1}, b_{k+2}, \cdots, b_n$ 表示导出量，且 $n>k$，则可将方程转化为 $F(\pi_1, \pi_2, \cdots, \pi_{n-k})=0$（π 为相互独立的准则）。

第三定理：当现象的单值条件相似且由单值条件组成的相似准则的数值相等时，则现象必定相似。

相似试验的步骤如下：

（1）利用方程或参数求出准则并写出准则方程；

（2）确定模型为同类模拟还是异类模拟；

（3）初定模型方案，并初算主要尺寸以确定其可行性和合理性；

（4）试定几何缩比，主要考虑传感器的大小和精度、模型尺寸和模型中相似参数的可能性与可控性；

（5）确定试验材料（即：原型材料或相似材料）；

（6）设计模型试验；

（7）安排试验顺序并试验；

（8）数据整理并推广应用到原型。

在实际的模拟试验中，如果要使第三定理规定的全部相似条件完全满足往往是比较困难的，尤其在复杂的现象中更是难上加难，所以一般采用近似相似方法，它不满足所有的相似条件，而是满足其中主要的相似条件，从而获得能够满足工程需要的近似相似。对于本书研究的传热模型试验，导热系数与压力的关系不大，而冻胀力的产生主要是由于冻胀变形受到约束产生的，该试验中主要考虑位移约束，所以总体来说，在试验中重力场相似不是主要的相似条件，可降低要求。

7.2 相似准则的推导

对于公路隧道，为使其断面受力合理，一般都设计成三心圆形式。如采用笛卡尔坐标系进行相似准则推导，其冻结锋面处的条件表达将变得复杂。这里将隧道断面简化为按圆形并采用极坐标表示，其控制方程为

$$\frac{\partial T_n}{\partial t} = \alpha_n \left(\frac{\partial^2 T_n}{\partial r^2} + \frac{1}{r} \frac{\partial T_n}{\partial r} \right) \quad t > 0, 0 < r < \infty \tag{7-1}$$

在冻结界面上

$$\lambda_f \frac{\partial T_2}{\partial r}\bigg|_{r=\xi} - \lambda_{urf} \frac{\partial T_1}{\partial r}\bigg|_{r=\xi} = Q \frac{d\xi}{dt} \tag{7-2}$$

问题的初始和边界条件为

$$\begin{cases} t=0 \quad T(r) = T_0 \\ t>0 \quad T(r_a) = T_a \\ T(\infty) = T_0 \\ T(r=\xi) = T_d \end{cases} \tag{7-3}$$

式中，T_n 为未冻土和冻土中 r 处的温度，℃，下标 $n=1$ 时为未冻土，$n=2$ 时为已冻土；t 为时间，d；α_n 为导温系数，m^2/d；r 为柱坐标，m；λ_{unf} 为未冻土的导热系数，$kJ/(m \cdot d \cdot ℃)$；λ_f 为冻土的导热系数，$kJ/(m \cdot d \cdot ℃)$；ξ 为冻结壁边界位置坐标，m；Q 为单位土体冻结时放出的潜热量，kJ/m^3；T_0 为岩土初始温度，℃；T_a 为隧道内空气温度，℃；T_d 为冻结温度，℃。

为了容易分析参数的影响，并进行相似试验，设与之相似的试验模型的数学表达式为

$$\frac{\partial T'_n}{\partial t'} = \alpha'_n \left(\frac{\partial^2 T'_r}{\partial (r')^2} + \frac{1}{r'} \frac{\partial T'_n}{\partial r'} \right) \qquad t' > 0, 0 < r' < \infty \tag{7-4}$$

$$\lambda'_f \frac{\partial T'_2}{\partial r'} \bigg|_{r'=\xi'} - \lambda'_{unf} \frac{\partial T'_1}{\partial r'} \bigg|_{r'=\xi'} = Q' \frac{\mathrm{d}\xi'}{\mathrm{d}t'} \tag{7-5}$$

$$\begin{cases} t'=0 & T'(r')=T'_0 \\ t'>0 & T'(r'_a)=T'_a \\ T'(\infty)=T'_0 \\ T'(r=\xi)=T'_d \end{cases} \tag{7-6}$$

经过相似转换，可得到相似准则为

$$\begin{cases} \pi_1 = F_0 = \dfrac{\alpha t}{r^2} \\[2mm] \pi_2 = K_0 = \dfrac{Q}{TC} \\[2mm] \pi_3 = \dfrac{\xi}{r} \\[2mm] \pi_4 = \dfrac{T_0}{T_a} \\[2mm] \pi_5 = \dfrac{T_d}{T_a} \\[2mm] \pi_6 = \dfrac{T}{T_a} \end{cases} \tag{7-7}$$

式中，$\pi_1 \sim \pi_6$ 为相似准则；F_0 为傅里叶准则；K_0 为科索维奇准则（$C = \alpha/\lambda$）；$\pi_3 \sim \pi_5$ 均是温度准则，统一用 θ 表示；π_6 为几何准则，用 R 表示，整理后准则方程为

$$F(F_0 \cdot K_0 \cdot R \cdot \theta) = 0 \tag{7-8}$$

7.3 试验模化设计

7.3.1 几何缩比

几何缩比的确定关系着试验结果的精度和试验模型的可加工性。因为本试验采用的试验台的几何尺寸为 $D \times H = 1900 \times 1750$（mm）（直径×高度），如图 7-1 所示，对于隧道工程而言，开挖影响半径为隧道半径的 3~5 倍，考虑隧道模型制作的可加工性，综合三方面的因素最终将几何缩比定为 25：1。

通过几何缩比，隧道衬砌模型的尺寸如表 7-1 所示。

图 7-1　试验台

衬砌模型尺寸 表 7-1

模型参数	尺寸(mm)
衬砌模型外半径 r'_1	196
衬砌模型外半径 r'_2	284
衬砌模型外半径 r'_3	56
衬砌模型外半径 r'_4	536
衬砌模型厚度 h_1	16
衬砌模型内半径 r_1	180
衬砌模型内半径 r_2	268
衬砌模型内半径 r_3	40
衬砌模型内径 r_4	520

7.3.2　温度缩比

本试验的几何缩比 $C_1 = 25$，根据科索维奇准则 $K_0 = \dfrac{Q}{TC} = \dfrac{Q'}{T'C'}$ 可得

$$\frac{C_Q}{C_T C_C} = 1 \tag{7-9}$$

式中

$$\begin{cases} C_Q = \dfrac{Q}{Q'} \\ C_Q = \dfrac{T}{T'} \\ C_Q = \dfrac{C}{C'} \end{cases} \tag{7-10}$$

因模型与原型的材料相同，故 $C_C = 1$，$C_Q = 1$，得 $C_T = 1$ 即 $T = T'$。所以模型中各点的温度与原型中对应点的温度值相等。

7.3.3 时间缩比

根据傅里叶准则 $F_0 = \dfrac{\alpha t}{r^2}$ 得

$$\frac{C_\alpha C_t}{C_l^2} = 1 \tag{7-11}$$

式中

$$\begin{cases} C_\alpha = \dfrac{\alpha}{\alpha'} \\[2mm] C_t = \dfrac{t}{t'} \\[2mm] C_l = \dfrac{r}{r'} \end{cases} \tag{7-12}$$

因围岩材料相同，故 $C_\alpha = 1$，则 $C_t = C_l^2 = 25^2 = 625$，即

$$t = 625t' \tag{7-13}$$

也就是说，试验中的 1h 相当于原型 625h 的过程。

7.4 试验系统的设计

本试验是在图 7-1 所示的试验台上进行，整个试验系统（图 7-2）主要由以下几部分组成：

（1）试验主体结构：包括由碎石土组成的围岩、衬砌模型等。

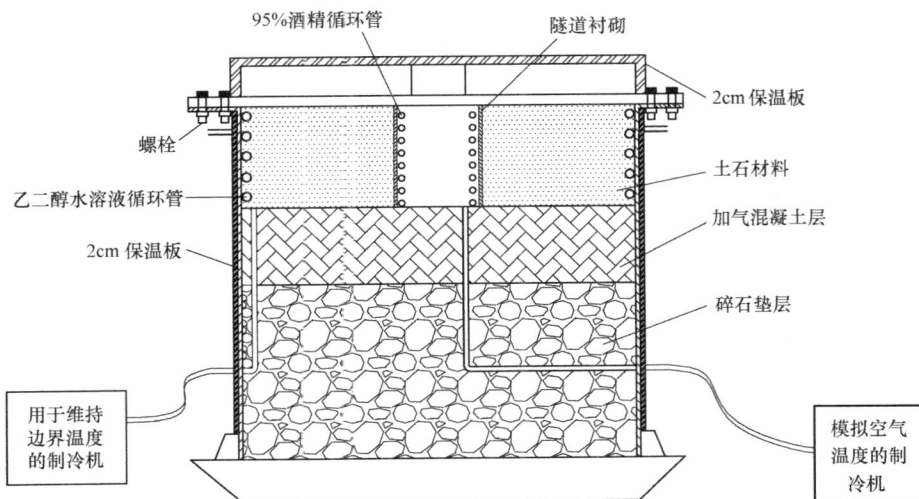

图 7-2 试验系统

（2）相关材料：包括围岩材料，二衬材料以及保温层材料。围岩材料主要采用现场的碎石土，二衬材料和保温材料采用替代材料。

（3）边界温度控制系统：采用低温恒温槽设备将水升温或降温，然后将循环水管与热交换管相连，并在进水管上设置阀门。

（4）大气温度模拟系统：采用低温恒温循环液浴两用槽来调节循环液的温度，通过进水管与热交换管相连，在进、回水管上都连接增压泵与阀门，以增大循环液的流动压力。

（5）温度控制系统：将高精度温度传感器 DS18B20 埋设在衬砌内壁，并与自主开发的小板相连，小板的另一端与大气温度模拟系统中的低温恒温槽相连，通过打开与关闭低温恒温槽中的制冷或加热装置来控制目标温度。

（6）数据采集系统：通过 Datataker515 采集模型试验中的温度、冻胀力以及变形。

本试验的目的主要有：

① 获得未铺设保温层时，玉希莫勒盖隧道的温度场并得出其冻结深度；

② 获得铺设 5cm 保温层时，该隧道的温度场以检验其保温效果；

③ 获得冻胀力的分布规律。

7.4.1　材料配置

（1）二衬材料的选取

玉希莫勒盖隧道的二衬材料为强度等级 C30 混凝土，厚度为 40cm，经过几何缩小之后，二衬模型的厚度为 16mm；由于混凝土中粗骨料的尺寸效应，无法用常规的混凝土进行浇筑，拟采用 M30 水泥砂浆或 C30 细粒混凝土进行替代。在本试验中，对于两种材料的选择主要看其导热系数是否与 C30 混凝土的接近。

M30 水泥砂浆按照如下配合比进行配置：

$$水泥：砂：减水剂：水＝1：2.7：0.018：0.38$$

其中水泥采用的是 P.O42.5 普通硅酸盐水泥。

而对于细粒混凝土的配置，主要考虑模型厚度为 16mm，并根据粗骨料不超过浇筑混凝土厚度 1/2 的原则，用 8mm 方孔筛对粗骨料进行筛分，然后冲洗、暴晒。另外，通过测试选用的石子在水中浸泡 1h 含水量没有发生太大变化，所以冲洗并暴晒过的石子中的含水量对配比没有太大影响。其配合比参照现场 C30 混凝土的配合比。

当 M30 水泥砂浆和细粒混凝土配置完成后，采用 Quick™-30 仪器对其导热系数进行测定，为隔绝空气流动，减小外界环境对测试精度的影响，用纸盒将传感器探头和试件罩起来，如图 7-3 所示。其测试结果如表 7-2 所示。

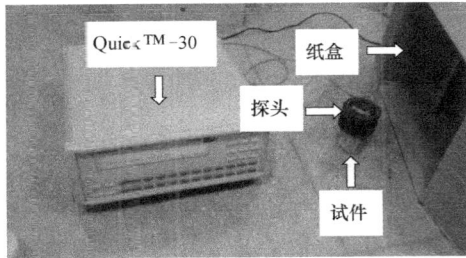

图 7-3 导热系数的测定

导热系数测试结果 表 7-2

λ(W/m・K)	第 1 次	第 2 次	第 3 次	平均值
细粒混凝土	2.63	2.50	2.55	2.56
M30 水泥砂浆	1.68	1.60	1.56	1.62

测定的现场 C30 混凝土的导热系数为 2.48W/m・K，从表 7-2 的测试结果可以看出，M30 水泥砂浆的导热系数只为其 2/3，而细粒混凝土的导热系数与之近似相等。所以本试验二衬材料选用细粒混凝土作为替代材料。

（2）保温层材料的选取

玉希莫勒盖隧道现场采用的保温材料为泡沫玻璃，具有导热系数小、防火性能好等优点。其导热系数为 0.03～0.04W/m・K，认为该保温材料质量优良，导热系数取 0.035W/m・K，厚度为 5cm。根据几何缩比，如果仍采用该种材料的保温层，试验所需厚度约为 2mm，该厚度的可操作性差，误差大。所以该处考虑采用替代材料，通过查阅相关文献并进行大量的试算，确定采用纯硅胶板作为保温层的替代材料，其铺设位置与现场一致，裸露于二衬外。保温层厚度的确定采用热阻法，计算模型按照圆筒壁导热方式进行。

设泡沫玻璃的导热系数为 $\lambda_\text{玻}$，内半径为 r_{p1}，外半径（衬砌内半径）为 r_a，长度为 l，则其热阻 R_p 为

$$R_p = \frac{\ln\left(\dfrac{r_a}{r_{p1}}\right)}{2\pi\lambda_p l} \tag{7-14}$$

而纯硅胶板的导热系数为 λ_g，内半径为 r_{g1}，长度同为 l，则该热阻为

$$R_g = \frac{\ln\left(\dfrac{r_a}{r_{g1}}\right)}{2\pi\lambda_g l} \tag{7-15}$$

为保证两者具有相同的保温效果，则须保证两者热阻相等，即

$$\frac{\ln\left(\dfrac{r_a}{r_{p1}}\right)}{2\pi\lambda_p l} = \frac{\ln\left(\dfrac{r_a}{r_{g1}}\right)}{2\pi\lambda_g l} \tag{7-16}$$

解得

$$r_{gl} = \frac{r_a}{\exp\left[\frac{\lambda_g}{\lambda_p}\ln\left(\frac{r_a}{r_{pl}}\right)\right]} \tag{7-17}$$

根据玉希莫勒盖隧道保温层的设计，泡沫玻璃的导热系数为 $\lambda_p = 0.035$ W/m·K，内外半径分别为 $r_{pl} = 445cm$，$r_a = 450cm$，而通过测试确定纯硅胶板的导热系数为 $\lambda_g = 0.35$ W/m·K。通过式（7-17）计算并按几何缩比进行缩小，最终确定纯硅胶板的厚度为 2cm。

7.4.2 边界温度控制系统

根据玉希莫勒盖隧道在里程 K724+105 断面的温度监测结果（图 2-4）可知，在围岩深处地温基本稳定在 2.9℃。所以边界温度控制系统的目标温度选为 2.9℃。

整个控制系统由恒温槽、管路以及热交换系统组成。恒温槽采用西安波意尔公司生产的功率较大的 LABO-50L，该仪器可靠性好，精度较高，能满足试验要求。为保证循环液体的流动压力，在管路中连接一自吸泵以增大其流动速度。热交换系统由直径 DN50 镀锌钢管弯折加工而成，螺旋间距为 4cm，该间距由固定长度的钢筋控制，整个交换系统高度为 60cm，在整个交换系统使用之前对其进行检漏，检漏压力为 0.3MPa，可满足试验要求，如图 7-4 所示。

循环液的选取主要考虑热交换系统需要提供 2.9℃ 的温度，考虑到管路上的热量损失，恒温槽内的温度需要更低，当温度低于 0℃ 时，槽内的循环液逐渐结冰导致整个回路中循环液减少而影响控制效果。乙二醇常作为防冻剂，可与水以任何比例混合，此处选用浓度为 50% 的乙二醇水溶液作为循环液，可满足试验要求。

(a) LABO-50L恒温槽　　　　　　　　(b) 镀锌钢管检漏

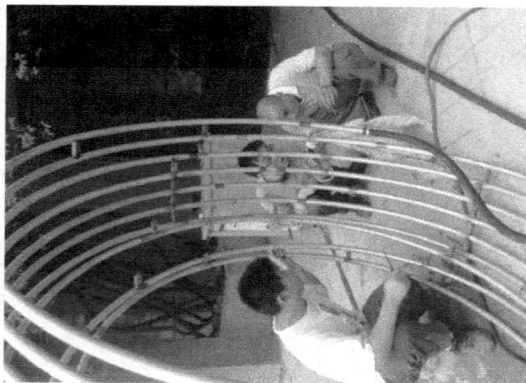

图 7-4　边界温度控制系统

7.4.3 温度控制系统

因为恒温槽主板显示的温度是出液管处循环液的温度，经过管路损失后其温度已不再是需要的温度，所以自主开发了一套温度控制系统，主要是配合模拟大气温度。该系统由高灵敏度的 DS18B20 型热敏电阻温度传感器、单片机、继电器和交流接触器组成，如图 7-5 所示；DS18B20 埋在衬砌内壁（由于对流换热系数对隧道壁温的影响很小，此处认为大气温度等于衬砌内壁温度），当衬砌内壁的温度达到目标温度时，通过小板自动控制恒温槽供电或断电，以便准确控制目标温度。整个控制系统流程如图 7-6 所示。大气温度曲线通过现场监测获得，由于做试验时现场测得的数据比图 2-3 中数据少，得到的拟合方程稍微有所差别，试验中所用的监测结果如图 7-7 所示。

拟合时采用如下函数：

$$T_a = T_{av} + B \sin \left[\frac{\pi(t - \varphi)}{\omega} \right] \tag{7-18}$$

式中，T_{av} 为所在地区年平均气温，℃；B 为该地区温度振幅，℃；t 为时间间隔（本次拟合从 2011-9-19，19：20）算起，d；φ 为相位差，d；ω 为温度频率，Hz。

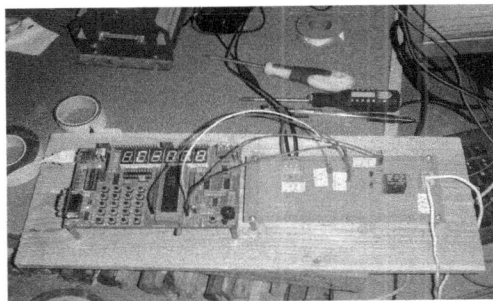

(a) 主机小板   (b) DS18B20试测

图 7-5 温度控制系统

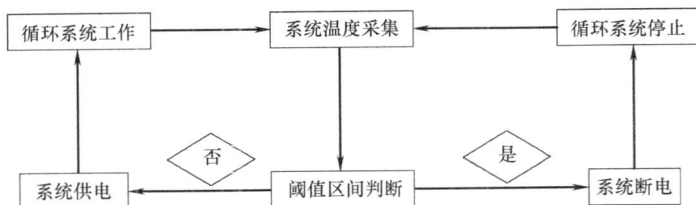

图 7-6 控制系统工作流程图

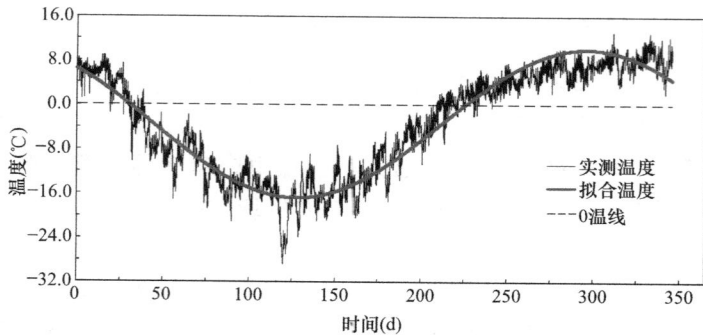

图 7-7　洞口大气温度拟合曲线

其拟合结果为

$$T_a = -2.5 + 13.38\sin\left[\frac{2\pi(t-222.4)}{365}\right] \tag{7-19}$$

根据式（7-13）确定的时间缩比，试验过程中需要调控的目标温度函数为

$$T_a = -2.5 + 13.38\sin\left[\frac{2\pi(x-8.5)}{14}\right] \tag{7-20}$$

由于设备无法实现温度的连续变化，所以完全按照式（7-20）进行调控是相当困难的，这里将温度函数以半小时间隔进行离散，得到 29 个离散点，通过恒温槽和控制系统进行温度控制，以达到模拟大气温度的目的，离散曲线和数据分别如图 7-8 和表 7-3 所示。

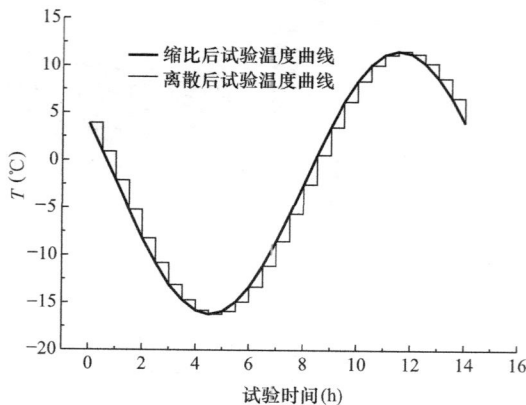

图 7-8　大气温度离散曲线

大气温度离散值　　　　　　　　　　　　　　　　　　　　　　表 7-3

时间(h)	温度(℃)	时间(h)	温度(℃)	时间(h)	温度(℃)
0	3.9	5.0	−15.9	10.0	8.4
0.5	0.9	5.5	−14.9	10.5	10.1

时间(h)	温度(℃)	时间(h)	温度(℃)	时间(h)	温度(℃)
1.0	−2.1	6.0	−13.3	11.0	11.2
1.5	−5.2	6.5	−11.1	11.5	11.6
2.0	−8.2	7.0	−8.5	12.0	11.3
2.5	−10.8	7.5	−5.6	12.5	10.3
3.0	−13.1	8.0	−2.5	13.0	8.7
3.5	−14.7	8.5	0.6	13.5	6.6
4.0	−15.8	9.0	3.5	14.0	4
4.5	−16.2	9.5	6.2	—	—

7.4.4 大气温度模拟系统

大气温度模拟系统钌组成基本与边界温度控制系统相似，主要由恒温槽、管路以及热交换系统组成。恒温槽采用雪中炭公司生产的 XT5301A-BS3020-D31-R60C 型两用槽，温度可调范围为−60～90℃；管路在进、回管上设置阀门与增压泵来增加循环液的循不动力；热交换系统采用铜管（其热交换性能较好）弯折而成，由内外两层组成。外侧弯成三心圆形式，以避免隧道壁温度不均匀，内侧为圆形主要是加快隧道内的热交换过程，如图 7-9 所示。

(a) 超低温恒温循环液浴两用槽　　　　(b) 热交换系统

(c) 管路

图 7-9 大气温度模拟系统

因为大气温度的变化范围为 $-15.88 \sim 10.88℃$，加上回路损失的温度，循环液必须保证冰点在 $-20℃$ 以下。本试验选用 95% 的酒精作为循环液（95% 酒精的冰点为 $-117℃$）。

7.4.5　测试系统

本试验中测试的内容包括温度、冻胀力和衬砌变形。由于越靠近隧道衬砌，温度梯度较大，而在远离衬砌的位置处，温度梯度变小，所以沿隧道径向从隧道衬砌到围岩深处温度测点的布置由密到疏；冻胀力在隧道衬砌壁后最大，是工程稳定性关注的焦点，所以在衬砌壁后监测径向和环向的冻胀力变化规律；对于衬砌的变形，布置测试环向和轴向的应变片。由于衬砌轮廓为三心圆，所以三种测试内容分别布置在拱顶、拱肩、拱脚和底板，具体的测试系统布置如图 7-10 所示。

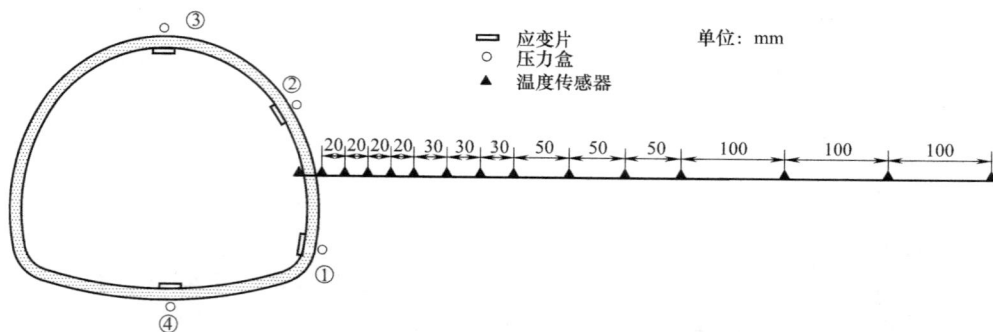

图 7-10　测试系统布置

1. 温度传感器

温度传感器利用康铜热电偶的电势差进行温度测试，具有制作简单、灵敏度高的特点。在热电偶制作完成后需要对其进行标定，将其捆绑成束与高精度温度计一起放入恒温槽中进行标定。完成之后按照图 7-10 所示设计的距离将热电偶固定在薄竹条上（图 7-11），然后在试验过程中沿隧道径向布置在四个特殊位置处。

2. 压力盒

冻胀力的测试采用辽宁丹东虹龙公司生产的 BY-4 系列压力盒，外观尺寸为 $17mm \times 11mm$（直径×高度），量程为 0.8MPa，精度为 0.01MPa。由于围岩介质饱和，为避免水分进入压力盒影响测试，在压力盒外表面包裹上一层热缩管。在压力盒使用之前同样需要进行标定，采用试验室自主研发的标定装置进行标定，如图 7-12 所示。

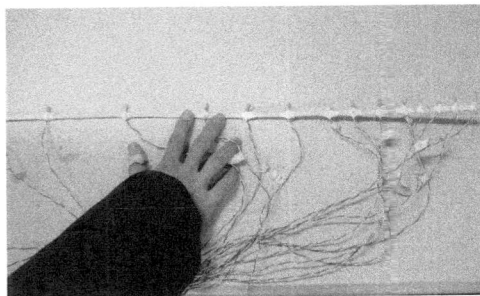

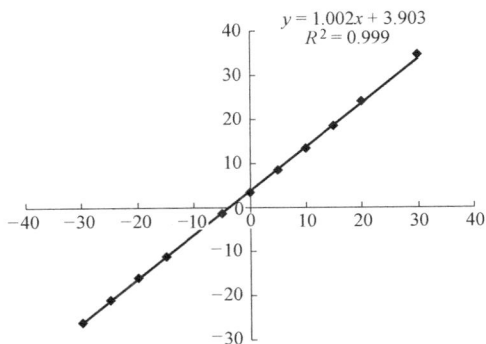

(a) 康铜热电偶　　　　　　　　　　(b) 温度传感器的标定曲线

图 7-11　温度传感器

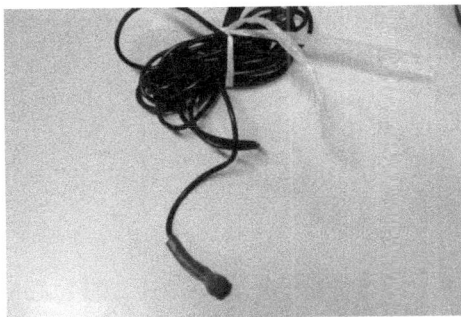

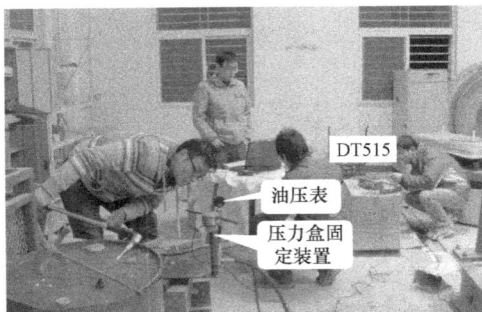

(a) 带热缩管的压力盒　　　　　　　　　　(b) 压力盒标定

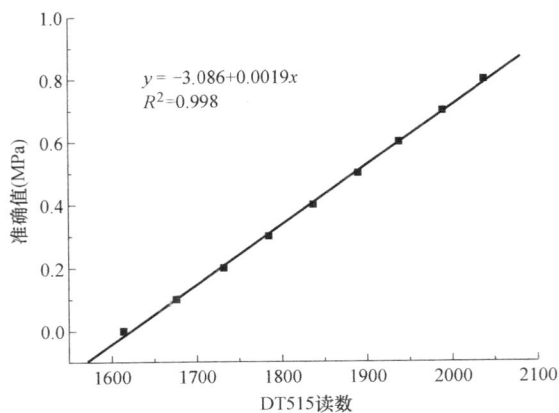

(c) 标定结果

图 7-12　压力盒

125

3. 应变片

当围岩发生冻胀变形，冻胀力作用在衬砌上时，衬砌会发生相应变形采用应变片进行变形测试所选产品为黄岩土木仪器厂生产的 BX120-15AA。应变片贴在衬砌内墙，如图 7-13 所示。

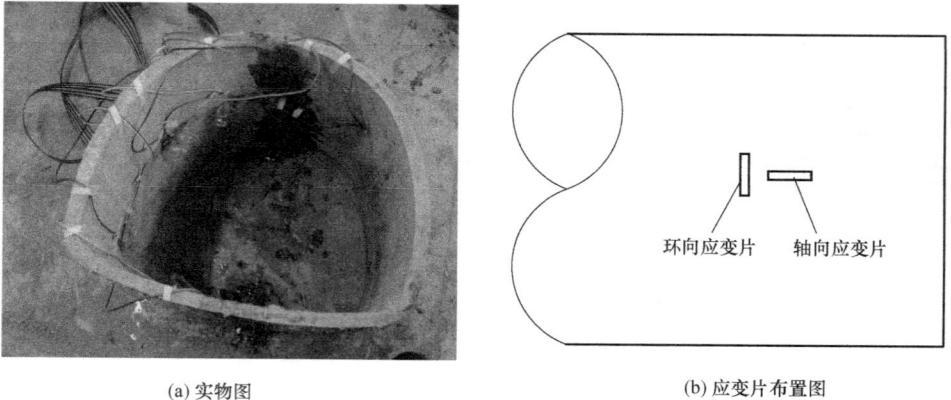

(a) 实物图

(b) 应变片布置图

图 7-13　应变片

7.5　试验步骤与方法

7.5.1　试验准备

试验前，主要的准备工作是碎石土的准备、二衬的制作、管路的连接和测试系统的调试。

1. 碎石土

碎石土主要采用现场的材料，经过琼晒、碾压和分筛，然后按照现场测得的碎石土的质量百分比进行重新配置来作为围岩材料。

2. 二衬的制作

因为该试验无法考虑初支的影响，所以衬砌只考虑二衬。根据几何缩比，得到如表 7-1 所示二衬模型的尺寸，根据该尺寸设计加工模板，考虑到养护后拆模的方便与可行，将模板设计成内外两层，每一层都包括左右两部分。同时，为保证两层之间的空间均匀，在模板上下断面上布置 8 个连接片，整个模板如图 7-14 所示。

3. 管路的连接

由于循环液在管路中的循环路程较长，而大气温度模拟系统中的恒温槽自带水泵功率较小，不足以克服循环时的阻力，所以在管路上安装增压泵，以增大循环时的动力，如图 7-9 所示。大降低环境温度对试验的影响，在管路上包裹一层保温棉。

4. 测试系统的调试

所有的测试元件在安装之前，需要进行试测，保证其能正常工作。

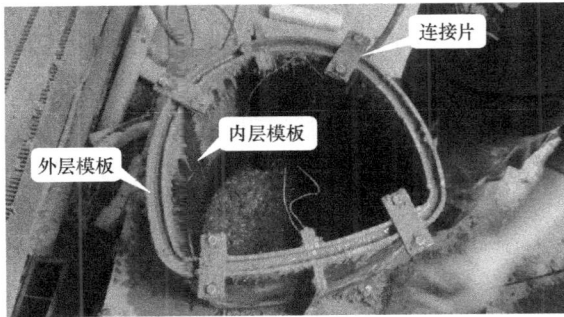

图 7-14 二衬模型的制作

7.5.2 试验步骤

本试验包括两组试验：遂道内侧未铺设保温层和铺设保温层。两组试验基本操作相同，具体步骤如下：

（1）搭建试验台。试验台高度为 1750mm，而试验主体高度为 500mm，所以底部用碎石垫高，由于试验台的管路通道在下部，所以在铺垫层之前，先将试验台中的管路铺设好。

（2）加气混凝土层厚度的确定。为避免试验层与垫层之间进行热传递，在中间加铺加气混凝土层，该层厚度的确定可按半无限大平板导热模型[122] 进行计算。其计算模型如图 7-15 所示，得到与环境温度相同时的厚度便是试验要求的厚度。

该温度场计算模型的数学描述为

$$
\begin{cases}
\dfrac{\partial T}{\partial t} = \alpha \dfrac{\partial^2 T}{\partial x^2} \\
t = 0,\ T(x,0) = T_h \\
x = 0,\ T(0,t) = T_e \\
x \to \infty,\ T(x,t) = T_h
\end{cases}
\qquad (7\text{-}21)
$$

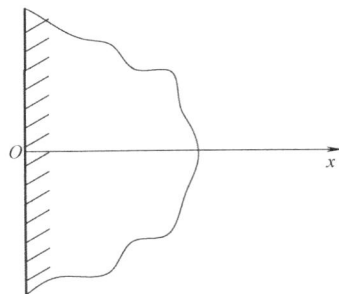

图 7-15 半无限大平板导热计算模型

其解析解为

$$T = \text{erf}\left(\frac{x}{2\sqrt{\alpha_{j} t}}\right)(T_{h} - T_{e}) + T_{e} \tag{7-22}$$

式中，$T(x,t)$ 为温度函数，℃；T_{h} 为试验的初始温度，℃；T_{e} 为试验温度，℃；α_{j} 为加气混凝土导温系数，m^{2}/d；$\text{erf}(\cdot)$ 为误差函数。

试验期间环境温度为 3℃，试验过程中的最低温度约为 −16℃，根据计算铺设两层尺寸为 $20\text{cm} \times 25\text{cm} \times 60\text{cm}$ 的加气混凝土砌块，误差为 6.7%，可满足试验要求。

本试验是按照平面应变模型进行设计，所以为约束试验层的轴向应变，需要在加气混凝土上用砂浆找平，而砂浆中含水量很大，影响加气混凝土的隔热性能，所以加气混凝土与砂浆之间需铺设防水薄膜。

（3）热交换系统的安装。安装边界温度控制系统和大气温度模拟系统中的热交换系统。

（4）二衬模型与测试系统的安装。当热交换系统安装完以后，将应变片贴好，然后固定二衬，再将温度传感器和压力传感器分别安装在拱顶、拱肩、拱脚和底板四个位置处；压力盒在每个测点处沿径向和环向进行布置，用三角铁制作环箍对其位置进行固定，如图 7-16 所示。

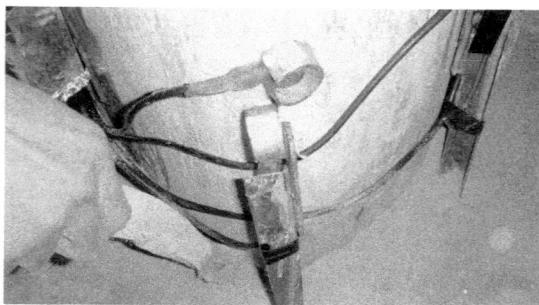

图 7-16　压力盒的放置

（5）调试。将所有传感器安装完成后，进行调试，检查所有传感器是否接触良好；运行边界温度控制系统和大气温度模拟系统，检查管路是否漏水。

（6）铺设碎石土。调试完成后，在试验层中填充碎石土，由于含水量较大，呈流塑状态，所以围岩会与衬砌接触良好，完成之后将试验台盖子盖好，用 48 个螺栓进行固定，如图 7-17 所示。

（7）铺设保温板。当所有工作完成之后，用 2cm 保温板将整个试验台外侧进行包裹，避免环境温度对试验的影响，如图 7-18 所示。

（8）开启恒温槽和小板控制系统。开启边界温度控制系统和大气温度模拟系统，将其温度设定为隧道年平均气温 2.9℃，直到所有温度传感器的读数都显示为 2.9℃左右。

图 7-17 试验台封盖

图 7-18 铺设保温板

（9）开始试验。按照表 7-3 所示的温度离散值进行加载。设置 Datataker 的采集间隔为 2min。

当温度加载完成后，第一组试验（衬砌内侧无保温层）就顺利完成。然后进行第二组试验，所有流程基本相同，只是在固定衬砌之前，需要在内侧铺设一层 2cm 厚的纯硅胶板，如图 7-19 所示。

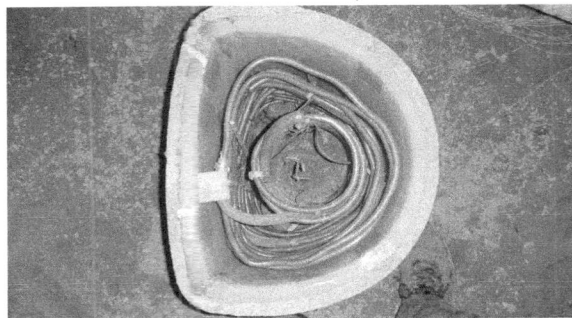

图 7-19 纯硅胶板

7.6 试验结果分析

7.6.1 温度场分析

针对两组试验，获得衬砌内侧铺设保温层与未铺设保温层两种情况下围岩中温度场的分布，其结果如图 7-20 和图 7-21 所示。

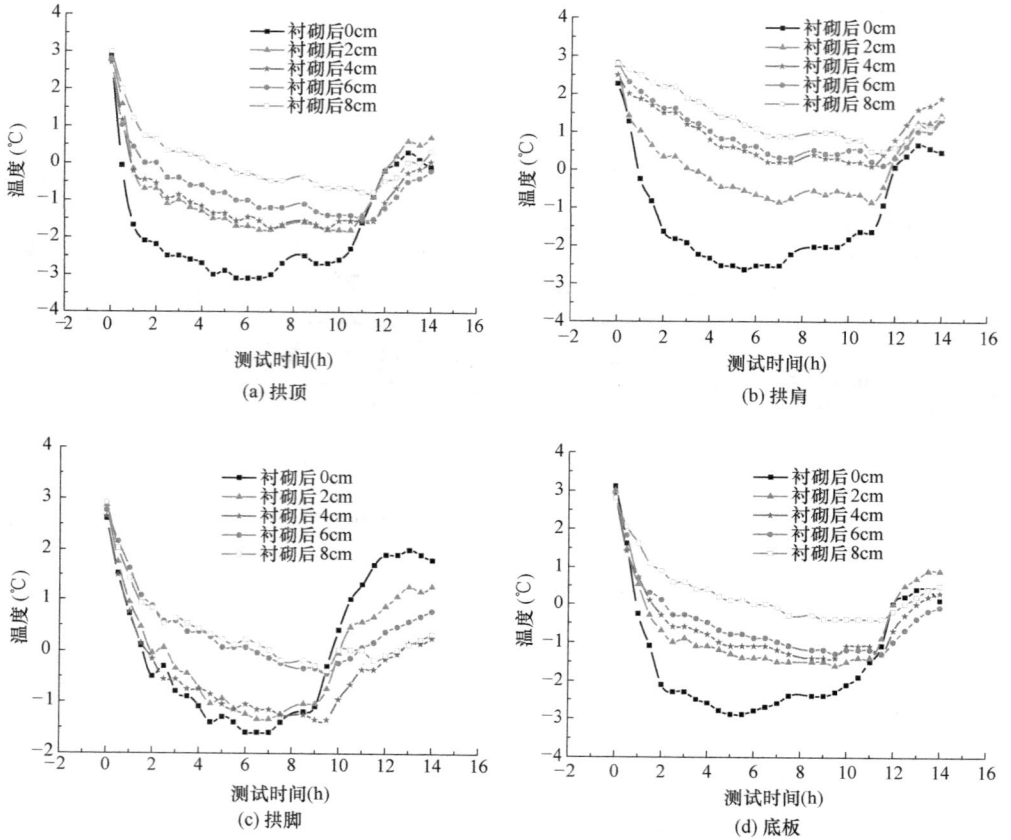

图 7-20　未铺设保温层时温度与时间的变化规律

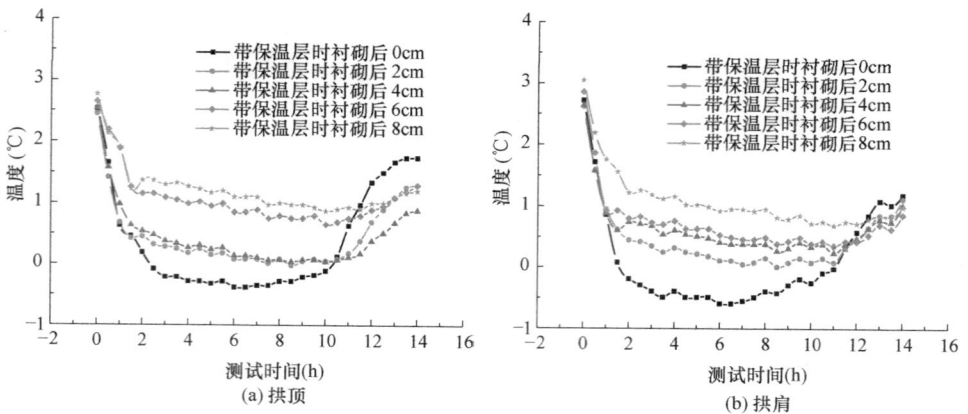

图 7-21　铺设保温层时不同位置随时间的变化曲线（一）

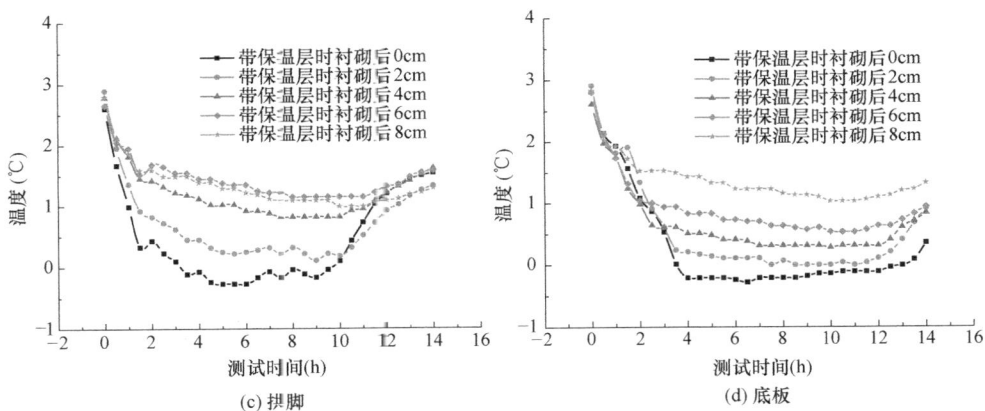

图 7-21 铺设保温层时不同位置随时间的变化曲线（二）

从图 7-20 所示的试验结果可以看出，衬砌没有铺设保温层时，拱顶、拱肩、拱脚和底板四个位置处温度变化规律和大气温度的变化规律相似，只是温度振幅较小，四个位置的最低温度分别为−3.1℃、−2.6℃、−3.1℃和−2.9℃，最高温度分别为 0.3℃、0.7℃、0.5℃和 0.4℃，温度最值基本相同。

图 7-21 的结果显示，当衬砌铺设保温层后，四个位置的最低温度分别为−0.4℃、−0.6℃、−0.3℃和−0.3℃，最高温度分别为 1.7℃、1.2℃、1.5℃和 0.4℃；对于最低温度而言，保温层在各位置阻断其 87%、77%、93%和 89%的传递，平均阻断 86.5%的传递。

在图 7-20 中，四个位置在衬砌壁后 8cm 处的最低温度分别为−0.7℃、0.5℃、−0.4℃和−0.4℃，非常接近 0℃线，可以认为试验的最大冻结深度约为 8cm，换算成现场值为 2m。而在图 7-21 中，铺设保温层后冻结深度大约仍有 2cm，换算成现场值为 0.5m。

7.6.2 冻胀力分析

当围岩温度低于 0℃时，围岩中的水冻结成冰，围岩体积增大产生冻胀力作用于衬砌上，压力盒的测试结果如图 7-22 所示。

从图 7-22 显示结果可以看出，径向与环向冻胀力随时间的变化规律基本同步，最大冻胀力产生的时间基本在试验的第 8～第 10 小时内产生，明显滞后于最低温度产生的时间，主要原因为压力盒有 1.1cm 厚，冻胀从衬砌壁后发展到受压面需要一定的时间。四个测点处径向与环向冻胀力的最大值如表 7-4 所示。

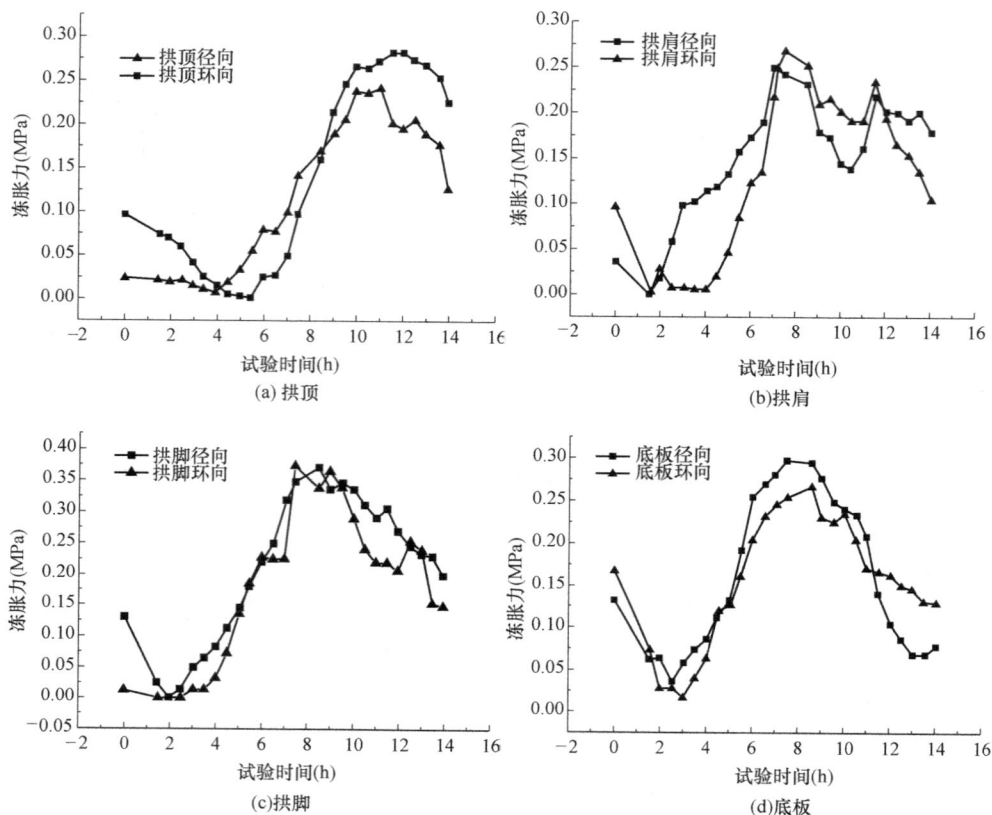

图 7-22 各位置处冻胀力随时间的变化

冻胀力测试结果 表 7-4

位置	最大径向应力（MPa）	最大环向应力（MPa）
拱顶	0.28	0.24
拱肩	0.25	0.27
拱脚	0.33	0.32
底板	0.30	0.27
平均值	0.29	0.275

7.6.3 衬砌的变形分析

当冻胀力作用在衬砌上时，衬砌将发生相应的变形，通过应变片测得的变形结果如图 7-23 所示。从该结果可以看出，四个位置的轴向应变都很小，为 20～30με，主要是由于整个试验层上下存在温差引起的。

在整个试验过程中，底板的环向应变最大，其他三处的环向应变分别为

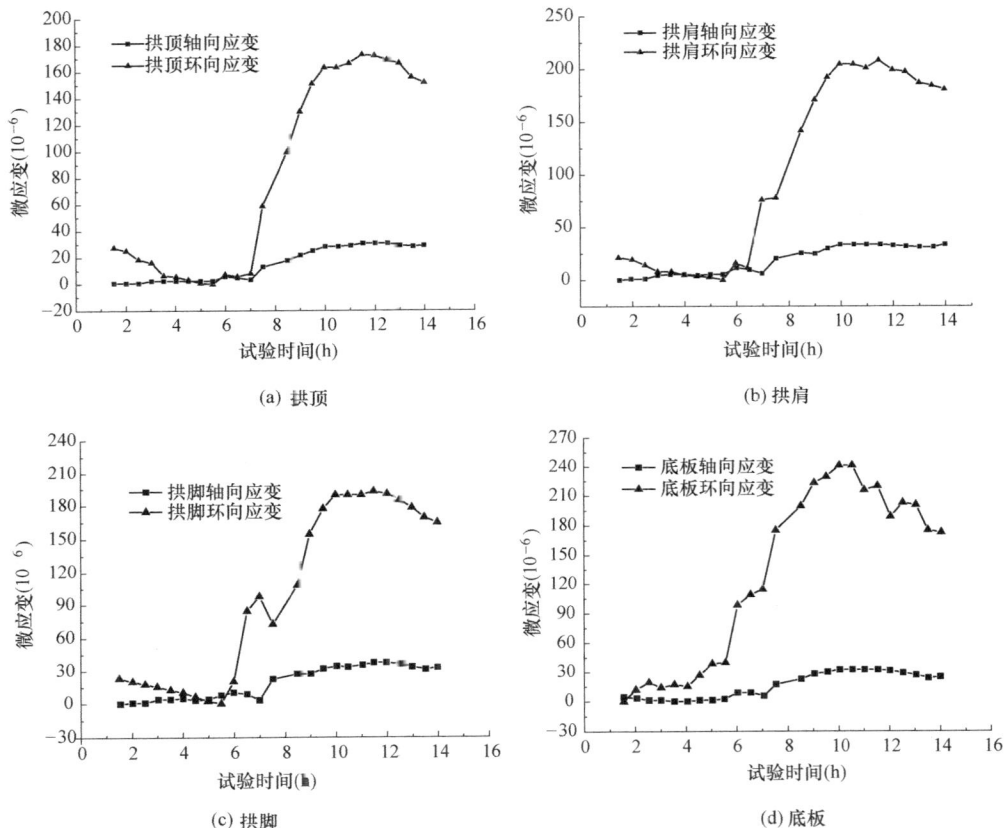

(a) 拱顶

(b) 拱肩

(c) 拱脚

(d) 底板

图 7-23 衬砌变形随时间的变化规律

$173\mu\varepsilon$、$207\mu\varepsilon$ 和 $193\mu\varepsilon$。

由于衬砌变形很小可看作弹性体，假设将衬砌简化为圆筒形，根据拉梅解答可知：

$$\begin{cases} \sigma_r^{in} = 0 \\ \sigma_\theta^{in} = -\dfrac{2r_L'^2}{r_L'^2 - r_a'^2}f_冻 \end{cases} \qquad (7\text{-}23)$$

式中，σ_r^{in} 为衬砌内侧所受的径向应力，MPa；σ_θ^{in} 为衬砌内侧所受的环向应力，MPa；$r_a'^2$、$r_L'^2$ 分别为衬砌内、外半径；$f_冻$ 为衬砌外侧所受的冻胀力，MPa。

弹性本构方程为

$$\varepsilon_\theta = \frac{1-\mu^2}{E}\left(\sigma_\theta - \frac{\mu}{1-\mu}\sigma_r\right) \qquad (7\text{-}24)$$

将式（7-23）代入式（7-24）中可得

$$f_{\text{冻}} = -\frac{E\varepsilon_{\text{$\dot{\epsilon}$}}(r_{\text{L}}'^2 - r_{\text{a}}'^2)}{2r_{\text{L}}'^2(1-\mu^2)} \tag{7-25}$$

将最大应变 $229\mu\varepsilon$ 和其他相关参数代入得到最大冻胀力为 0.613MPa，将其他三个位置的平均最大应变 $191\mu\varepsilon$ 代入计算，得到其他三处平均最大冻胀力为 0.511MPa，比试验结果偏大，主要原因有以下两方面：一是试验中的压力盒有一定的厚度，测试点的位置比衬砌壁后远 1.1cm；二是该计算过程假设衬砌为圆形。

7.7　试验小结

（1）通过建立寒区隧道传热物理试验模型，得到铺设与未铺设保温层时隧道围岩的温度场，通过对比可以看出，铺设 5cm 保温层能够阻断低温 86.5% 的传递，但是仍不足以保证隧道不发生冻融循环现象。

（2）在未铺设保温层时，冻结深度为 2m，而铺设保温层后，冻结深度仍有 0.5m。

（3）试验测得的径向冻胀力的平均值为 0.29MPa，环向冻胀力的平均值为 0.275MPa，而通过衬砌应变反算求得拱顶、拱肩和拱脚的冻胀力平均值为 0.511MPa，底板处的冻胀力可达 0.613MPa，其原因主要有以下两方面：一是测试用的压力盒厚度为 1.1cm，二是计算过程假设衬砌断面为圆形。

第8章　工程实例

8.1　概述

中华人民共和国成立之初，为更好地联系南疆与北疆，中国人民解放军工程兵开凿了从独山子到库车的国防公路，由于该公路需要翻越天山山脉，所以在玉希莫勒盖达坂上修建了旧的玉希莫勒盖隧道，该隧道处于高纬度、高海拔严寒山区，具有地质条件较差，断裂构造复杂，岩层节理裂隙发育、连通性好，岩层风化程度高、冲击层厚、胶结性差、强度低，地下水丰富等特点，严重影响了隧道的施工进度和施工安全。由于冬季低温的影响，该隧道产生了非常严重的冻害（图 8-1），目前已报废弃用。

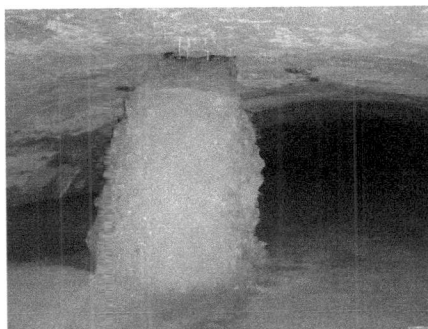
(a) 冰柱

(b) 冰窖

图 3-1　旧玉希莫勒盖隧道

　　玉希莫勒盖隧道属高山季节性冻土区；年最低气温为－50℃，年平均降水量为1000mm。根据钻探、地质调查、抽水试验资料分析，隧道通过地区为富水区，在冬季低温时容易发生冻胀，情况严重时会危及隧道的稳定性。

8.2　玉希莫勒盖隧道温度场分析

　　在前面的章节中，通过现场监测、解析计算、数值模拟以及相似模拟试验四种方法对玉希莫勒盖隧道温度场进行了相关的研究。因为现场监测的数据量较小，对问题的认识不够深入，现用现场实测数据作为基准，对比分析相同工况下其他方法的可靠性。现场实测的位置为拱腰处，且在无保温层情况下进行，其对比结果如图8-2所示。

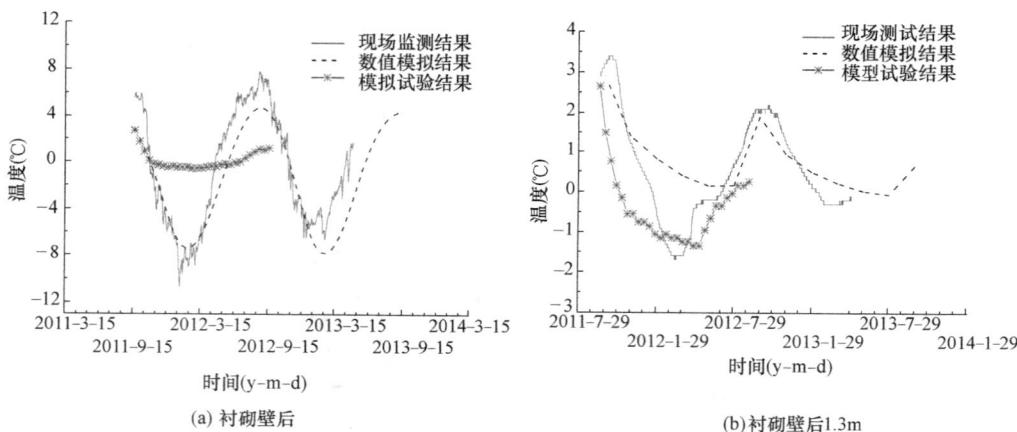

(a) 衬砌壁后　　　　　　　　　　　　(b) 衬砌壁后1.3m

图 8-2　未铺设保温层时拱腰温度对比

　　从该结果可以看出：

　　（1）越靠近隧道，温度变化规律越接近三角函数，在远离隧道位置处，温度变化呈现的三角函数规律越来越不规则；

　　（2）在衬砌壁后，现场监测与数值模拟结果基本一致，但是相似模拟试验的温度变化幅度却很小，没有明显的波峰与波谷；

　　（3）在衬砌壁后1.3m处，现场实测、数值模拟和相似试验的结果都显示，此处的温度变化已不再呈现规则的三角函数变化规律；模拟试验与现场实测的结果，升降温速率以及最低温度都基本相同，只是在温度回升时试验结果的最高温度较低；数值模拟与现场监测在初始降温阶段和第二周期的降温段都有较大差别。

　　原因分析：

（1）试验过程中只在隧道内埋设一根 DS18B20 温度传感器，无法监测到隧道中的温度是否完全达到目标温度；

（2）试验过程中隧道内的空气不流通，即忽略了对流换热过程；

（3）试验过程只模拟了一个周期，时间较短；

（4）数值模拟和模型试验都没有考虑地下水的流动以及围岩破碎等因素。

由于现场实测时还没有进行保温层的施工，缺少带保温层时的现场实测数据，现将其他三种方法进行对比分析。由于理论分析是针对带保温层的圆形隧道，也就是说，解出的温度场与角度无关，所以只在拱腰进行分析，如图 8-3 所示；在其他三处只进行数值模拟和模型试验结果的对比分析，如图 8-4～图 8-9 所示。

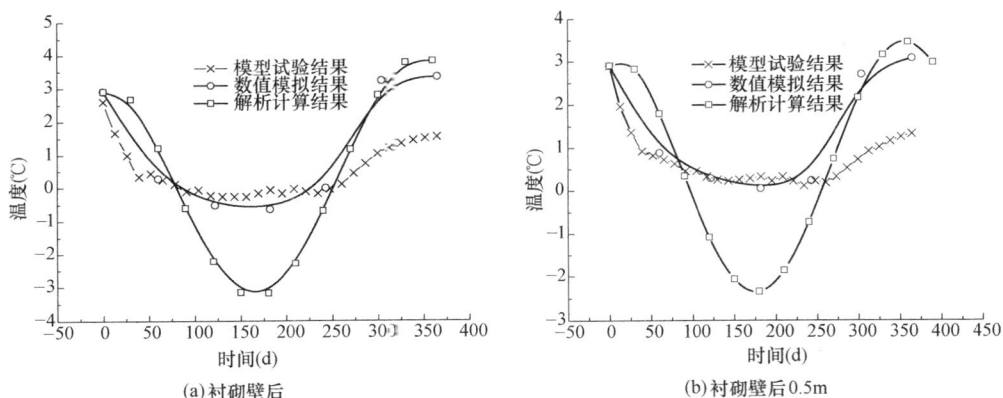

图 8-3　铺设保温层时拱腰温度对比

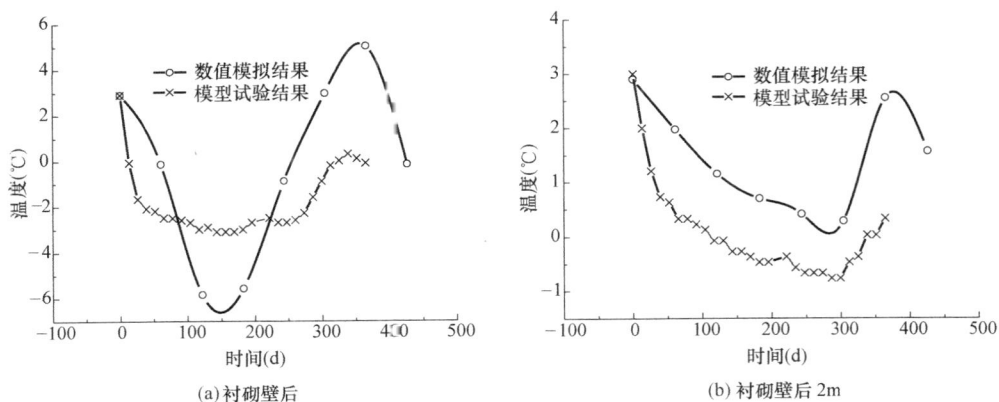

图 8-4　未铺设保温层时拱顶温度对比

137

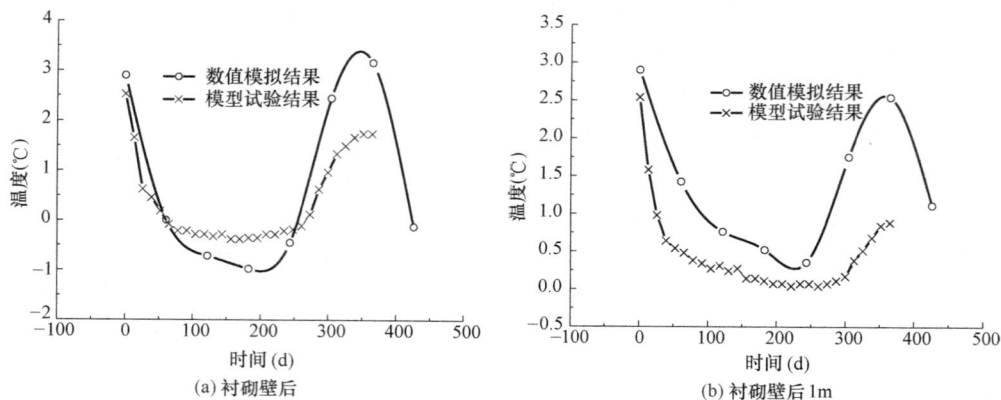

(a) 衬砌壁后　　　　　　　　　　(b) 衬砌壁后1m

图 8-5　铺设保温层时拱顶温度对比

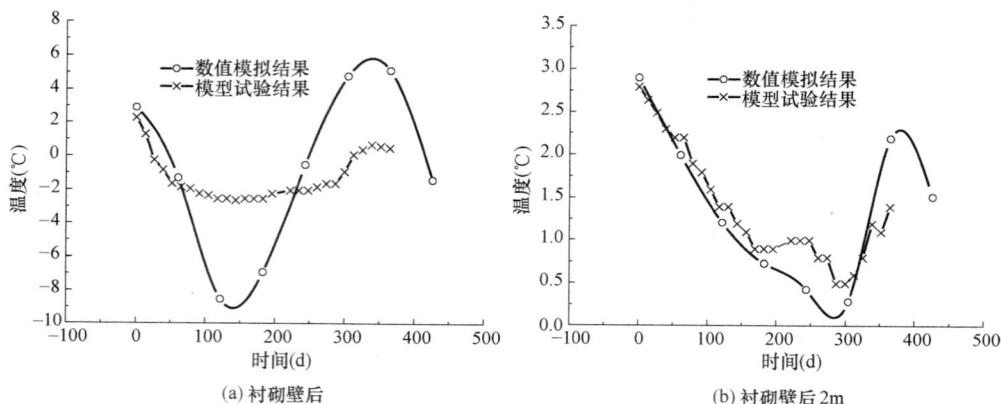

(a) 衬砌壁后　　　　　　　　　　(b) 衬砌壁后2m

图 8-6　未铺设保温层时拱肩温度对比

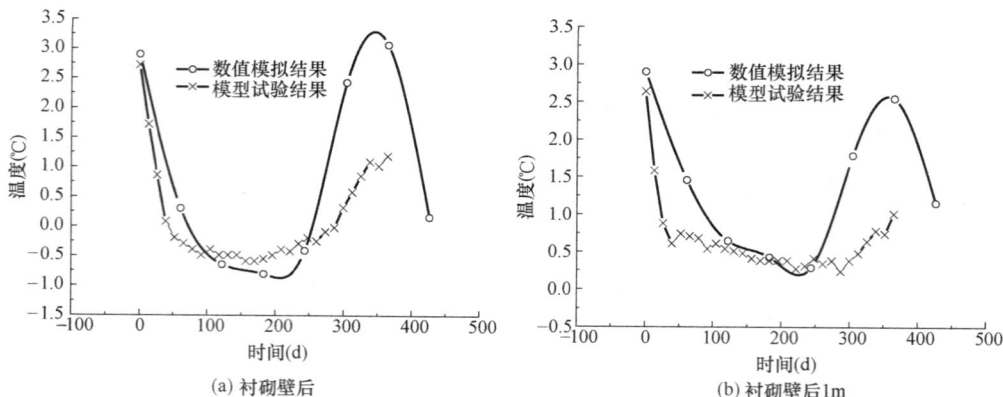

(a) 衬砌壁后　　　　　　　　　　(b) 衬砌壁后1m

图 8-7　铺设保温层时拱肩温度对比

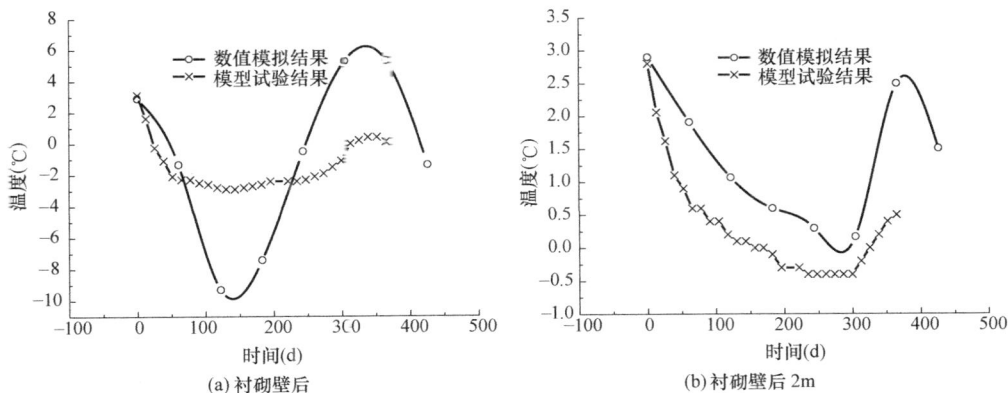

图 8-8 未铺设保温层时底板温度对比

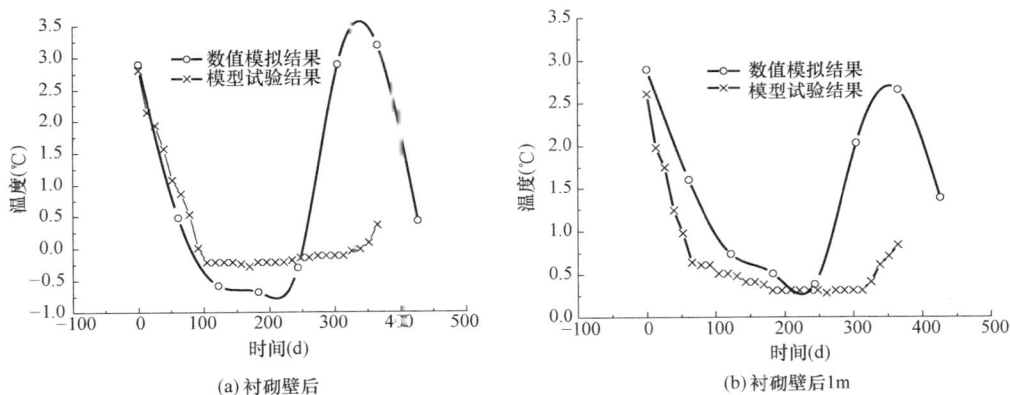

图 8-9 铺设保温层时底板温度对比

（1）在拱腰处，铺设保温层时没有现场的监测数据，现将数值模拟、模型试验和理论解析的结果进行对比分析，在衬砌壁后和壁后 0.5m 位置处的结果都显示，理论计算结果中温度波动居烈，主要是因为理论分析没有考虑相变变化，针对的是理想模型；而数值模拟结果和模型试验结果在降温区则吻合较好，在升温区试验结果比数值模拟结果偏小，可能原因为控制隧道内模拟大气温度的测点较少，导致温度没有完全达到设定值。

（2）在拱顶、拱肩和底板三处，当未铺设保温层时，在衬砌壁后数值模拟的温度最值比试验结果大，但是温度升降趋势一致。壁后 2m 处试验结果的温度幅值反而大于或者等于数值模拟，但是两者的变化趋势相同。主要原因可能是当隧道内温度降低越多时，在相同时间内制冷机制冷就越困难，而模拟大气温度控制系统中测点较少，导致隧道内的温度根本没有达到预设值。而在壁后 2m 处的结果可能是因为试验的围岩介质为碎石土，当距离较远时，导热系数受土中碎石的

139

影响明显，所以幅值较大，而数值模拟认为围岩是均质材料则结果变小。

当铺设保温层时，无论是衬砌壁后还是衬砌壁后 1m 处，数值模拟和模型试验的结果都比未铺设保温层时吻合度高很多，温度变化规律也都基本相同，主要原因是保温层能阻挡大部分温度的传递，使得衬砌和围岩中的温度幅值变小，所以两种方法之间的偏差比未铺设保温层时小。也同样因为围岩材质的不同，使得模型试验比数值模拟的结果大一些。

8.3　玉希莫勒盖隧道保温层分析

玉希莫勒盖隧道在仅采用保温层进行防护时，可通过解析计算和数值模拟采用试算的方法求解所需保温层的厚度。当铺设 16cm 保温层时，两种方法计算的结果如图 8-10 所示。

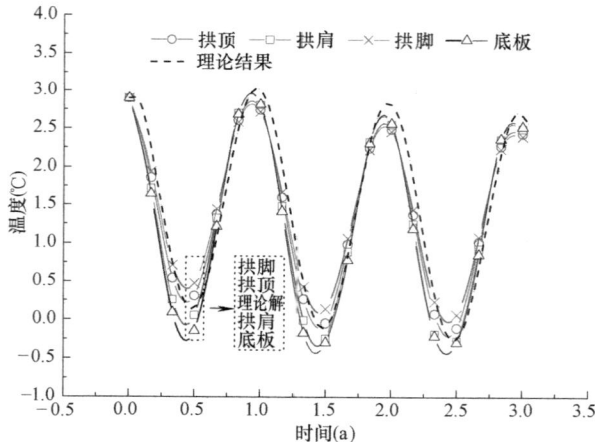

图 8-10　16cm 保温层衬砌外缘的温度

从图 8-10 的结果可以看出：数值模拟的计算模型为三心圆，分别获得四个特殊位置处的温度曲线。最低温度的大小关系为：底板＞拱肩＞理论解＞拱顶＞拱脚；从该关系可以看出，针对圆形断面的理论解介于四个位置的中间，并且随着周期的增加，各位置的最低温度离散性减小，但是都比前一周期的低。

8.4　玉希莫勒盖隧道冻胀力分析

8.4.1　现场冻胀力监测结果

在玉希莫勒盖隧道建设过程中，为监测冻胀力的大小，对 1 号测点，即里程为 K722＋110 断面在冬季进行监测，该断面位于隧道进口，端口外地势相对平坦，空气流通较好，比出口段更容易发生冻胀现象。在该断面的拱顶、两侧帮部都埋设压力盒，其历时曲线如图 8-11 所示。

从监测断面的结果可以看出，隧道在夏季开挖刚埋设压力盒时，应力增加较快并最终稳定，进入冬季产生冻胀力后，应力又开始增加，但由于冬期歇工，11月至次年的 3 月初无法进行监测，但是在 3 月中下旬至 6 月份又开始监测；在5、6 月份时围岩融化应力降低。整个冬季最大冻胀力约为 0.4MPa。

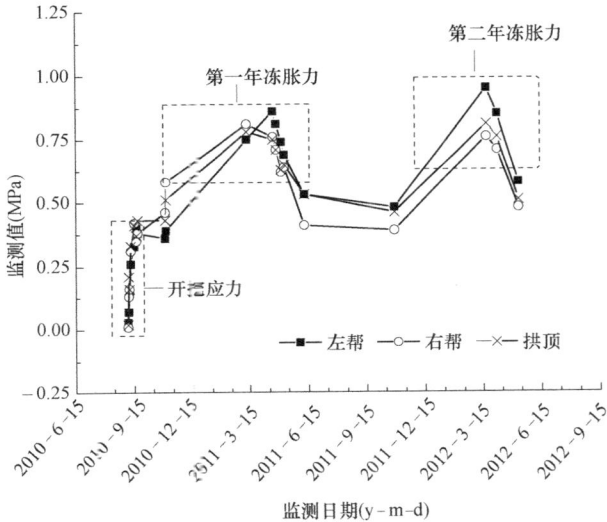

图 8-11 K722＋110 围岩应力监测

8.4.2 冻胀力对比分析

现对现场监测和模型试验的结果进行对比分析，因为模型试验没有考虑地应力的影响，所以试验测得的应力值仅为冻胀力。将现场监测得到稳定时的围岩应力值叠加到试验结果中进行对比分析，如图 8-12 和图 8-13 所示。

从拱顶的对比结果可以看出，产生冻胀力的时间基本一致，并且在 3 月份之后冻胀力减小，说明围岩温度开始回升。但是由于现场部分数据不完整，无法看出期间的变化规律是否与模型试验的结果一致。另外，虽然两种方法的结果变化趋势相似，但是现场监测结果普遍大于模型试验的结果，分析原因可能为：

（1）模型试验没有考虑围岩中的一些含水孔隙或孔洞；由于其中水含量高，冻胀程度剧烈，使得冻胀总变形量加大，产生的冻胀力也越大。

（2）模型试验中没有考虑地应力的影响，虽然试验过程中进行一些压密固结过程，但是程度较小，导致围岩密实度不够，冻胀时会释放部分变形使得围岩进

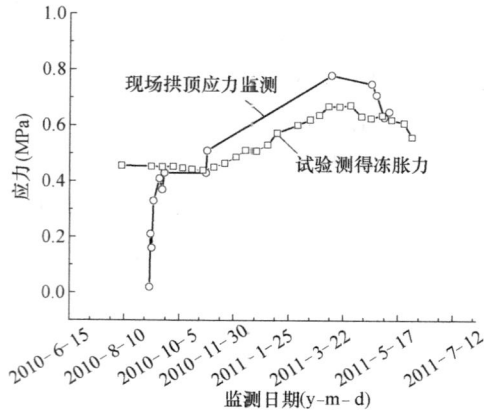

图 8-12　拱顶冻胀力对比

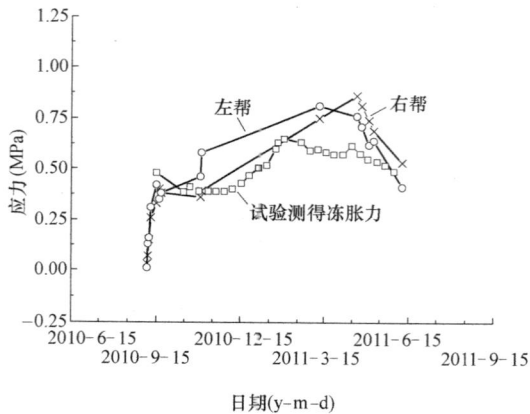

图 8-13　拱肩冻胀力对比

一步压密而导致冻胀力减小。

在拱肩位置处进行应力对比，其基本规律与拱顶处的规律相似，原因亦相同。此外，试验中冻胀力开始增加的位置比现场的滞后，可能原因为：该处压力盒位置的围岩密实度不足。

第 5 章采用解析的方法对寒区隧道围岩应力进行解答，将玉希莫勒盖隧道的参数代入求解得出，作用在衬砌上的冻胀力为 0.875MPa，而作用在未冻围岩上的冻胀力为 0.770MPa。该方法没有考虑冻结围岩中的各参数随温度的变化，且认为围岩密实，没有孔隙，导致理论计算的结果比现场测试和模型试验的结果偏大。

8.5 玉希莫勒盖隧道变形监测

隧道周边位移和拱顶下沉是变形监测的主要内容，且相对容易实现，其量测数据可以直接用于围岩的稳定性分析和判断。其部分监测结果如表 8-1 所示，其历时曲线如图 8-14～图 8-16 所示。

周边收敛与拱顶下沉的量测结果表　　　　　　　　　　表 8-1

序号	测点编号	里程	布点日期(年-月-日)	水平收敛(mm)	拱顶下沉(mm)	备注
1	zj-7	K722+370	2010-9-04	14.25	9.87	
2	zj-10	K722+425	2011-6-10	12.28	12.43	
3	zj-12	K722+470	2011-7-26	6.76	10.28	
4	zj-16	K722+550	2011-9-28	26.78	32.02	
5	zj-19	K722+670	2012-5-23	4.26	6.79	
6	zj-24	K722+775	2012-6-24	12.78	17.58	
7	zj-30	K722+835	2012-7-28	**88.06**	**78.42**	加固后稳定
8	zj-33	K722+835	2012-8-20	51.08	42.96	
9	zj-38	K722+975	2012-9-26	20.20	19.88	
10	zc-25	K723+780	2011-7-24	40.12	36.19	
11	zc-36	K723+690	2011-9-19	32.02	34.14	
12	zc-48	K723+550	2012-5-29	**113.42**	**120.52**	塌方
13	zc-55	K723+475	2012-7-11	48.13	53.83	
14	zc-60	K723+420	2012-8-18	**61.86**	**50.47**	加固后稳定
15	zc-68	K723+375	2012-9-21	31.29	25.86	

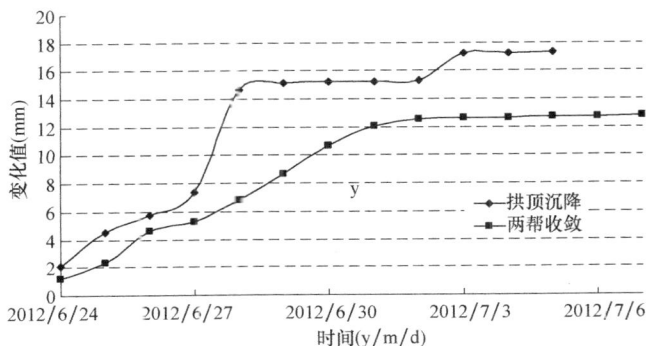

图 8-14　K722+775 两帮收敛及拱顶沉降量测历时曲线

在里程为 K722+775 处的两帮收敛及拱顶沉降量测历时曲线表明：隧道开挖后，拱顶下沉 17～18mm，两帮收敛 12～13mm 时围岩将趋于稳定；里程 K723+55 是在隧道开挖完后发生塌方的位置，其历时曲线为先随着开挖而迅速增大，达到 60mm 左右时暂时趋于稳定，随着隧道的继续开挖，该处的拱顶沉

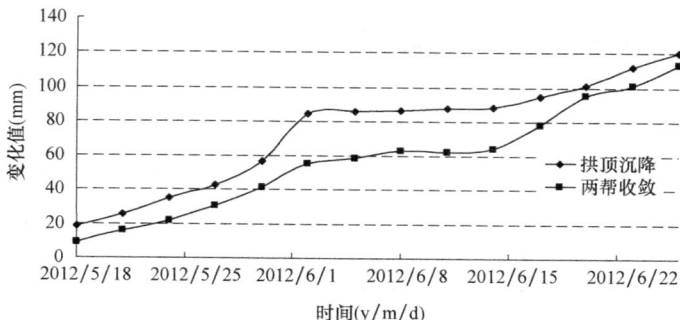

图 8-15　K723＋55 周边收敛与拱顶沉降的历时曲线（塌方）

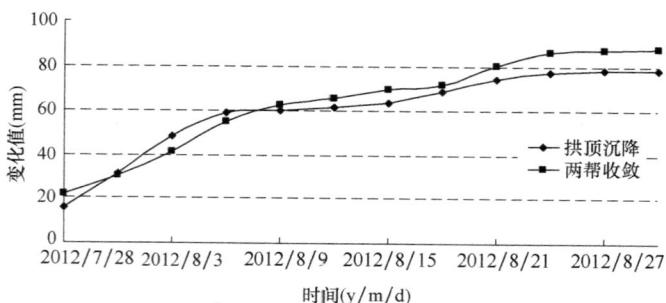

图 8-16　K722＋835 周边收敛与拱顶沉降历时曲线（开裂加固）

降和水平收敛都突然增大到 120mm 左右，随后就发生塌方；里程为 K722＋835 的位置处，开始阶段变形速率较大，总变形量也达到 60mm 左右，初支出现开裂，对围岩进行注浆加固后，其总变形量稳定在 80mm 左右。

8.6　本章小结

（1）在未铺设保温层时，将数值模拟和模型试验所得到的拱腰处衬砌壁后和壁后 1.3m 两位置的温度变化曲线与现场监测结果进行对比，结果显示：衬砌壁后现场监测与数值模拟结果基本一致，模拟试验温度幅值较小，偏差较大；而在壁后 1.3m 处显示模拟试验与现场实测规律相似，数值模拟结果略有偏差，并分析了偏差的原因。

（2）拱腰处在铺设保温层时，将模型试验结果、数值模拟结果和理论分析结果进行对比分析，主要分析了衬砌壁后和壁后 0.5m 两位置。并且对其他三处未铺设保温层时的衬砌壁后和壁后 2m 以及铺设保温层时衬砌壁后和壁后 1m 位置进行对比分析，结果显示：当未铺设保温层时，衬砌壁后各结果相差较大，离隧道越远相差越小；当铺设保温层时，数值模拟和模型试验结果在衬砌壁后和壁后

1m 位置都相差不大。

（3）在单独采用 16cm 保温层时，以衬砌外缘温度为基准，判断保温层的效果，结果显示最低温度值的大小关系为：底板＞拱肩＞理论解＞拱顶＞拱脚。

（4）通过对里程 K722＋110 位置进行压力监测显示：最大冻胀力约为 0.4MPa。而对模拟试验和监测结果进行对比发现：两者产生冻胀力的时间基本相等，围岩基本在 3 月份融化；现场监测结果普遍大于模型试验的结果，可能是因为试验过程没有考虑地应力的作用及一些含水孔隙，使得试验结果偏小。理论计算结果显示，作用在衬砌上的冻胀力为 0.875MPa，明显大于其他两种方法的结果，主要是因为理论分析没有考虑冻结围岩中的参数与温度的关系。

第9章 结论及展望

9.1 主要结论

针对季节性寒区隧道的温度场与变形特性的研究课题，从现场监测理论解析、数值模拟以及相似模拟试验等方面研究寒区隧道的温度场，并对现场铺设的保温层进行评价；然后根据冻胀与融化特性，对寒区隧道围岩应力与变形进行了分析，并结合现场应力与变形监测进行围岩稳定性研究，主要结论有：

（1）基于相关假设，建立带保温层的寒区隧道温度场的计算模型，该模型考虑了空气与衬砌壁面之间的对流换热过程，并采用 Laplace 积分变换和 Den Iseger 方法对其进行了解答。通过计算，以衬砌外侧的温度是否大于 0℃ 作为判别条件，对玉希莫勒盖隧道现场铺设 5cm 保温层进行了评价，得出该厚度不足以防止隧道发生冻害；如果单独铺设保温层进行防护，需要铺设 19cm。另外，还分析了各有关参数对隧道温度场的影响，可为数值模拟和现场保温防护提供指导。

（2）采用 Geo-studio 模拟软件中的 TEMP 模块对寒区隧道的温度场进行分析，通过与现场监测数据的对比验证模拟参数选取的合理性。基于合理的模拟参数，对玉希莫勒盖隧道在未铺设保温层和铺设 5cm 保温层时隧道温度场进行分析，从计算结果可以看出未铺设保温层时，冻结深度为 1.36m，当铺设 5cm 保温层时冻结深度变为 0.4m。

（3）根据数值模拟结果对玉希莫勒盖隧道的冻结锋面的移动规律进行研究，在拱顶、拱肩、拱脚和底板四个特殊位置处提取 0℃ 出现的位置随时间的变化规律。当未铺设保温层时，对冻结锋面进行整体拟合和分段线性拟合，都得出拱肩和底板是冻结锋面扩展最快、最远的位置，拱脚由于曲率较大，是冻结锋面扩展最慢的位置。同时，得出第二周期冻结锋面要比第一周期扩展得更远的结论。而对铺设 5cm 保温层的冻结锋面进行整体拟合时发现有些信息失真，而对其进行分段线性拟合同样得出拱肩是冻结锋面发展最大、最远的位置，其次是底板。最后，根据拱肩和底板是断面中的危险位置的结论，分析拱肩和底板的衬砌外侧的温度曲线，得出铺设 21cm 厚度的保温层可保证隧道的安全。

（4）分析现有的寒区隧道冻结围岩的本构方程，针对其中的不足和实际情况，建立了新的本构方程，并给出其冻结零位移点的求解方法。基于新的本构

146

方程，求解了寒区隧道的冻结应力场，采用复变函数法求解了不等压条件下的开挖应力场，并将两者叠加得到了不等压条件下的寒区隧道应力场。当侧压力系数分别为 1、0.5 和 1.5 时，得到了在 0℃、30℃、60℃和 90℃处的应力变化规律。

(5) 采用新的本构方程和 Mohr-Coulomb 非关联流动法则，建立两向等压冻结时寒区隧道的应力与变形的求解模型，主要包括三种情况：塑性半径在冻结圈内、无塑性破坏以及塑性半径大于冻结半径。得出冻胀减小围岩中塑性半径的发展，增大了支护结构和冻结围岩中的应力，此外，还分析了各有关参数对塑性半径的影响规律。

(6) 假设冻结完成后各区围岩均属于弹性介质，建立了寒区隧道的融化模型，分析融化时寒区隧道的应力场，得出融化作用使得融化围岩中的应力明显减小。

(7) 基于自行设计的季节性寒区隧道温度场传热试验系统，对隧道温度场和冻胀力进行了研究，结果表明：四个位置处温度变化规律和大气温度的变化规律相似；5cm 保温层在拱顶、拱肩、拱脚和底板处分别阻断了最低温度 87%、77%、93%和 89%的传递；冻胀力的测试结果表明，最大值的出现明显滞后于最低温度出现的时间，径向和环向上的最大冻胀力平均值分别为 0.29MPa 和 0.275MPa；根据衬砌的环向变形，采用弹性力学厚壁圆筒理论反算出底板的最大冻胀力为 0.613MPa，其他三处的平均冻胀力为 0.511MPa。

(8) 通过将不同方法得出不同位置的温度进行对比验证，分析出现偏差的原因，并对铺设 16cm 保温层时衬砌外缘的温度进行分析，得出最低温度的关系为：底板＞拱肩＞理论解＞拱顶＞拱脚。另外，将现场冻胀力的监测结果与相似模拟试验的结果进行对比分析，得出基本变化趋势相同，但是现场结果偏大。最后，结合现场围岩变形可共同指导寒区隧道工程的施工。

9.2　展望

本书研究了季节性带保温层的寒区隧道温度场、冻结锋面的移动规律以及冻胀和融化时围岩中的应力场与变形场，为寒区隧道的建设提供了一定的指导与参考价值，但是仍有以下问题有待进一步拓展：

(1) 虽然用数值模拟软件分析了冻结锋面的移动规律，但是未能具体分析相关参数对其移动规律的影响，下一步需建立考虑冻结锋面移动的寒区隧道温度场的解析解，可清晰、全面地了解各参数是如何影响冻结锋面的扩展，进而影响整个温度场。

(2) 寒区隧道应力场的解答，认为冻结圈中的冻胀线应变完全相同，没能考虑温度影响，以及弹性模量等参数在不同的温度场下的变化是如何影响应力场的分布的。

（3）融化解答只是针对冻结后围岩为弹性的情况的分析，对于其他两种情况的分析还有待进一步研究。

参 考 文 献

[1] 周幼吾等. 中国冻土 [M]. 北京：科学出版社，2000.

[2] 贺永年，刘志强. 隧道工程 [M]. 徐州：中国矿业大学出版社，2002.

[3] 吴紫汪等. 寒区隧道工程 [M]. 北京：海洋出版社，2003.

[4] 徐学祖等. 冻土物理学 [M]. 北京：科学出版社，2001.

[5] 陈邵华. 关角隧道斜井岩溶裂隙水处理技术探讨 [J]. 现代隧道技术，2010，47 (1)：81-86.

[6] 张先军. 青藏铁路昆仑山隧道洞内气温及地温分布特征现场试验研究 [J]. 岩石力学与工程学报，2005，24 (6)：1086-1089.

[7] 吴满路，张春山，廖椿庭，等. 风火山隧道地应力测量与工程稳定性分析 [J]. 地球学报，2005，26 (1)：71-74.

[8] 刘永华. 青海省 G227 线大坂山隧道病害整治设计 [J]. 公路隧道，2010，(1)：48-50.

[9] Johansen N. I.，Huang S. L.，Aughenbaugh N. B.. Alaska's CRREL permafrost tunnel [J]. Tunnelling and Underground Space Technology，1988，3 (1)：19-24.

[10] 包凤鸣. 寒冷地区铁路隧道气温状态 [J]. 冰川冻土，1998，10 (4)：450-453.

[11] 王大为，金祥秋，吕康成. 寒区公路隧道围岩温度测试与分析 [C]//全国公路隧道学术论文集，2001.

[12] 黄双林. 昆仑山隧道施工期间围岩冻融圈的初步研究 [J]. 冰川冻土，2003，25 (z1)：100-103.

[13] 张先军. 青藏铁路昆仑山隧道洞内气温及地温分布特征现场试验研究 [J]. 岩石力学与工程学报，2005，24 (6)：1086-1089.

[14] 陈建勋. 隧道冻害防治技术的研究 [D]. 西安：长安大学，2004.

[15] 谢红强，何川，李永林. 寒区公路隧道保温层厚度的相变温度场研究 [J]. 岩石力学与工程学报，2007 (2)：4395-4401.

[16] 陈建勋，罗彦斌. 寒冷地区隧道温度场的变化规律 [J]. 交通运输工程学报，2008，8 (2)：44-48.

[17] 张德华，王梦恕，任少强. 青藏铁路多年冻土隧道围岩季节活动层温度及响应的试验研究 [J]. 岩石力学与工程学报，2007，26 (3)：514-619.

[18] 赖金星，谢永利，李群善. 青沙山隧道地温场测试与分析 [J]. 中国铁道科学，2007，28 (5)：78-82.

[19] Bonacina C.，Comini G.，Fasano A.，et al. Numerical solution of phase-change problems [J]. International Journal of Heat and Mass Transfer，1973，16 (10)：1825-1832.

[20] Conuni G.，Guidice S.，Lewis R. W.，et al. Finite element solution of nonlinear heat conduction problems with special reference to phase change [J]. International Journal for Numerical Methods in Engineering，1974，6 (8)：613-624.

[21] Bansal N. K.，Sodha M. S.，Bharadwaj S. S.. Performance of earth air tunnels [J]. International Journal of Energy Research，1983，7 (4)：333-345.

[22] Shamsundar N.. Formulae for freezing outside a circular tube with axial variation of coolant temperature [J]. International Journal of Heat and Mass Transfer，1982，25 (10)：1614-1616.

[23] Lunardini V. J.. Heat transfer with freezing and thawing [J]. Applied Mechanics Reviews，1991，45 (2)：23-30.

［24］ Krarti M.，Kreider J. F.. Analytical model for heat transfer in an underground air tunnel ［J］. Energy Conversion and Management，1996，37 （10）：1561-1574.

［25］ Takumi K.，Takashi M.，Kouichi F.. An estimation of inner temperatures at cold region tunnel for heat insulator design ［C］. Proceedings of Structural Engineering Symposium，2008：32-38.

［26］ R. S.. Transient thermal analysis of parallel translucent layers by using green's functions ［J］. Journal of Thermophysics and Heat Transfer，1999，13 （1）：10-17.

［27］ N. O. M.. Heat conduction ［M］. New York：John Wiley and Sons，1980.

［28］ Singh S.，Jain P. K.，Rizwan-uddin. Analytical solution to transient heat conduction in polar coordinates with multiple layers in radial direction ［J］. International Journal of Thermal Sciences，2008，47 （3）：261-273.

［29］ Jain P. K.，Singh S.. Analytical solution to transient asymmetric heat conduction in a multilayer annulus ［J］. Journal of Heat Transfer，2009，131 （1）：1-7.

［30］ Lu X.，Tervola P.，Viljanen M.. Transient analytical solution to heat conduction in multi dimensional composite cylinder slab ［J］. International Journal of Heat and Mass Transfer，2006，49 （5）：1107-1114.

［31］ Lu X. S.，Viljanen M.. An analytical method to solve heat conduction in layered spheres with time dependent boundary conditions ［J］. Physics Letters A，2006，351 （4）：274-282.

［32］ Y-M. Lai，Z-W. Wu，Y-L. Zhu，et al. Nonlinear analysis for the coupled problem of temperature，seepage and stress fields in cold-region tunnels ［J］. Numerical Methods，1998，13 （4）：435-440.

［33］ Y-M. Lai，Z. Wu，Y. Zhu，et al. Nonlinear analysis for the coupled problem of temperature and seepage field in cold regions tunnels ［J］. Cold Regions Science and Technology，1999，29 （1）：89-96.

［34］ 赖远明，喻文兵，吴紫汪，等. 寒区圆形截面隧道温度场的解析解 ［J］. 冰川冻土，2001，23 （2）：126-130.

［35］ Y-M. Lai，S-Y. Liu，Z-W. Wu，et al. Approximate analytical solution for temperature fields in cold regions circular tunnels ［J］. Cold Regions Science and Technology，2002，34 （1）：43-49.

［36］ X-F. Zhang，Y-M. Lai，W-B. Yu，et al. Forecast analysis for the re-frozen of Feng Huoshan permafrost tunnel on Qing-Zang railway ［J］. Tunnelling and Underground Space Technology，2004，19：45-46.

［37］ X-F. Zhang，Y-M. Lai，W-B. Yu，et al. Nonlinear analysis for the freezing-thawing situation of the rock surrounding the tunnel in cold regions under the conditions of different construction seasons，initial temperatures and insulations ［J］. Tunneling and Underground Space Technology，2002，17 （3）：315-325.

［38］ 张耀，何树生，李靖波. 寒区有隔热层的圆形隧道温度场解析解 ［J］. 冰川冻土，2009，31 （1）：113-118.

［39］ 张国柱，夏才初，殷卓. 寒区隧道轴向及径向温度分布理论解 ［J］. 同济大学学报（自然科学版），2010，38 （8）：1117-1122.

［40］ 夏才初，张国柱，肖素光. 考虑衬砌和隔热层的寒区隧道温度场解析解 ［J］. 岩石力学与工程学报，2010，29 （9）：1767-1773.

［41］ 冯强，蒋斌松. 寒区隧道温度场 Laplace 变换解析计算 ［J］. 采矿与安全工程学报，2012，29 （3）：391-395.

[42] 张学富，王成，喻文兵，等. 风火山隧道空气与围岩对流换热和围岩热传导耦合问题的三维非线性分析 [J]. 岩土工程学报，2005，27 (12)：1414-1420.

[43] 杨旭，严松宏，马丽娜. 季节性冻土区隧道温度场分析与预测 [J]. 隧道建设，2012，32 (1)：57-61.

[44] 郝飞. 寒区冻土公路隧道温度场特性研究 [D]. 哈尔滨：东北林业大学，2012.

[45] 宁翠萍. 寒区长大公路隧道温度特性研究 [D]. 西安：西安建筑科技大学，2012.

[46] 晏启祥，何川，曾东洋. 寒区隧道温度场及保温隔热层研究 [J]. 四川大学学报 (工程科学版)，2005，37 (3)：24-27.

[47] 王余富. 寒区公路隧道温度场特征研究 [D]. 西安：长安大学，2006.

[48] 谢红强，何川，李永林. 寒区公路隧道保温层厚度的相变温度场研究 [J]. 岩石力学与工程学报，2007，26 (S2)：4395-4401.

[49] 赖金星. 高海拔复杂围岩公路隧道温度场特征与结构性能研究 [D]. 西安：长安大学，2008.

[50] 赵志忠. 乌鞘一级公路隧道温度场特征及冻害防治措施研究 [D]. 西安：长安大学，2010.

[51] 张全胜，高广运，杨更社. 寒区隧道温度场的三维有限差分分析 [J]. 苏州科技学院学报 (工程技术版)，2006，19 (3)：15-20.

[52] 吴文丁. 基于FLAC3D的季冻区隧道温度场分布规律数值模拟分析 [J]. 北方交通，2012，(11)：102-104.

[53] 吴文丁. 季冻区隧道温度场分布规律及衬砌冻胀力分析 [D]. 长春：吉林大学，2009.

[54] 范东方，夏才初，韩常领. 寒区隧道工程中隔热保温层的作用分析 [J]. 西部交通科技，2012，12 (1)：1-6.

[55] X-J. Tan, W-Z. Chen, C-J. Wu, et al. Numerical simulations of heat transfer with ice-water phase change occurring in porous media and application to a cold-region tunnel [J]. Tunnelling and Underground Space Technology, 2013, (38)：170-179.

[56] X-J. Tan, W-Z. Chen, D-S. Yang, et al. Study on the influence of airflow on the temperature of the surrounding rock in a cold region tunnel and its application to insulation layer design [J]. Applied Thermal Engineering, 2014, (67)：320-334.

[57] 张耀，赖远明，张学富. 寒区隧道隔热层设计参数的实用计算方法 [J]. 中国铁道科学，2009，30 (2)：66-70.

[58] 郝飞，张全胜. 寒区公路隧道温度场及保温层的研究 [J]. 现代隧道技术，2012，49 (1)：39-44.

[59] 蒋斌松，王金鸽，周国庆. 单管冻结温度场解析计算 [J]. 中国矿业大学学报，2009，38 (4)：463-467.

[60] 蒋斌松，沈春儒，冯强. 外壁恒温条件下单管冻结温度场解析计算 [J]. 煤炭学报，2010，35 (6)：923-928.

[61] 吴礼舟，许强，黄润秋. 冻土中冻结锋面移动的影响因素 [J]. 湖南科技大学学报 (自然科学版)，2010，25 (4)：51-54.

[62] 陈长臻，杨维好，张涛，等. 外壁恒温条件下单管冻结温度场发展规律 [J]. 辽宁工程技术大学学报 (自然科学版)，2010，29 (2)：232-236.

[63] 周扬，周国庆. 考虑未冻水单管冻结温度场解析解 [J]. 煤炭学报，2012，37 (10)：1649-1654.

[64] 赖远明，吴紫汪，朱元林，等. 寒区隧道冻胀力的黏弹性解析解 [J]. 铁道学报，1999，21 (6)：70-75.

[65] 张全胜，杨更社，王连花，等. 冻融条件下软岩隧道冻胀力计算分析 [J]. 西安科技学院学报，

2003，23（1）：1-6.

[66] 张全胜. 寒区隧道围岩损失试验研究和水分迁移分析 [D]. 上海：同济大学，2006.

[67] 吕书清. 冻结状态下软岩隧道冻胀力分析 [J]. 哈尔滨师范大学自然科学学报，2008，24（4）：50-52.

[68] 白国权. 高海拔严寒地区隧道温度场分布规律及衬砌冻胀力数值模拟研究 [D]. 成都：西南交通大学，2006.

[69] 肖建章，赖远明，张学富，等. 青藏铁路旱桥冻胀力的弹塑性分析 [J]. 铁道学报，2008，30（6）：82-88.

[70] 仇文革，孙兵. 寒区破碎岩体隧道冻胀力室内对比试验研究 [J]. 冰川冻土，2010，32（3）：557-562.

[71] 吴剑，陈礼伟，刘玉勇. 冻土隧道冻胀力计算方法研究 [J]. 隧道建设，2010，30（2）：142-147.

[72] 吴楚刚，杨林. 寒区冻土中冻胀力的计算 [J]. 西部探矿工程，2011，（12）：187-190.

[73] 顾博渊，姚红志. 寒区隧道冻胀力计算分析 [J]. 公路隧道，2012，（1）：10-12.

[74] G-Y. Gao，Q-S. Chen，Q-S. Zhang. Analytical elasto-plastic solution for stress and plastic zone of surrounding rock in cold region tunnels [J]. Cold Regions Science and Technology，2012，（72）：50-57.

[75] 马静嵘，杨更社. 软岩冻融损伤的水-热-力耦合研究初探 [J]. 岩石力学与工程学报，2004，23（zl）：4373-4377.

[76] 陈飞熊，李宁，程国栋. 饱和正冻土多孔多相介质的理论构架 [J]. 岩土工程学报，2002，24（2）：213-217.

[77] 张学富，喻文兵，刘志强. 寒区隧道渗流场和温度场耦合问题的三维非线性分析 [J]. 岩土工程学报，2006，28（9）：1095-1100.

[78] Neaupane K. M.，Yamabe T.，Yoshinaka R.. Simulation of a fully coupled thermo-hydro-mechanical system in freezing and thawing rock [J]. International Journal of Rock Mechanics and Mining Sciences，1999，36（5）：563-580.

[79] Neaupane K. M.，Yamabe T.. A fully coupled thermo-hydro-mechanical nonlinear model for a frozen medium [J]. Computers and Geotechnics，2001，28（8）：613-637.

[80] 徐光苗，刘泉声，张秀丽. 冻结温度下岩本 THM 完全耦合的理论初步分析 [J]. 岩石力学与工程学报，2004，23（21）：3709-3713.

[81] 匡亮. 室内单轴冻胀本构试验及冻土隧道冻胀力模型试验研究 [D]. 成都：西南交通大学，2006.

[82] 刘楠. 岩石冻融力学实验及水热耦合分析 [D]. 西安：西安科技大学，2010.

[83] 仇文革，孙兵. 寒区破碎岩体隧道冻胀力室内对比试验研究 [J]. 冰川冻土，2010，32（3）：557-561.

[84] 康永水，刘泉声，赵军，等. 岩石冻胀变形特征及寒区隧道冻胀变形模拟 [J]. 岩石力学与工程学报，2012，31（12）：2518-2526.

[85] 何国梁，张磊，吴刚. 循环冻融条件下岩石物理特性的试验研究 [J]. 岩土力学，2004，25（S2）：52-56.

[86] 张慧梅，杨更社. 冻融与荷载耦合作用下岩石损伤模型的研究 [J]. 岩石力学与工程学报，2010，29（3）：471-476.

[87] 李宁，张平，程国栋. 冻结裂隙砂岩低周循环动力特性试验研究 [J]. 自然科学进展，2001，11（11）：1175-1180.

[88] 徐光苗，刘泉声，彭万巍，等. 低温作用下岩石基本力学性质试验研究 [J]. 岩石力学与工程学报，2006，25 (12)：2502-2508.

[89] 杨更社，奚家米，李慧军，等. 三向受力条件下冻结岩石力学特性试验研究 [J]. 岩石力学与工程学报，2010，29 (3)：459-464.

[90] 邓刚，王建宇，郑金龙. 寒区隧道冻胀力学的约束冻胀模型 [J]. 中国公路学报，2010，23 (1)：80-85.

[91] 谢鸿政，杨枫林. 数学物理方程 [M]. 北京：科学出版社，2008.

[92] 于涛. 数学物理方程与特殊函数 [M]. 北京：科学出版社，2008.

[93] 陈子荫. 围岩力学分析中的解析方法 [M]. 北京：煤炭工业出版社，1994.

[94] 刘利强. Laplace 反变换的一种数值算法 [J]. 内蒙古工业大学学报，2002，21 (1)：47-49.

[95] 谢咏梅，胡娟，单华宁，等. Laplace 变换的数值反演算法的研究 [J]. 南京师大学报（自然科学版），2001，24 (4)：12-15.

[96] 贾乃文. 几个黏塑性问题的 Laplace 变换解 [J]. 华南理工大学学报（自然科学版），1992，20 (1)：74-81.

[97] 范天佑. Laplace 变换的数值反演 [J]. 数学的实践与认识，1987，17 (3)：68-75.

[98] 同登科，陈钦雷. 关于 Laplace 数值反演 stehfest 方法的一点注记 [J]. 石油学报，2001，22 (6)：91-92.

[99] Toutain J.，Battaglia J. L.，Pradere C.，et al. Numerical inversion of laplace transform for time resolved thermal characterization experiment [J]. Journal of Heat Transfer，2011，(133)：1-3.

[100] Peter den iseger. Numerical transform inversion using Gaussian quadrature [J]. Probability in the Engineering and Information Science，2006，(20)：1-44.

[101] 高焱. 寒区高速铁路隧道温度场理论与保温技术研究 [D]. 成都：西南交通大学，2017.

[102] B-J. Li，Q-X. Yan，Q. Zeng，C. Wu. Study on the effect of water-ice phase change on temperature field of tunnel in cold region [J]. Railway Standard Design，2017，61 (10)：90-94.

[103] GEO-SLOPE International Ltd. Thermal Modeling with TEMP/W 2007 [M]. Canada：GEO-SLOPE International Ltd，2008.

[104] 何川，谢红强. 多场耦合分析在隧道工程中的应用 [M]. 成都：西南交通大学出版社，2007.

[105] 郑颖人. 地下工程围岩稳定分析与设计理论 [M]. 北京：人民交通出版社，2012.

[106] 赖远明，张明义，李双洋. 寒区工程理论与应用 [M]. 北京：科学出版社，2009.

[107] 蒋斌松，陈伟. 立井冻结壁初应力场分析 [J]. 山东矿业学院学报，1995，14 (2)：111-115.

[108] 徐芝纶. 弹性力学（第四版）[M]. 北京：高等教育出版社，2006.

[109] 蒋斌松，张强，贺永年，等. 深部圆形巷道破裂围岩的弹塑性分析 [J]. 岩石力学与工程学报，2007，26 (5)：982-986.

[110] 刘夕才，林韵梅. 软岩巷道弹塑性变形的理论分析 [J]. 岩土力学，1994，15 (2)：27-35.

[111] 孙金山，卢文波. 非轴对称荷载下圆形隧道围岩弹塑性分析解析解 [J]. 岩土力学，2007，28 (S2)：327-333.

[112] 卞康，肖明. 二向不等围压条件下考虑软化及剪胀的圆形隧洞弹塑性解 [J]. 岩石力学与工程学报，2011，30 (S2)：3831-3839.

[113] 吕爱钟，张路青. 地下隧道力学分析的复变函数方法 [M]. 北京：科学出版社，2007.

[114] A-Z. Lu，L-Q. Zhang，N. Zhang. Analytical stress solutions for a circular pressure tunnel at pressure and great depth including support delay [J]. International Journal of Rock Mechanics and

Mining Science，48（3）：514-519.

[115] Y. Wang. Ground response of circular tunnel in poorly consolidated rock [J]. Journal of Geotechnical Engineering，1996，122（9）：703-708.

[116] 夏才初，黄继辉，卞跃威. 融化作用下多年冻土隧道围岩的弹塑性解及其与支护的相互作用分析 [J]. 岩土力学，2013，34（7）：1987-1995.

[117] 唐雄俊. 隧道收敛约束法的理论研究与应用 [D]. 武汉：华中科技大学，2009.

[118] Pierpaolo Oreste. The convergence-confinement mothod：Roles and limits in modern geomechanical tunnel design [J]. American Journal of Applied Sciences，2009（6）：757-771.

[119] 扈世民. 大断面黄土隧道围岩变形特征及控制技术研究 [D]. 北京：北京交通大学，2012.

[120] 王丰. 相似理论及其在传热中的应用 [M]. 北京：高等教育出版社，1990.

[121] 徐挺. 相似理论与模型试验 [M]. 北京：中国农业机械出版社，1982.

[122] 杨世铭，陶文铨. 传热学 [M]. 北京：高等教育出版社，1998.